하나님
한 분만으로
족한 것을

하나님 한 분만으로 족한 것을

발행일	2017년 7월 5일		
지은이	고 한 영		
펴낸이	손 형 국		
펴낸곳	(주)북랩		
편집인	선일영	편집	이종무, 권혁신, 송재병, 최예은, 이소현
디자인	이현수, 이정아, 김민하, 한수희	제작	박기성, 황동현, 구성우
마케팅	김회란, 박진관, 김한결		
출판등록	2004. 12. 1(제2012-000051호)		
주소	서울시 금천구 가산디지털 1로 168, 우림라이온스밸리 B동 B113, 114호		
홈페이지	www.book.co.kr		
전화번호	(02)2026-5777	팩스	(02)2026-5747

ISBN   979-11-5987-657-8 03230(종이책)   979-11-5987-658-5 05230(전자책)

이 도서의 국립중앙도서관 출판예정도서목록(CIP)은 서지정보유통지원시스템 홈페이지(http://seoji.nl.go.kr)와
국가자료공동목록시스템(http://www.nl.go.kr/kolisnet)에서 이용하실 수 있습니다.
(CIP제어번호 : CIP번호: CIP2017015418)

(주)북랩 성공출판의 파트너

북랩 홈페이지와 패밀리 사이트에서 다양한 출판 솔루션을 만나 보세요!

홈페이지 book.co.kr • **블로그** blog.naver.com/essaybook • **원고모집** book@book.co.kr

꿈꾸는 목회자의 26년 목회 회상기

하나님 한 분만으로 족한 것을

고한영 지음

북랩 book Lab

부족한 종의 그릇을 통하여
글을 쓸 수 있도록 인도해주신 하나님께
모든 영광을 돌립니다!

머리말

스무 살 청년 때부터 목사가 되어 사역해온 26년 동안 써온, 표지가 낡아버린 여러 권의 꿈 일기장과 수십 권의 낡은 설교 노트에 짤막짤막한 서투른 글 솜씨로 두서없이 적어놓은 글들을 모아보았습니다. 삶과 죽음, 생존이라는 치열한 삶의 전쟁을 치른 지나간 시간을 회상해봅니다.

스무 살 신학생 때부터 목사가 된 지금의 26년 동안 하나님이 보여주신 꿈의 내용과 생활 속 깨달음의 영성적 단편들이 400여 가지가 넘었습니다. 그 중에 신학적, 성서적으로 생활 속에서 검증할 만한 내용으로 신앙생활에 은혜와 감동을 줄 수 있는 52가지 이야기를 추려서 이 책을 묶게 되었습니다.

짧다면 짧을 수 있는 26년여의 시간, 깨달았습니다.

'하나님 한 분만으로 족한 것을'이라는 소박하면서도 진실한 고백 말입니다. 어떤 환경에서도 나를 버리지 않으시고 내 인생을 굳게 붙드신 주님의 손길에 대한 나의 깊은 내면의 담담한 고백입니다.

정말로 하나님은 하나님이셨습니다. 내가 그분을 몰랐던 어제도 나의 하나님이셨고, 그분을 경험하고 만난 오늘도 나의 하나님이시고, 그분의 뜻을 따라 살아갈 앞으로도 영원히 나의 하나님이십니다. 어제도 오늘도 앞으로도 영원히 동일하신 분, 그분은 하나님이십니다.

유난히도 꿈을 많이 꾸는 나는 학창시절 동료 신학생들로부터 '꿈 꾸는 신학생'이란 조롱 어린 별명도 붙여졌습니다. 그러나 꿈은 나에게 하나님이 공급해주시는, 사막 한 가운데서 발견한 오아시스 같은 생명수였습니다. 비록 고난 중이라도 곤고한 인생의 절망 한가운데서도 꿈속에서 살아계신 하나님을 만났던 생생한 이야기들을 발견하게 됩니다. 절망의 끝자락이라고 느껴질 때마다 하나님은 꿈에서 위로해주셨습니다. 이 책에 기록된 그 꿈은 나에게 세상을 이길 힘이자 버팀목이었습니다.

　이 글에서 저는 저의 삶 속에서 깨닫고 경험한 작은 생각들, 꿈을 통해 깨닫게 된 신앙의 진리들과, 하나님의 사랑과 우리를 향하신 하나님의 마음에 대한 신앙적인 진지한 탐구들을 간결하게 고백하게 됩니다. 지금도 살아 역사하시는 하나님을 모든 교단과 교파를 초월해, 오늘을 사는 모든 신앙인들과 미래의 부름 받은 일꾼으로 헌신할 목회 지망생, 그리고 교회의 지도자를 꿈꾸는 모든 평신도 사역자들, 더 나아가 아직 예수님을 경험하고 만나보지 못하신 모든 사람들과 함께 마음과 마음을 활짝 열고 예수님의 사랑에 관한 이야기를 나누고 싶습니다.

　이 글을 읽으시는 모든 신앙인들에게 이 책이 험한 세상을 이겨 갈 작은 위로와 용기가 되었으면 하는 바람입니다. 이제 여러분도 당신에게 찾아오신 예수님의 이야기가 생명의 강수처럼 넘쳐나시기를 기대해봅니다.

6부_
너는 눈으로만 보려고 하느냐!

7부_
도우리교회를 통하여 그들을 변화시켜라!

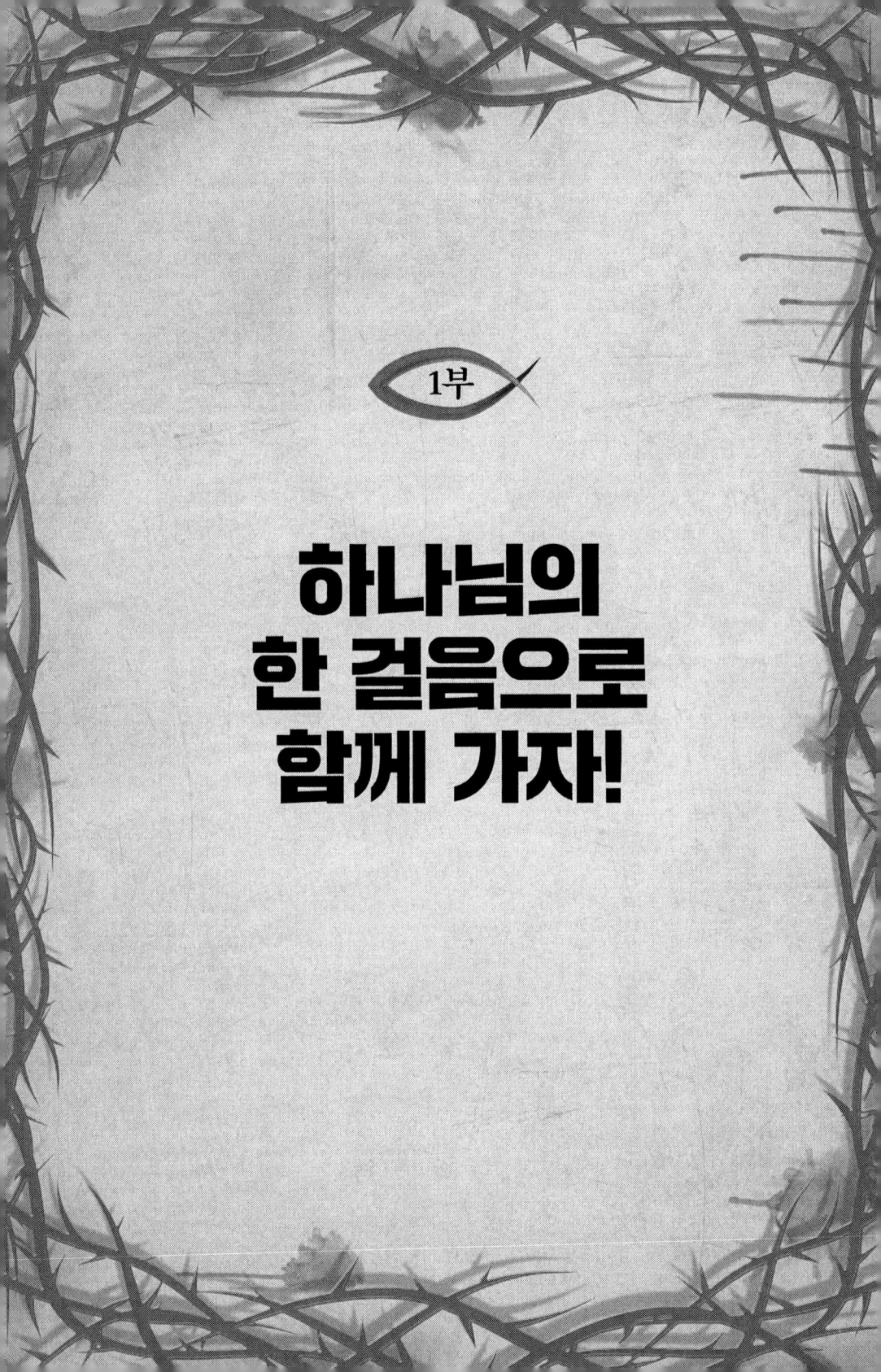

1부

하나님의
한 걸음으로
함께 가자!

이것이 비전이란다

고한영 목사는 기도 중에 하나님이 도우리교회를 세계에서 제일 큰 교회로 만드신다는 음성을 들었습니다. 언약 꿈 가운데에, 하나님이 여러 차례 성경말씀이 펼쳐진 모양의 대 말씀성전을 봉헌하게 될 것이라고 구체적인 성전 모습을 보여주셨습니다. 아직 이루어지지 않았고, 현재 내 힘으로 전혀 감당할 수 없는 환경은 사람의 이성과 상식으로는 불가능해보이지만, 전능하신 하나님이 약속하셨으니 반드시 하나님 방법으로 이루실 줄로 믿고 기도하고 있었습니다.

어느 날 꿈을 꾸었습니다. 끝이 안 보이는 황무지 같은 곳 한가운데에 내가 서 있었습니다. 하늘로부터 음성이 들렸습니다. 들리는 음성은 하나님의 거룩한 음성이었습니다.

"네 앞에 있는 100만 평 넘는 땅은 내가 너에게 주는 땅이다. 오늘부터 네 것이다!"

그러면서 하나님은 나에게 명령하셨습니다.

"이 땅을 경작하라!"

내 눈앞에 놓인 땅은 100만 평이라는, 좌우 끝이 안 보일 정도로 광대하고 거대한 땅이었습니다. 그러나 풀 한 포기 나무 한 그루 찾아볼 수 없는 사막 같은 황무지였습니다.

꿈속에서 하나님께 들은 말씀에 순종하여 그 땅을 경작하기 시작했습니다. 밭을 개간하기 시작했고, 흙속에서 돌이며 자갈들을 골라내고, 골라낸 그 돌들을 한쪽에 돌담길처럼 차곡차곡 쌓기 시작했습니다. 이곳에서는 물도 구할 수 없고, 거름도 없고, 씨앗도 구할 수 없었습니다. 지게를 지고 걷고 또 걸어 나가서 내 땅의 경계선을 넘어가면, 그곳에서는 물도, 거름진 흙도, 밭에 심을 씨앗도 구할 수가 있었습니다. 그곳에서 날품을 팔고 다른 사람들의 밭일과 농사를 도와주고, 그 품삯으로 거름과 물과 씨앗들을 조금씩 얻을 수 있었습니다.

얻어온 물과 씨앗과 거름을 지게에 싣고 와서, 돌을 골라낸 그 밭에다 거름을 주고, 씨앗을 심고, 물을 주는 것입니다. 땅의 기운이 워낙 건조하고 메말라 있어서, 어디서 불어온 바람인지 사막의 황사 바람 같은 건조한 바람이 휙 몰아치면, 애써 가꾼 작은 새싹들이 시들시들 말라버리고 타들어가, 황사바람에 휩쓸려 함께 모래 알갱이처럼 흩어져 부서졌습니다. 땀 흘리고 애썼지만 아무 열매를 거둘 수 없는 상태였어요. 고생한 보람도 없이 헛된 수고가 되는 것입니다. 그런데도 꿈속의 나는 실망하지 않고 또 지게를 지고 먼 곳까지 걸어 나가서 품삯 노동을 했습니다. 그리고 그 대가로 얼마만큼의 씨앗과 거름과 물을 또 얻어서 가져오는 것입니다. 그렇게 애써서 가져온 씨앗을 심고, 주변에 거름을 주고, 소중한 물을 부어주었습니다.

이번에도 역시 황사바람이 몰려오니 전과 같이 애써 싹틔운 씨앗 새싹이 말라 타버리고, 재처럼 흩어지며 바람과 함께 저만치 날아가는 것입니다. 아무 소득이 없는 고독하고 힘겨운 나만의 싸움이었습니다.

꿈속이지만 벌써 이렇게 수천 번을 반복하고 몇 년의 시간이 흘러간 듯 보였습니다. 얼마나 땅을 갈고 파고 엎고 개간했는지, 그 거친 환경의 밭에서 골라낸 크고 작은 돌들이 성인어른 키 높이의 수 킬로미터 담벼락을 이루고 긴 길처럼 놓였습니다.

지금도 내 땅 100만 평이 넘는 땅은 풀 한 포기, 나무 한 포기, 그 어떤 작물 한 포기도 자라나지 못하고 텅 빈 황무지 상태였습니다. 처음 하나님이 주신 명령대로 "이 땅을 경작하라!"는 말씀 따라 묵묵히 순종하는 것밖에는 달리 방법이 없었습니다. 오늘도 어렵게 얻어온 씨앗을 또 심고, 주변에 거름을 주고, 생명수 같은 물을 부어주고, 기다란 돌담에 앉아 흘러내리는 땀을 닦으며 밭을 바라보고 있었습니다.

그런데 역시나 매섭고 건조한 황사바람이 휘이익 몰려오더니, 그 바람이 밭에 부딪혔습니다. 그러자 애써 심고 가꾼 작은 새싹들이 건조한 기운을 이기지 못하고 바싹 타들어가며, 재처럼 흩어져 저 멀리 바람 따라 날아가 버렸습니다. 낙심도 할 만하고, 포기도 할 만하고, 왜 이런 아무짝에 쓸모없는 황무지 땅을 100만 평이나 주셨는지, 하나님께 원망하고 불평 섞인 볼멘 목소리로 따질 만했습니다. 이젠 더 이상 아무것도 애쓰지 않겠다고, 세월 낭비 인생 낭비 안 하겠다고, 하나님이 주신 이 땅을 버리고 떠날 만도 했지요. 그런데 꿈속의 나는 돌담에 피곤함 몸을 쉬러 잠시 앉아 있다가, 내 몸으로 날아온 황사먼지들을 늘 그랬던 일상처럼 툭툭 털어내고, 다시 저 멀리 씨앗과 거름과 물을 얻으려고 지게를 지고 또다시 일어나는 것입니다. "이 땅을 경작하라!" 말씀하신 하나님의 음성에 묵묵히 순종하는 것입니다.

걸어가려고 발을 한 걸음 내딛는데, 100만 평 바깥에 태산 같은 큰 산이 병풍처럼 둘러 있는데, 그곳에서 이상한 소리들이 하늘과 땅을 울리며 들리기 시작합니다. 벌떼들의 웅웅거리는 소리 같기도 하고, 지진이 난 듯한 땅의 울림소리처럼 하늘 저편이 웅웅 하는 울음소리를 내는 것입니다. 하늘을 보니, 저 멀리 태산같이 큰 산 위로 하늘을 뒤덮는 무엇인가가 새까맣게 몰려오는 것이 보였습니다. 점점 그 윤곽들이 보이는데, 수천만 마리의, 그 수를 다 셀 수 없는 크고 작은 각종 종류의 새떼들이 내 쪽으로 구름떼처럼 날아오고 있는 것입니다. 뱁새도 있고 참새도 있고, 몸집이 거대한 독수리와 퍼덕거리는 날갯짓이 큰 황새들도 있고, 이 세상에 존재하는 모든 종류의 새들, 헤아릴 수 없이 많은 새들이 내 100만 평 황무지 땅으로 날아오는 것입니다.

그러더니 하늘에서 무엇인가 비처럼 내 머리와 어깨 위로 뚝뚝 떨어지는 것이 있었습니다. 자세히 보니 그 새들이 내 머리 위로, 그리고 내 황무지 땅 위로 소낙비 같은 똥을 무수히 싸기 시작하는 것입니다. 그 똥 속에 정말 좋은 유실수와 과실수의 씨앗들이 담겨 있는 것이 보였습니다. 몇 초도 안 되는 순식간에 어마어마한 새떼들이 쏟아붓는 씨앗이 담긴 새떼의 똥 속에 내가 파묻히기 시작합니다.

내 목까지 파묻힐 듯 많은 똥을 쌌습니다. 둘러보니 100만 평 땅 모두가 새떼의 똥으로 뒤덮였습니다. 어안이 벙벙하여 지금 벌어진 일들이 도대체 무슨 일인가 보고 있는데, 갑자기 땅이 흔들리고 움직이며 아까 새떼들이 싸놓은 똥 속에서 씨앗이 움텄습니다. 그리고 〈재크와 콩나무〉의 거대한 나무처럼 온갖 풀들과 나무들과 과실

수들이 쑥쑥 키를 높이며 자라나기 시작합니다.

순간 100만 평 넘는 황무지가 울창한 삼림이 가득한 거대한 숲처럼 되었습니다. 그러더니 또 땅이 우지끈, 지끈, 쩌억, 하는 굉음을 내며 지축이 흔들렸어요. 그리고 그 숲의 여기저기서 샘이 유전처럼 솟구치더니, 깊고 푸른 강물이 되어 100만 평 땅을 가로지르며 흘러 넘쳐흘렀습니다. 순식간에 황무지 땅이 울창한 정글 밀림처럼 좋은 나무, 키 큰 나무가 가득한 숲이 되었고, 그 숲 가운데로 대지를 적시며 힘차게 흐르는 강물이 강줄기를 이루며 흘러갔습니다. 이 놀라운 광경을 바라보며 너무 놀라서, 너무 기이해서 어찌할 줄 모르고 감탄하고 서 있었습니다. 그때 하늘에서 하나님의 음성이 들렸습니다.

"이것이 비전이란다."

이 놀라운 하나님의 음성을 듣다가 가슴이 벅차오르며 꿈에서 깨었습니다. 비전은 하나님의 말씀에 순종하는 것이었습니다. 아무리 가꾸고 애쓰고, 돌을 골라내고 거름을 주고 노력해도, 아무 소망 없는 황무지 땅이었지요. 그런데 하나님이 "이 땅을 경작하라!" 말씀하신 대로 원망하거나 불평하거나 포기하지 않고 묵묵히 순종한 것뿐이었습니다. 내 힘으로, 내 능력으로 할 수 없는 일을 그저 하나님 주신 말씀 따라 믿고 순종할 때, 하나님의 기적의 손, 하나님의 권능의 손으로, 하나님이 친히 그 언약을 이루시는 것을 똑똑히 볼 수 있었습니다.

비전은 하나님의 말씀에 순종하는 것, 비전은 하나님의 약속을 믿는 것입니다. 비전은 하나님이 말씀하시고 이루시고 성취케 하시는 것입니다. 이것이 비전입니다.

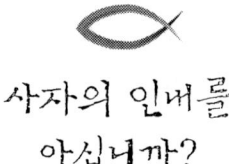

사자의 입버를
아십니까?

　　저는 성경에 나오는 다니엘의 이야기를 상당히
좋아합니다. 제가 주일날 설교하면서 감사에 대한 주제를 이야기할
때 가장 많이 인용하는 설교 예화이기도 합니다.

　전에 행하던 대로 예루살렘 하나님의 전을 향하여 기도했을뿐인
데, 그 믿음을 오히려 시기하여 다니엘을 미워하고 참소하는 자들이
왕을 꼬드겨서 법령을 만들고, 다니엘을 모함하여 사자 굴에 던지
게 한 사건, 그리고 최대의 위기를 맞고 사자 굴에 던져진 다니엘을
지키시고자 하나님이 천사를 보내서 사자의 입을 봉하시고, 다니엘
을 굶주린 사자들의 입에서 구원하신 하나님의 강한 손을 생각하면
너무나 가슴이 뜨거워집니다. 다니엘이 항상 섬기는 하나님이 바로
하나님의 종 다니엘을 구원하시고, 사자 굴에서 건지시고, 그 이후
바벨론 왕의 더 큰 총애를 받으며 왕으로 하여금 살아 계신 하나님
께 영광 돌리게 했습니다. 이 사건은 아무리 생각해도 너무나 통쾌
하고 멋있는 일입니다.

　항상 설교를 증거한 뒤에 '다니엘이 던져진 그 사자 굴에서 그때
그곳에 무슨 일이 있었을까? 다니엘이 구원받고 난 후 다니엘과 함
께 그 밤을 보낸 그 사자들은 어떻게 되었을까?' 하는 호기심과 궁

금중을 가끔씩 가져본 적이 있었습니다.

2007년 12월의 어느 날 꿈을 꾸었습니다. 꿈속에서의 나는 바벨론의 총리인 다니엘이었습니다. 왕이 급하게 보낸 병사들에 의해 역모를 꾀한 반역자들처럼 체포되고, 재판도 없이 사자에게 던져져서 사자 밥의 끔찍한 형벌을 받게 되는 곳으로 끌려갔습니다. 그곳은 나라에 큰 잘못을 한 사람들만 끌려가는 곳이었습니다. 하나님께 예배드리면 이렇게 나라 법을 어긴 반역죄로 잡힌다는 것을 알았지만, 이렇게 개처럼 짐승처럼 발로 걷어차이고 질질 끌려와서 사자 굴 앞에 서게 되니, 이제야 실감이 났습니다. 그리고 그동안의 삶들이 떠오르며 만감이 교차했습니다. 그러나 후회는 하지 않습니다.

비록 사자 밥이 되어 내 생명이 끝날지라도, 내 영혼은 하나님께 갈 것이니 죽음이 두렵지 않았습니다. 마지막으로 눈을 감고 내 삶의 순간 순간 인도하심을 감사드리고, 내 마지막 삶을 하나님께 부탁드렸습니다. 마지막 소원 같은 내 기도가 끝나기 무섭게, 곧이어 병사들이 나를 지옥의 입구처럼 시커먼 동굴 속으로 짐짝처럼 휙 집어 던졌습니다. 너무나 순식간에 벌어진 일입니다.

이제 곧 나는 무서운 짐승들에게 물어 뜯겨 죽으리라는 상상을 했습니다. 눈을 꼭 감고 이를 악물었습니다. 그런데 사자 굴에 곤두박질쳐져 떨어진 나는 죽지도 않고 아무 상해도 입지 않았습니다. 동굴 내부가 너무 어둡고 사방이 너무 캄캄해서 분간이 안 되는데, 아주 흥분되고 거친 수십 마리의 짐승 숨소리만이 그 공간을 공포처럼 가득 채웠습니다.

돌을 굴려 덮은 동굴 입구를 통해 가느다란 빛이 새어 들어와서 동굴 내부가 조금씩 밝아지더니, 내 주위를 어슬렁거리는 덩치 큰 그림자 형상들이 보이는 것입니다. 그때 갈기가 아주 크고 얼굴이 험상궂은 얼굴의 짐승이 내 앞으로 불쑥 다가왔습니다. 그런데 순간 너무나 깜짝 놀랐습니다. 그것은 덩치가 사람보다 3배에서 4배나 큰 사자였습니다. 그 사자가 내 옆으로 오더니 사람처럼 말을 건네는 것입니다. 사자가 그 큰 얼굴을 갑자기 내게 내민 것도 두렵고 깜짝 놀랄 일인데, 내게 허스키하고 굵은 남자의 목소리로 말을 거니까 더 놀랐습니다.

"다니엘 선지자님 맞으시지요?"

짐승이 말을 하기에 너무 놀라서 어찌된 일인가 하며 정신을 수습하고, 얼떨떨해하며 대답했습니다.

"맞습니다. 내가 다니엘입니다."

그때 그 사자가 이렇게 이야기했습니다.

"다니엘 님, 아무 걱정 하지 마십시오. 내가 이 동굴의 우두머리 사자입니다. 이 동굴에는 총 33마리의 사자들이 있습니다. 당신을 절대로 건드리거나 해하지 말라고 신신당부하고 엄포를 놓았으니, 감히 내 명령을 어기고 당신을 건드릴 어리석은 사자는 절대로 없을 것입니다. 사실 저도 열흘 넘게 굶주렸습니다. 그리고 내 부하 사자들도 다 굶주렸습니다. 이제나 저제나 뼈 가죽만 남은 죄수일지라도 사람먹이 던져줄 날만 고대하고 있었지요. 며칠 동안 우리 머리 위에 동굴 입구가 있는데, 평상시하고 다르게 사람들 오고가는 발자국 소리가 많이 들리고, 부산하게 소리가 나는 것을 보니, 누군가 나라의 큰 죄를 받아서 죽음의 형벌로 이곳 사자 굴에 던져지는구나 했죠. 오랜 만에 굶주린 배를 채우겠구나 싶어 입맛을 다시며 기다리고 있었습니다.

그런데 어젯밤에 이 캄캄한 동굴에 몸에서 햇살 같은 빛을 발하는 하나님의 사자가 찾아오셨습니다. 우리들은 컴컴한 동굴에 하도 오래 있어서 눈이 다 빛에 약한데, 동굴 안으로 오신 그 천사는 자기 이름을 가브리엘이라 하셨습니다. 그분이 저에게 '너는 나와 약속 하나를 지켜줄 수 있겠느냐'고 물으셨습니다. 저는 너무나 강한 빛 가운데 오신 그분이 전혀 우리를 두려워하지 않고 담담히 나를 대하시는 모습에서, 알 수 없는 위엄과 범접할 수 없는 강함을 느꼈습니다. 그래서 하나님이 보내셨구나 생각했지요. 약속을 지켜줄 수 있겠느냐 하시니, 그분의 질문에 당연히 그렇게 하겠다고 약속드렸습니다. 내일이면 이곳에 사람 하나가 던져질 것인데, 그분은 다니엘이란 이름을 가졌고, 이 바벨론 나라의 총리대신이면서, 하나님께 무척 사랑받는 귀한 선지자이기도 하다는 것입니다. 그러더니 너는 내일 그분을 절대로 해하지도 말고, 상하지도 말고, 오히려 털끝 하나 다치지 않도록 네 품에 품고 밤새 지켜드리라고 당부하시는 것입니다. 그러면서 그 천사가 '네가 어릴 적 뛰어놀던 유프라테스 강가를 기억하느냐!'라고 물으시는 것입니다.

'네가 어릴 적 호기심에 인가에 가까이 왔다가, 사람들이 놓은 덫에 잡혀서 여기까지 온 세월이 벌써 3년이 지났지 않느냐. 이 동굴에서 살아남기 위해 다른 덩치 큰 사자들과 얼마나 많이 목숨 걸고 다투어서 오늘날 이 무리의 우두머리가 되었는지 내가 다 안다. 네가 떠나온 곳에 아직 너를 기억하고 그리워하는 네 부모가 아직 그곳에 생존해 있고 평화롭게 살고 있단다. 네가 이 어두컴컴한 동굴에서 답답함과 굶주림에 지쳐 잠잘 때, 네가 어릴 적 마음껏 달리던 그 초원을 너는 매일 밤 꿈꾸지 않았느냐. 내일 이곳에 던져지는 다니엘 선지자님은 너를 자유롭게 풀어줄 힘을 갖고 있는 분이란다. 너와 함께 있는 32마리의 사자 무리들도 다 너와 함께 너의 고향 유프라테스 강가로 보내줄 것이다. 너는 내일 밤 아무리 배고프고 허기져도 그날 하루는 배고픔을 참아야 한다. 그날 하루를 무슨 상황에서든지 배고픔을 참고 인내하며 다니엘 선지자를 안전하게 지켜줄 수 있겠느냐!'

이렇게 물으셨습니다. 저는 가브리엘 천사에게 대답했습니다.

'내 남은 인생을 저 밝은 세상에서, 저 푸른 초원에서 마음껏 달리며 살 수 있는데, 그 하루를 참지 못할 이유가 어디 있겠습니까? 무슨 일이 있어도 내게 당부하신 이 사명을 잘 지키겠습니다'라고 답변드렸지요. 그러자 천사는 눈부신 빛에 사로잡혀 동굴을 떠나면서 마지막 당부를 하셨습니다. '사자야, 인내하여라! 내가 너에게 약속한 것은 반드시 이루어지리라! 사자야, 인내할 수 있겠느냐! 네 인내로 너는 자유를 얻게 될 것이다!' 그러면서 제 곁을 떠나가셨습니다. 그리고 오늘 어제 그 천사의 말씀처럼 정말로 다니엘 선지자님이 이 동굴로 오신 것입니다.

다른 내 부하 사자들은 천사의 목소리를 아무도 듣지 못했습니다. 오직 나에게만 들리고 보인 것입니다. 그래서 내가 사자의 언어로 그들에게 '내일 이곳에 들어오는 사람은 내 것이니, 아무도 건들지 말고 해하지도 말'라고 엄포를 놓았습니다. 사자들의 규율은 사람들의 규율보다 더 강하고 엄합니다. 어기면 바로 죽음입니다. 그러니 다니엘 선지자님은 안심하시고 오늘 내 따뜻한 털을 이불삼아 편히 쉬십시오. 그리고 내일 천사가 일러준 대로 편안히 이 동굴을 나가시면 된답니다. 다니엘님, 이 동굴을 편안히 나가시게 되거든,

저를 풀어주신다고 남자답게 약속해주시겠습니까?"

이렇게 나에게 정중하게, 그렇지만 우두머리 사자답게 위품 있고 당당하게 물었습니다. 사자의 사연을 모두 들은 나는 하나님께 감사를 드렸습니다. 내 눈에서 하나님의 은혜에 감복해서 눈물이 흐릅니다. 내가 어둡고 컴컴한 동굴에서 33마리나 되는, 열흘이나 굶주린 사자 굴에 떨어졌는데도, 하나님은 미리 천사를 보내 이 대장 사자와 약속하셨구나 생각하니, 하나님의 함께하심과 지켜주심에 또 눈물이 왈칵하고 흘렀습니다. 눈물을 닦으며 우두머리 사자에게 남자답게 굳은 결의로 약속하며 대답했습니다.

"내일 내가 이 사자 굴에서 나가 다시 관직과 명예를 회복하고 바벨론의 총리대신이 되면, 내가 너와 이곳에 함께 있는 모든 사자들을 네가 어릴 적 마음껏 뛰놀던 그 유프라테스 강가의 드넓은 초원으로, 네 부모가 있는 곳으로 자유롭게 풀어주겠다!"

이렇게 말하고 사자와 더불어 사나이 대장부로서 서로 굳은 약속을 했습니다. 갑자기 하루 동안 벌어진 일들과 무장한 왕궁 군사들에게 체포되고 끌려와서 사자 굴에 던져지고 곧 죽게 된다는 압박감과 공포에 떨다가, 사자를 통해 하나님의 지켜주심을 듣고 내 마음이 홀가분하게 되니, 몸이 풀어지고 몹시 피곤해졌습니다. 나와 지금껏 이야기 나누던 그 우두머리 사자 품에 어린아이처럼 안겨서 깊은 잠으로 곯아떨어졌습니다. 그런데 곧 새벽기도회 가려고 새벽 4시 알람이 울리는 소리에 놀라 깨어보니, 꿈속에서의 사자 품이 아니라 내 집안, 내 안방, 내 포근한 이부자리 위에서 잠이 화들짝 깬 것입니다.

사자의 인내를 아십니까? 하물며 우리는 어떤 하나님의 일꾼이 되어야 할까, 많은 깨달음이 왔습니다. 사자도 인내하는데 하나님의 아들딸인 우리가 하나님의 뜻을 이루기 위하여 인내하지 못할 일이 무엇이 있겠습니까? 사자의 인내를 아십니까? 바로 여러분이 새로운 미래를 열어갈 다윗처럼, 인내하는 요셉처럼, 인내하는 갈렙처럼, 인내하는 하나님나라의 인내의 왕으로 세워질 영적 하나님의 큰 우두머리 사자들임을 굳게 믿으시기 바랍니다.

"야! 재미있지 않아!"

2016년 9월 19일 꿈을 꾸었습니다. 나는 성경에 나오는 바울 사도와 함께 복음전도 여행을 하며 다녔습니다. 내 모습은 바울의 동역자인 바나바 같은 모습이었습니다.

복음을 증거하다가 로마 병사들이 잡으려고 쫓아오면 숨이 턱에 차도록 도망가는 일을 반복합니다. 복음 전하다가 도망치고, 가시덤불 숲속으로, 벼랑 낭떠러지 끝으로, 깊은 동굴 속으로 도망 다니다 보니, 며칠간 먹지도 못하고, 뱃가죽이 달라붙는 듯한 극심한 배고픔에 시달리기도 하고, 동굴에서 자다가 벌레에게 물려 얼굴이 붓고 온몸이 간지럽기도 하고, 넘어지고 쓰러지고 다치고 생채기가 나고… 바울과 나에게는 이 삶이 일상인 것입니다.

로마 병사를 피해 도망치는 이유는 단 한 가지입니다. 오직 복음 증거 때문입니다. 로마 병사가 두려워서가 아닙니다. 잡혀서 고문 받고 죽는 것은 오히려 두렵지 않습니다. 내 생명은 이미 하나님 것이고 천국은 내가 돌아갈 고향인데, 순교는 복음증거자의 제일 큰 영광이요 축복인데, 죽음이 두려울 이유가 없는 것입니다. 죽기 살기로 도망가는 이유는 단 한 가지입니다. 살아 있어야 내가 가는 마을마다 내가 만나는 사람 한 명이라도 더 예수님이 이 땅에 오신 이야기, 우리를 위해 그 생명 내어주시고 죽으시고 부활하신 그 이야기를 증거할 수 있기 때문입니다. 살아 있어야 복음을 증거할 수 있기 때문에, 그렇게 복음증거하다가 로마 병사가 나타나면 절대로 지금 잡히면 하나님의 복음 사역에 지장이 있기 때문에, 잡혀서는 안 되고 필사적으로 도망가는 것입니다. 그러다가 또 잡힐 위기에 도망가는데, 숨이 차고 기진맥진해서 못 먹고 지쳐 다리가 풀려버렸는지, 어느 언덕에서 둘이 넘어져 언덕 아래까지 마른 황토먼지를 뒤집어쓰고 굴러 떨어지며 나동그라졌습니다.

우리는 보통 복음사역 하다가 전도의 열매, 부흥의 열매가 없으면 낙심합니다. 목회하다가 더 힘든 일을 당하면, 더 억울한 일을 당하면 "하나님! 왜, 이렇게 하십니까?" 하고 불평 쏟아놓으며 원망하는 경우가 얼마나 많은지요.

언덕 밑으로 데굴데굴 구르며 마른 황토먼지를 머리와 온몸에 뒤집어쓰고, 여기저기 부딪히고, 쓸리고 멍들고 생채기 나며 바울과 나 둘이서 그 넘어진 충격에 기절한 사람들처럼 대자로 땅바닥에 뻗어 있는 상황입니다. 넘어진 바울 사도가 땅바닥에 누워 있는 나를 바라보며 한바탕 크게 웃으며 이렇게 말합니다.

"야! 재미있지 않아!"

복음 전하는 일, 목숨 걸고 행하는 일, 매일 굶고 추운 데서 자고, 사람들에게 조롱, 멸시받고, 로마 군사들에게 잡혀 언제 잔혹한 고문을 당하며 죽을지 모르는, 한치 앞을 내다볼 수 없는 삶인데, 해어져 남루해진 옷과 몸, 여기저기 다치고 상처투성이인 몸인데, 지금도 복음증거 하던 중 로마 군사에게 쫓겨 필사적으로 도망하다가 언덕 아래로 굴러 떨어져, 먼지 잔뜩 뒤집어쓰고 만신창이로, 상거지 비참한 몰골로 엎어져 있는데, 바울 사도는 나에게 크게 웃으며 재미있지 않으냐고 하는 것입니다.

"야! 재미있지 않아!"

바울은 복음 전하다가 겪는 모든 고통과 아픔과 서러운 시간들이 재미있다는 것입니다. 예수님 때문에 재미있다는 것입니다. 복음 때문에 모든 겪어낸 눈물의 시간들이 재미있다는 것입니다. 고한영 목사는 최근 하나님께 많은 원망과 불평을 쏟아놓고 있었습니다. 목회가 하나도 재미있지 않다고 말입니다. 말씀도 기도도 예배도 섬김도 하나님만 바라보고 열심히 했지만, 돌아오는 것은 아무런 열매 없는 교회의 쓸쓸한 모습을 보고는 비전을 믿지 못하고, 언약을 기다리지 못하고, "된 것이 무엇이 있어? 어느 천 년에 되겠어?" 하고 비아냥거리는 교인들의 목소리만 남았습니다. 주의 종을 조롱, 원망하며 많은 교인들이 떠나간 빈자리의 고통과 아픔만 남았다고 지나간 시절의 내 목회를 후회하고 있었습니다. 엎친 데 덮친 격으로, 교회가 문 닫을 위기의 재정적 어려움에 낙심되고 지친 나머지, 이제 목회를 접어야 하나, 나의 목회는 여기까지인가 보다 하며, 절망을 거듭하고 절망의 깊은 수렁에 빠져 질식해가는 사람처럼 있었던 시간입니다. 꿈을 통해서, 바울 사도의 목소리를 통해서 성령께서 들려주시는 메시지는 너의 목회도 "복음을 위해 예수 그리스도를 위하여 재미있지 않았느냐고, 지금도 재미있지 않느냐?"라는 물음이신 것입니다. 낙심하지 말고, 포기하지 말고, 지금도 꿈속의 바울 사도처럼 재미있게 사역해야 한다고 깨우치고 위로하시는 것입니다. 그렇습니다. 목회도 복음 사역도 재미있는 것입니다.

하나님이 맡기신 사명을 감당하는 과정에 겪는 모든 고통과 아픔과 눈물과 비전을 기다리는 긴긴 기다림의 시간까지도 하나님 안에서 다 재미있는 것입니다. 재미있는 삶, 가치 있는 삶인 것입니다. "고한영 목사야! 재미있지 않아!" 물으시는 성령의 음성에 다시 마음을 추스르고 오뚝이처럼 일어나렵니다.

천국 도서관에 날아오는
기도 화살

며칠 전 꿈을 꾸었습니다. 비행기보다, 제트기보다 몇 백 배 더 빠른 엄청난 속도로 몸이 날아오르더니 천국에 와 있었습니다. 내 눈앞에 엄청나게 거대한 건물이 우뚝 서 있었습니다. 이 땅에 존재하는 그 어떤 큰 건물보다 비교할 수 없이 크고 웅장한 건물입니다. 이 건물은 아래층에서 꼭대기 맨 위층까지 속이 훤히 다 들여다보이는, 온통 유리처럼 투명한 재질로 지어져 있었습니다. 나는 그 건물 앞에 가만히 서 있었습니다.

처음엔 건물의 출입구가 없었는데, 좀 더 가까이 다가서니 어느샌가 출입구가 나타납니다. 그리고 그 출입구 위쪽에 건물 이름이 쓰여 있었습니다. '천국 도서관'이라고 한글로 쓰여 있었습니다. 그 안으로 들어가서 엘리베이터를 탔는데, 얼마나 층수가 높은지 그 끝을 알 수가 없었고, 맨 꼭대기 제일 높은 곳에 '도서관 관장실'이라고 층수 누르는 버튼 상단에 라벨 문구가 적혀 있어서 '도서관 관장실'을 누르고 탑승했습니다.

엘리베이터를 타고 버튼을 누르는 즉시 1초도 안 되는 눈 깜짝할 사이에 꼭대기 층에 도착했습니다. 그곳에 보니 어마어마하게 많은 책들이 칸칸이 쌓여 있었는데, 그곳 중앙에 누군가 앉아 있는 것을 보았습니다. 처음 보았지만 본능적으로 그분이 예수님이시라는 것이 저절로 느껴졌습니다.

예수님이 무엇을 하시는가 궁금해서 도서관 관장실 내부를 살펴보았습니다. 내부에 이리저리 오고가며 바쁜 천사들이 있었고, 그중에 한 천사가 가져다준 책을 읽으시는데, 살짝 보아도 500페이지 넘어 보이는 두꺼운 책입니다. 그 책에는 어느 한 사람의 이름이 적혀 있고, 한 사람의 자서전처럼 인생의 기록이 소상히 담긴 책이었습니다.

예수님은 첫 장부터 후루루 책장을 넘기면서 그 책의 내용들을 살펴보고 계셨는데, 1-2초도 안 되는 시간에 벌써 첫 장부터 끝장까지 책 한 권을 다 보시는 것입니다. 이렇게 계속해서 책을 읽어보시고 어떤 책을 읽어보시다가, 몇 가지 글귀를 적어 넣은 사인 한 장을 쪽지에 적어 천사를 주면, 심부름 맡은 천사가 급히 들고 도서관 바깥으로 나가는 장면이 보였습니다.

예수님의 모습을 살펴보니 검은색 뿔테 안경의 고고학 학자처럼, 그렇게 탐구 정신이 넘치는 분처럼 책 한 권 한 권에 심취하고 몰두하시는 듯한 인상이 느껴졌습니다. 그런데 아까부터 예수님이 일하시는 정면 쪽 건물 유리창에 무엇인가 화살처럼 생긴 물건이 날아오는 것입니다. 꼬마 아이들 화살 장난감처럼 생겼는데, 앞에 문어 빨판처럼 흡착판이 있는 모습이었습니다. 화살 하나가 엄청 빠른 속도로 올라오더니, 예수님 계신 창가에 철퍽 하고 달라붙습니다. 그리고 조금 있다가 흡착력이 떨어졌는지 아래로 힘없이 툭하고 떨어지는 것입니다.

그런 화살들이 여러 개 올라오는 것이 보이고 또 떨어지는 것이 보이는데, 예수님은 아랑곳하지 않고 계속 책들을 후루루 훑어가며 읽으셨습니다.

그런데 화살마다 특정한 식별표가 있고, 크기나 모양이 같은 화살은 하나도 없고, 다 모양과 크기와 색깔이 형형색색 다른 화살들이었습니다. 그 중에 한 화살은 아주 작고 조그마했는데, 1분에 한 번 꼴로 날아 올라와서 예수님이 계신 창가에 철커덕 하고 붙어 있다가 떨어집니다.

다른 화살들은 한 번 왔다가 떨어진 뒤로 아주 오랫동안 다시 날아오지 않고 창가의 그 자리가 비어 있는데, 그 작은 화살은 몇 분 사이 또 올라와서 아까 붙었던 똑같은 그 자리 창가에 붙어 있다가 떨어지고, 조금 사이 또 올라와서 아까 붙었던 자리에 철퍽 붙어 있다가 떨어지기를 계속 반복했습니다.

수십 번 수백 번 올라왔다가 떨어지는데, 이번에도 아까와 똑같은 그 화살이 올라왔는데, 예수님이 책을 읽으시다가 그 조그만 화살을 손을 내밀어 잡으시더니, 창 안으로 들여서 그 화살을 보십니다. 그런데 그 화살 옆에는 쪽지 같은 것이 붙어 있었습니다. 예수님이 그 쪽지를 펼쳐서 가만히 읽으시더니, 천사 중의 한 명을 급히 불러 이렇게 명하셨습니다.

"때가 되었고 기도의 분량이 찼으니 이 응답의 소식을 갖고 급히 전하러 가라!"

예수님이 명령하신 내용을 가지고 한 천사가 급히 도서관을 나갑니다. 천사가 나가자 물끄러미 도서관 밖에서 예수님을 바라보던 저를 보시고 예수님이 손짓으로 이리 가까이 다가오라고 하셨습니다. 예수님 앞에 서자 "고한영 목사야, 너는 무엇을 보았고 느꼈니?" 하면서 성도의 기도에 관해 부드러운 음성으로 하나하나 자세하고 친절하게 설명해주셨습니다.

"날마다 수많은 사람의 기도가 그들이 기도할 때에 화살처럼 이곳에 날아와 창가에 붙는단다. 그런데 끈기가 없고 인내가 없는 기도는 곧 그 힘이 다해, 창가에서 떨어져 지상으로 도로 내려가 버리고 만단다! 그러나 곧 떨어져 내려가는 힘없는 기도일지라도 포기하지 않고 매일 매주 매달 계속해서 끈기와 인내를 가지고 기도하면, 그 기도는 제일 먼저 살펴보게 되어 있고, 기도응답의 우선순위로 채택된단다.

그러니까 기도는 웅장하게 멋있게 길게 남에게 보이기 위해서 하는 기도가 아니라, 짧은 시간 하는 기도일지라도 포기하지 않고 하나님이 듣고 계시고 알고 계시고 반드시 응답 주실 줄로 믿고 끝까지 인내하며 기도하는 기도가 가장 힘 있는 기도, 제일 먼저 응답받는 기도가 되는 것이란다!"

그러면서 고한영 목사에게 당부하셨습니다.

"너는 이 사실을 기억하고 내려가서 세상 사람들에게 잘 가르쳐 지키게 하라!"

그렇게 예수님의 당부를 받으며 머릿속으로 수천 페이지, 수만 페이지 지혜와 지식의 정보들을 실시간 다운로드 받듯이, 머릿속이 무엇인가를 깨닫는 가득 참으로 가득 가득 꽉꽉 채워지다가 꿈에서 깨었습니다. 그러면서 지구상 최고의 천재 아인슈타인 박사보다, 그 어떤 유명한 석학, 박사보다 머리가 맑아지고 똑똑해지는 듯한 느낌들이 마음속, 머릿속으로 밀려들고, 가득 차는 지혜와 지식의 충만함의 성령 체험을 했습니다.

기도는 끈기와 인내입니다. 초라해 보이는 작은 기도일지라도, 포기하지 않고 매일같이 지속적으로 하나님께 올려드리는 기도가 속히 응답받는 가장 빠른 기도의 지름길이라는 것입니다. 기도는 하나님이 허락하실 때까지, 이루실 때까지, 주실 때까지, 응답될 때까지 포기하지 않고 끝까지 기도하는 것이라는 불변의 진리를 깨닫게 되었습니다.

예수님이 허락하신 귀한 꿈을 통해 기도의 방법을 알려주시는 놀라운 성령 체험 꿈이었습니다. 기도하다가 여러 가지 낙심될 이유로 기도를 멈추거나 포기하면, 기도는 더 이상 기도가 아닙니다. 기도는 하나님이 허락하실 때까지, 이루실 때까지, 주실 때까지, 응답될 때까지 포기하지 않고 끝까지 해야 하는 것입니다.

"왜, 너는 나를 안 버리니?"

토요일 새벽 꿈이었습니다. 고한영 목사에게
는 윤달막 권사님이라는 이름을 가지신 외할머니가 계셨습니다. 어
릴 적부터 고한영 목사를 예뻐해주시고 돌아가시기 전날까지 손주
인 고한영 목사 위하여 새벽기도 중보해주시던 할머니입니다. 그렇
게 평생을 믿음의 삶, 기도의 삶을 사시던 할머니는 90세를 일기로
하나님의 품에 안기셨습니다.

꿈에서는 할머니를 어떤 40대의 젊은 목사님이 등에 업고 할머니
가 평생 사신 전라도 고흥군 도화면 당오리의 시골 산골마을 산꼭
대기의 맨 윗집으로 업고 갔습니다. 내가 속해 있던 교단의 얼굴을
잘 아는 목사님의 모습이었는데, 그 목사님은 덩치 크고 운동 잘하
는 힘센 목사님이셨습니다. 그 목사님은 교인과 목회보다 축구를 더
사랑하는 축구 마니아 목사님으로 통하는 분으로서 축구공을 신처
럼 여기는 분이셨습니다.

고한영 목사가 전도사이던 십여 년 전 일이었습니다. 목회자들끼
리 모여 축구경기를 하다가 전반전 끝내고 쉴 때 내가 잠시 축구공
을 깔고 앉았습니다. 그런데 그 목사님이 그 당시의 고한영 전도사
를 축구공 깔고 앉았다고 얼마나 야멸차게 책망하고, 축구의 기본
이 어쩌고 저쩌고 하며 축구공 깔고 앉은 대역죄를 진 나를 향하여

어찌나 분이 나서 씩씩대던지…. 엄청 무안하고 황당했던 기억이 지금까지도 생생히 남아 있습니다.

축구를 하나님보다도 좋아하는 그 힘센 목사님이 할머니를 업고 가다가 가장 가파른 산 오르막길에 이르렀지요. 그 긴긴 오르막길의 중력에 점점 무겁고 버겁고 힘이 드니까, 40킬로그램도 채 안 되는 앙상하게 여윈 할머니를 싫은 물건 집어던지듯이 그냥 땅바닥에 휙 내팽개치고 도망치듯이 달음박질해서 어딘가로 휘잉 가버렸습니다. 그것을 옆에서 지켜보던 나는 너무나 황당했습니다. 힘들면 살며시 내려놓으면 되는데, 저렇게까지 할머니를 업고 가는 길이 싫었던지, 냅다 할머니를 내던지고 도망가 버리니 말입니다. 땅바닥에 나동그라져 있는 할머니를 향해 급히 달려가 나는 할머니를 다시 업어드렸습니다.

그렇게 한참 산꼭대기에 있는, 외로이 산 정상을 지키는 할머니 댁으로 가고 있는데, 할머니가 내 등에다가 오줌을 누시는 것입니다. 그 오줌의 온기가 얼마나 뜨겁던지, 등과 허리 부분이 뜨끈하게 불가마 찜질처럼 뜨거워졌습니다. 나는 할머니가 민망해하고 미안해하실까 봐 서둘러 이렇게 말했습니다

"할머니, 괜찮아. 할머니, 괜찮아."

이렇게 위로를 드리고 계속 발걸음을 옮겼습니다. 그런데 등에 업혀 계시던 할머니가 내게 말씀을 건네셨습니다.

"다른 사람들은 내가 늙었다고, 짐이라고, 귀찮다고 나를 다 버리는데, 왜 너는 나를 안 버리니? 왜 너는 나를 안 버리니?"

하시며 다시 한 번 넌지시 내 생각을 물으시듯 말씀하시는 것입니다. 그때 고한영 목사는 너무나 당연하다는 듯이 내게 질문 주신 할

머니께 이렇게 대답했습니다.

"내 할머니잖아, 내 할머니잖아. 할머니, 내가 할머니 산꼭대기 집까지 업고 갈게요."

이렇게 대답하는데 갑자기 가슴이 뭉클하고 왈칵 뜨거운 눈물이 흘러내리는 것입니다. 내 등에 업혀 계시던 분은 90세 넘으시고 하나님 나라 부름 받으신 내 육신의 외할머니 윤달막 권사님이 아닌, 바로 예수님이셨던 것입니다. 꿈속이었지만 예수님을 업고 가는 내 눈과 가슴과 온몸은 뜨거운 감동과 눈물이 범벅되어 심장이 터져버릴 것 같았습니다. 그리고는 깨달음의 은혜가 밀려들었습니다.

너무나 많은 목사님들, 주의 종들, 믿음의 사역자들이 처음에는 뜨거운 열정으로 하나님이 부르신 부름의 길을 가지만, 점점 목회와 사역에 지쳐가고, 생명까지 다 드리겠다고 고백하고 따르던 하나님을 어느 새 미운 물건처럼, 싫은 사람처럼, 헌신짝처럼 내던지는 일이 얼마나 많은가 하는 생각이 새삼 들었습니다. 내 할머니가 내 등에 오줌을 싸고 산꼭대기까지 할머니를 모셔다 드리는 일이 긴 여정이고 무겁고 지치고 힘이 들어도, "내 할머니잖아! 내 할머니잖아!" 고백하며 당연하게 여기고, 묵묵히 할머니를 업고 갔던 것처럼, 고한영 목사에게도 17년여 목회의 섬김 속에서 그런 일이 있었음을 떠올리게 되었습니다. 소귀에 경 읽기처럼 말 안 듣는 교인들, 몇 년이 지나도 어린아이 신앙을 벗어나지 못하는 교인들, 주의 종 말을 업신여기는 교만한 교인들이 주의 종 마음 찌르고 아프게 하고 자기 신앙이 제일인 양 연약한 신앙인들을 정죄하고 비판하고 비방하기를 서슴지 않던, 그래서 교인들끼리 멱살 잡고 다투고 싸우고 으르렁거리던, 기억하고 싶지 않은 교회 역사 속의 아픔의 사건들을 떠올려보게 되었습니다. 사랑 주고 마음 주며 진심으로 섬겼던 교인들이 주의 종 배신하고 교회를 떠나가는, 생살을 갈가리 찢는 것 같은 마음의 충격과 교회의 어려움 속에서, 더 이상 목회의 길을 못 갈 것 같다는, 목사를 그만두어야 하는가 하는 절망의 끝자락 같은 아픔의 시간들이 너무도 많았음을 담담히 떠올려보았습니다.

그러나 지금까지, 그리고 앞으로도 고한영 목사의 목회가 아무리 지치고 상하는 십자가의 가시밭길일지라도, 나는 그 길을 묵묵히 가야 합니다. 왜냐하면 내 예수님이니까, 내 예수님이니까요.

하나님의 한 걸음으로
함께 가자!

늦은 저녁 잠이 안 와서 잠자리에서 뒤척뒤척 하다가 거실 방으로 건너와 혼자 기도하기 시작했습니다. 목회한 지 벌써 10여 년이 훌쩍 흘러갔고, 하나님이 약속하신 부흥의 꿈(언약)이 더디 이루어지는 듯한 기다림의 고통이 마음을 짓누르는 것 같았습니다 그렇게 비전을 놓고 하나님께 숨죽여 흐느끼며 1시간여 기도하다가 잠이 들었습니다. 잠이 들자마자 내 귀를 여는 대화 소리가 들렸습니다

자상한 선생님이 어떤 이론에 대하여 학생을 쉽게 이해시키기 위한 따뜻한 대화처럼 정다웁게 느껴졌습니다,

"두 명의 친구가 있는데 한 명은 한 달에 200만 원 버는데 돈 아까워 교회에 가서 헌금해본 적 한 번도 없고, 하나님께 예배를 드리지도 않고, 기도해본 적도 없고, 남을 위해 봉사와 헌신의 삶을 살아본 적도 없이, 오직 자기 인생의 성공을 위해서 살고, 자기의 인생을 돈 모으는 데만 집중했단다. 그렇게 그 사람은 매달 100만 원씩 꼬박꼬박 적금해서 10년을 모았단다. 또 한 친구는 하나님 뜻에 순종하고 기도하는 예배의 사람인데, 돈도 없고 빚만 있고, 집도 없고 하나님 잘 믿으면 믿을수록 오히려 더 생활이 어려워지기만 하는 고

단한 삶을 살았단다. 하지만 그 사람은 하나님에 대한 믿음을 잃지 않고 항상 최선의 삶을 살았단다.

그렇게 십 년 후, 먼저 이야기한 친구는 한 달 200만 원 벌기도 어려운 일이지만 그렇게 벌 수 있었고, 한 달에 100만 원 적금하는 일도 인생에서는 정말 어려운 일인데, 인생에 어려운 일 힘든 일 하나 겪지 않고 무사히 10년 동안 매달 100만 원을 적금할 수 있었단다. 그래서 첫 번째 친구는 이자 계산하지 않고 순수 원금만 해도 1억 2천만 원이 넘는 큰돈을 모을 수 있었다고 치자.

첫 번째 친구는 두 번째 친구를 향해 비아냥거리며 '너는 하나님을 열심히 믿고 살았지만 돈도 없고 가난하고 빚만 더 늘어났구나.' 하며 그 두 번째 친구를 조롱하고 멸시했단다. 그리고 10년 동안 네가 이룬 것이 무엇이냐며, 현재 눈에 보이는 현실을 가지고 그 친구를 업신여겼단다.

그런데 하나님을 경외하는 돈도 없고 빚만 있고 집도 없고 생활이 더 어려워진 친구, 하나님께 인생을 후회 없이 투자한 그 두 번째 친구에게, 10년이 된 어제까지 가난하고 조롱받고 고단한 삶을 산 그 친구에게 10년 기한이 끝난 그 다음날, 복의 근원이신 하나님이 그에게 100억 원을 주신다면, 그날로부터 100억 원보다 더 많은 은혜와 축복을 그가 생명이 다하는 날까지 계속 복의 복으로 부어주신다면, 누가 정말 이 인생의 성공 씨름에서 이긴 것이겠느냐?"

이런 대화의 말씀이 끝나자마자, 세상 사람들 가운데 기업인, 박사, 교수, 스포츠인, 예술인, 음악가, 작가, 정치인, 목사 등 세상의 1등인 머리를 위해 달려가는 수많은 사람들을 파노라마처럼 수백 편을 보여주시며 이렇게 말씀하셨습니다.

"세상에서 성공하기 위해 하나님 없이, 예배 없이, 기도 없이, 순종 없이 자기 자신만을 믿고 달려가는 많은 사람들이 세상에는 살고 있단다. 하나님 믿는다고 하면서도 자기 머리를 믿고 자기 방법으로 성공하려 하는 사람들도 많이 있단다. 그런데 너는 나와 함께 걸어가자! 너는 하나님의 한 걸음으로 함께 가자!"

너무나 크고 떨리고, 따스한 가슴과 생각과 온몸을 용광로처럼 뜨겁고 천둥번개처럼 전율케 하시는 하나님의 음성이 메아리쳐 들렸습니다. 꿈이 깨면서도 그 감격으로 너무도 감격하고, 감사하고, 기쁨으로 가슴이 넘쳐서 눈물이 뺨을 타고 흘러내렸습니다.

'나의 가는 길을 하나님이 알고 계셨구나. 나의 아픔과 고통도 다 알고 계셨구나. 세상이 원하는 그런 빠른 성공이 아닌, 하나님이 기뻐하시고 원하시는 길이 더디 가는 듯 보여도 진정 복된 길임을, 진정 성공하는 길임을 다시 한 번 깨닫게 해주셨구나.'

마음속 저 깊이에서 세상이 줄 수 없는 하나님이 베푸시는 깨달음의 은혜가 밀물처럼 솟구치며 밀려듭니다.

"너는 나와 함께 가자. 하나님의 한 걸음으로 함께 가자. 너는 나와 함께 가자. 하나님의 한 걸음으로 함께 가자."

내가 너를 위하여
이렇게 죽었단다!

목요일 꿈을 꾸었습니다. 꿈의 상황이 마치 세상의 마지막 때 모습 같았습니다. 예수 그리스도에 대한 믿음을 끝까지 지키는 자와 예수 그리스도를 부정하고 배교하는 사탄의 권세에 굴복하는 사람들, 이렇게 두 가지 부류로 나뉘었습니다. 많은 그리스도인들이 먹을 것도 잠잘 것도 구할 수 없는 척박한 상황에서, 산 속이나 깊은 동굴에 숨어 있기도 하고, 그 와중에도 기회가 주어지면 마지막 한 사람에게까지 복음을 증거하는 긴박한 상황이 전개되었습니다.

악한 사탄의 종들이 마지막까지 복음을 증거하는 일꾼들을, 믿는 자들을, 예수 그리스도를 구주로 고백하는 하나님의 자녀들을 밧줄로 칭칭 묶어 도살장의 소처럼 질질 끌며 체포해 왔습니다. 사탄의 괴수 마귀의 왕인 바알세불이 직접 복음의 일꾼들을 고문하며 협박하여 배교시키는 절박한 상황이었습니다. 그 어느 공포영화에서도 차마 볼 수 없었던 더 잔인하고 더 두려운 장면들이 내 머리끝부터 발끝까지 말초신경을 두려움의 극한 공포로 송곳처럼 찌르며 엄습해왔습니다.

고한영 목사도 끝까지 복음을 증거하다가 결국은 붙잡혀왔고, 악한 사탄의 종들이 믿는 자들을 배교시키려는 끔찍한 고문과 죽음의 순서를 칠흑 같은 어둠처럼 기다리고 있는 것입니다. 내 앞에 먼저 고문당하는 믿음의 사람이 있었습니다. 사탄의 왕 바알세불이 그에게 그리스도를 부인하고 저주하면 고문 하지 않고 살려주겠다는 배교 회유를 했습니다. 하지만 그가 끝내 거절하자, 내가 지켜보는 앞에서 그 믿음의 사람을 산 채로 활활 타는 불집게로 눈을 뽑았습니다.

그의 몸과 형장의 바닥에는 선혈이 낭자하고, 견디기 힘든 고통의 신음소리가 아무리 참으려 해도 전율처럼 오금이 저리게 만들었습니다. 그렇게 그는 죽기까지 믿음의 정절을 지키며 순교자의 영광에 들어갈 수 있었습니다. 그러나 그 다음 순서부터는 그 참혹한 죽음의 현장을 목격한 이들이 공포와 두려움을 어떻게 해볼 수 없고 이겨낼 수도 없는 진퇴양난의 상황이었습니다.

죽음의 순서, 고문을 앞두었던 두 번째 사람은 산 채로 눈을 집게로 뽑히는 사람을 보았던지라, 결국 그 두려움과 고통을 이기지 못하고 배교를 하고 말았습니다. 죽음의 순서를 기다리는 그 누구도 그의 배교를 비난할 수 없었고, 마음속 깊이 꺼져드는 절망과 안타까움의 탄식만이 그 공간에 가득 찼습니다. 공간이 얼어붙는 깊은 탄식과 꺼지는 한숨만이 여기저기서 흘러나왔습니다. 뜨거운 불 인두로 몸을 지지고, 작두로 손가락을 자르고, 거꾸로 매달아 피가 머리에 몰려 숨이 터질듯 머리가 터질듯 고문을 했습니다. 꿈속에서였지만 너무나 실제 같은, 지금 내 눈앞에 실제처럼 벌어지고 있는 그 고통의 시간이 몇 시간째 계속되고, 처음에는 고문을 이겨내던 사람들도 하나씩 둘씩 참혹한 고문에 못 이겨 쓰러져갑니다. 복음을, 예수 그리스도를 끝까지 붙들겠다고 했던 많은 사람들이 줄줄이 바알세불의 지옥 같은 잔인한 고문에 결국 다 예수를 부인하고 배교하고 마는 것입니다.

마지막 내 차례가 왔습니다. 앞선 동료들의 고문과 고통과 비명을 들으며 마음속으로, 마음속으로 다짐하고 또 다짐하고 또 다짐했습니다. 아무리 아파도, 아무리 고통스러워도 꼭 참아내리라, 꼭 참아내리라, 조금만 참으면 내 영원한 하나님나라로 갈 수 있을 테니까, 예수님이 나를 기다리고 계실 테니까, 하고 생각하며 입술을 굳은 의지로 깨뭅니다. 그런데 바알세불이 나를 고문하지 않고 이렇게 협박하는 것입니다.

"너는 앞선 이런 고문에 절대로 굴복하지 않을 것을 내가 안다. 네 생명이 끊어져도, 산산이 네 몸이 가루가 되어도 너는 신앙을 지킬 것을 내가 안다. 그렇지만 너를 배교시킬 방법이 단 한 가지 있지."

내 믿음과 하나님에 대한 내 사랑을 비웃으며, '어디 네가 이래도 믿음을 지켜보겠느냐?' 하고 내기 걸듯이 조롱하며 내뱉은 바알세불의 말입니다. "너를 배교시킬 방법이 단 한 가지 있지." 이렇게 말입니다.

도대체 어떤 흉악한 고문으로 나를, 내 믿음을 굴복시키려고 하는가 하며 바알세불 쪽을 바라보는데, 순간 심장이 쾅하고 얼어붙는 듯 했습니다. 하늘이 몽땅 쏟아져 와르르 붕괴되는 듯했습니다. 온몸의 피 한 방울까지 피가 거꾸로 솟는 듯 정신이 아득해졌습니다.

바알세불의 손에, 그 더러운 짐승의 손에 고한영 목사의 둘째 아들 희원이가 온몸이 꽁꽁 묶인 채, 다리를 위로 한 채 거꾸로 붙들려 있는 것입니다. 바알세불이 나를 굴복시킬 방법이 바로 이것이었던 것입니다. 여덟 살 고희원, 아직도 아가 냄새가 많이 나서 둘째 아들 뺨에 뽀뽀하고 얼굴을 부비부비 하면, 아빠의 하루 일과에 천국 보상이라도 받는 듯 내게 아빠 된 기쁨을 주는 둘째 아들 고희원.

그런데 그 참혹한 꿈속에서는 두 손과 두 발이 결박된 채 몸이 거꾸로 들려 고문의 형틀에 어린양 제물처럼 올려지는 것입니다. 더군다나 그 고문의 형틀은 고대 역사 속에서 나올 법한 가장 잔혹한 형벌의 도구 형상이었던 것입니다. 맷돌, 분쇄기 같은, 뼈와 살을 짓이겨 피를 짜내는, 뼈를 부수고 살을 갈갈이 찢는, 온몸의 진액을 빼내는 잔혹한 기계에 둘째 아들을 산 채로 집어넣으려고 합니다.

내가 예수를 부인하고, 부정하고, 하나님을 욕하고 저주하면, 아들은 그 형틀에서 자유케 해주겠다면서 협박하는 것입니다. 너는 네가 사랑하는 아들의 고문과 죽음을 차마 볼 수도 견딜 수도 없을 것이기에, 반드시 고한영 목사를 배교하게 만들겠다는 사탄의 대장 바알세불의 잔인무도한 비장의 카드였던 것입니다. 너무나 실제로 겪는 것처럼 상상도 할 수 없고 입이 있어도 말도 안 나오는 생생한 참혹의 현장에서, 내 입에서 한 마디, 몸과 영혼이 모래가루처럼 갈갈이 찢기는 신음소리가 흘러나옵니다.

음… 음… 음… 음… 음… 뜨거운 피눈물… 뼈가 부서지는 고통… 피맺힌 절규… 가슴의 무너짐… 고한영목사의 눈에서 뜨거운 눈물이 주르르 흘러 내립니다….

고한영 목사는 내 목숨과도 맞바꿀 수 있는 사랑스런 아들의 죽음을, 그 어린 아들의 순교를 심연의 침묵처럼 뜨거운 눈물을 뚝뚝 흘리며 묵묵히 받아들이고 있습니다.

"아들아, 천국에서 다시 만나자꾸나. 내 아들 희원아."

온 하늘과 땅을 진동시키는 마지막 외침으로 "희원아!" 하고 목이 터져라 외치는데, 꿈의 장면이 바뀌며 바알세불도 사라지고 지옥의 형틀도 모두 사라지고, 이 세상의 것으로 형용할 수 없는 빛이 임하며 예수님의 음성이 들립니다. 주님이 이렇게 세 번 동일한 음성으로 말씀하셨습니다.

"내가 너를 위하여 이렇게 죽었단다. 내가 너를 위하여 이렇게 죽었단다. 내가 너를 위하여 이렇게 죽었단다."

꿈이 깨며 내 눈에도 뜨거운 눈물이 주르르 흐르고 있었습니다. 나를 사랑하셔서 나를 구원하시려고, 내게 영원한 생명을 주시려고 나를 위하여 죽으신 예수님, 온 인류를 위하여 죽으신 그 영원한 사랑, 그 거룩하고도 뜨거운 예수님의 사랑이 내 눈을 흐르며, 내 가슴을 흐르며, 내 영혼을 흐르며, 내 인생을 사랑이란 이름으로 적시는 강물처럼 그렇게 말없이 눈물이 흘러내리고 있었습니다.

"내가 너를 위하여 이렇게 죽었단다."

나를 낮추고 낮추면,
하나님을 믿고 믿으면

목요일 주신 꿈입니다. 조선시대 배경입니다. 왕권이 아주 약한 시대이고, 신하들의 권세가 왕을 넘어서는 때입니다. 왕이 자기 정치를 하려고 권력 있는 신하들과 대립하려고 하면, 궁인들을 시켜 독살시키거나 군대를 일으켜 왕을 폐위시키고 새로운 왕을 세우는 일을 서슴지 않고 행하는, 그런 왕권이 심히 약해진 조선시대가 꿈의 배경입니다.

권세를 가진 신하들에 의해 옹립된 이름만 왕인 허수아비 왕이 내 아버지이셨고, 나는 둘째 왕자 신분이었습니다. 왕이 첫째 왕자인 장남을 지키려고 둘째인 나를 왕세자로 세웠습니다. 지난 선대 왕조시대에도 왕세자가 독살당하거나 살해당한 일이 여러 차례 있었기에, 장남이 허무하게 독살당하거나 살해당하는 것을 방지하고자, 나 또한 왕에게는 귀한 아들이지만 장자가 죽임당하면 안 되겠기에, 고육지책으로 어쩔 수 없이 둘째를 왕세자로 세운 것입니다.

세월이 흘러 이 위기가 끝나고 왕권이 회복되고 안정되면, 나는 자리를 원래의 주인인 장남 첫째 왕자에게 이양해야 함을 나 또한 너무나 잘 알고 있었습니다. 나 또한 이 자리가 얼마나 위험한 자리인지, 언제 죽임 당할지 모르는 두려운 자리인 것을 알지만, 아버지인 왕과 형님인 장남을 위해 내가 그렇게 하겠다고 기꺼이 자청한 것입니다.

그렇게 왕세자로서 화살처럼 17년이라는 세월이 흘러갔습니다. 여전히 왕은 힘이 없었고, 군권과 권력을 장악한 삼정승 육조판서 실료들이 국정을 좌지우지하고 있었습니다. 나는 왕세자가 되었지만, 언젠가 이 자리를 비워줘야 한다는 것을 알았기에, 그리고 막강한 권력의 신하들에게 견제와 감시를 받는 자리였기에, 원래부터 자리에 대한 욕심은 없었습니다. 언제 죽을지 모르니 매순간 즐겁고 행복하게 살려고 노력했습니다.

나를 무시하는 신하들의 가시 박히고 조롱 섞인 이야기들을 들어도 한 번도 화낸 적이 없고, 얼굴 붉힌 적도 없고 늘 진실하게 웃었습니다. 웃으며 살다 보니 미소와 웃음이 내 삶이 된 것 같았습니다. 늘 웃고 겸손하고 친절하고 내 이야기는 잘 안 하고 상대방의 이야기를 무던히 많이 듣는 삶이었습니다. 매순간 작은 기쁜 것 하나에도 기뻐할 수 있는 모습으로 살았고, 아무 힘없는 왕세자이지만 나에게 가까이 다가오는 궁인들과 신하들에게 늘 친절하게 대했고, 오늘이 내 삶의 마지막 날인 것처럼 최선을 다하며 살아왔던 것입니다.

그러는 사이 정작 장자였던 첫째 왕자는 권력을 움켜쥔 신하들에 대한 적개심, 아버지 왕의 무력함에 대한 실망 등, 그런 환경으로 인하여 술을 즐기고 세상을 원망하며 먹고 놀고 즐기기에 빠져 방탕하다가 아예 폐인처럼 되고 말았습니다. 허수아비 왕인 아버지에게도 나에게도 원수같이 여겨지는 권력을 움켜쥔 신하들조차도, 나를 왕으로 세우면 내가 왕의 권력을 가져도 자신들에게 보복하지 않으리라는 믿음이 생겨났습니다. 하루하루 최선을 다하며 웃고 친절하고 듣고 낮추는 17년이라는 시간들이 나를 진짜 왕의 자질을 지닌 자로 만들어버린 것입니다. 권력 있는 신하들조차도 인품을 인정할 수밖에 없는 이 왕세자는 진짜 덕이 있는 왕이 되시겠구나 하는 신뢰가 생긴 것입니다.

신하들이 이구동성으로 하늘이 내려주신 인품과 덕을 지닌 이런 왕을 우리가 또 얻을 수 있겠는가 했습니다. 결국 신하들의 신임과 지지를 전폭적으로 받고 덕이 있는 내가 조선의 새로운 왕이 되었습니다.

조선의 새로운 왕으로 만천하에 알리며 등극하는 휘황찬란한 대관식을 치르다가 꿈이 깨었습니다. 꿈이 깨면서 많은 깨달음이 물밀듯이 밀려왔습니다. 목회자인 나, 지금은 믿음이 없고 연약하고 기도가 부족하고 성품과 자질이 부족할지라도, 나를 사람들 앞에 낮추고 낮추면, 그리고 또 낮추면, 그런 나를 낮추고 낮아지는 삶을 사는 것입니다. 내가 하나님을 믿고 믿으면, 그리고 또 믿으면, 내 생명 다하는 그날까지 끝까지 하나님을 믿는 믿음의 삶으로 사는 것입니다. 그렇게 나를 낮추고 낮추면, 그렇게 하나님을 믿고 믿으면, 언젠가 하나님이 마음껏 쓰실 수 있는 정금 같은 그릇이 될 수 있다는 깨달음이 내 가슴속에 일출의 타오르는 태양처럼 가득 차는 새로운 아침입니다.

무릇 자기를 높이는 자는 낮아지고 자기를 낮추는 자는 높아지리라.

(누가복음 14:11)

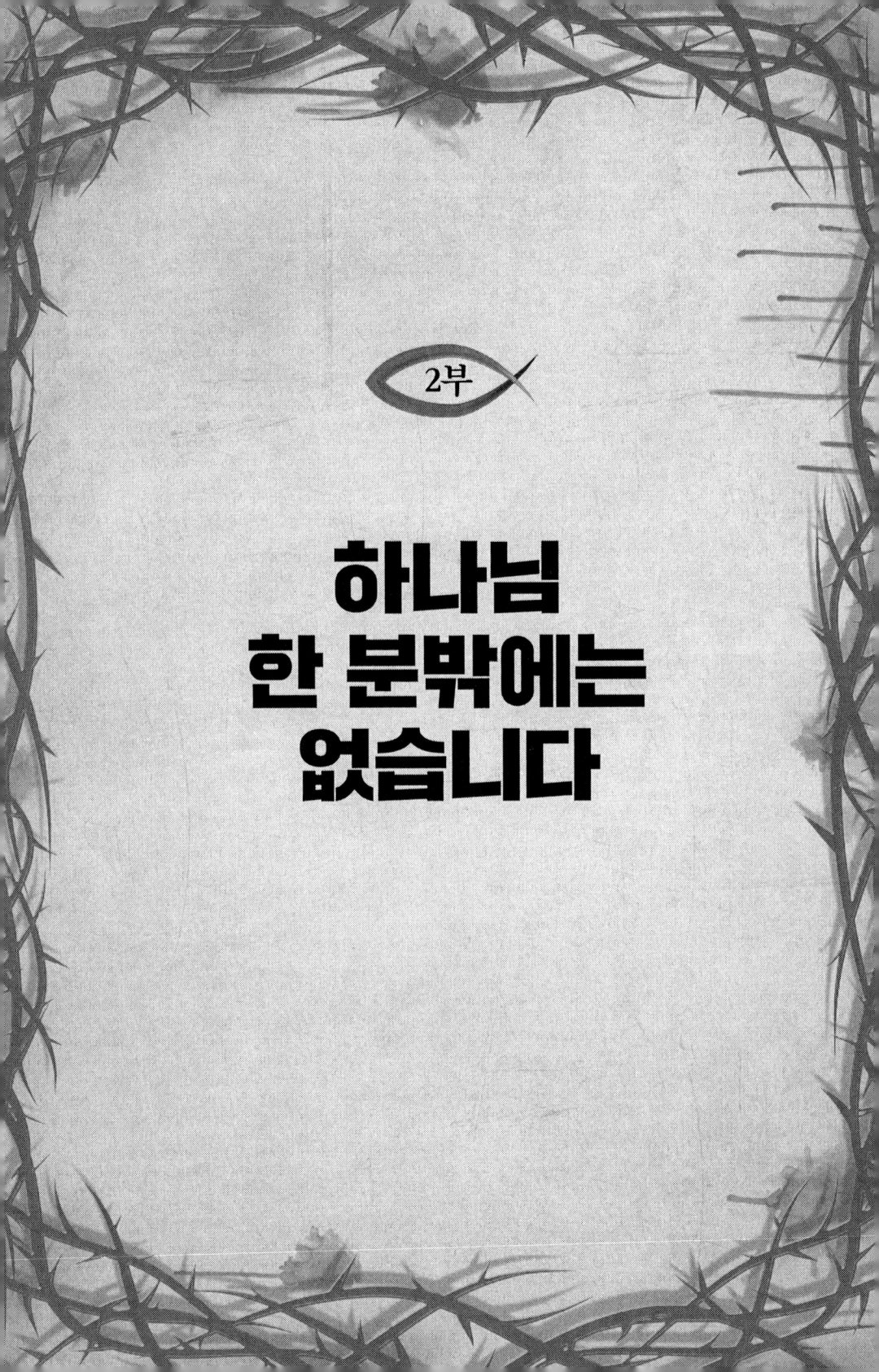

2부

하나님
한 분밖에는
없습니다

내가 오늘 여기 서 있는 이유는 오직 예수 그리스도입니다!

주일 새벽에 주신 꿈입니다. 담임목사 취임식의 자리입니다. 하객석에 미국 대통령도 와 있고, 세계 각국의 대통령들과 왕들, 재벌 총수들과 대학총장님들, 교수님들, 권세 있는 유명한 사람들이 어림잡아 3천 명쯤 모인 자리입니다. 그 어느 대통령 취임식보다 웅장한 광경입니다. 사회자가 설명하기를, 대한민국에서 제일 크고 세계에서 제일 큰 도우리교회의 담임목사님 취임식 자리라고 설명합니다. 얼마나 놀라고 감사하고 감격하고 황홀한지, 말로 다 표현할 수 없는 자리입니다.

딛고 선 강단의 바닥이 좁고, 딛고 서 있기에 너무 좁고 바퀴가 달려 있었습니다. 바퀴가 달려 있어서 힘주어서 말하려면 그 힘에 밀려 뒤로 주르륵 밀려났습니다. 예전에 이 자리에 서 있던 사람들이 얼마나 이 자리를 지키려고 권세 있는 사람들 눈치 보며 좌불안석했을까 상상이 되었습니다. 하나님이 아닌 교회 안에서 권력과 돈과 힘을 가진 사람들 눈치 보며 그들의 입맛과 비위를 맞추며 이 자리를 지키면, 억대 연봉도 받고 죽을 때까지 부귀영화를 누릴 수는 있겠지만, 하나님의 뜻은 마음껏 펼치지 못했을 것이라는 생각이 들었습니다. 모인 귀빈들과 청중들을 향해 고한영 목사가 강단에서 담대히 선포합니다.

"오늘부터 이 바퀴 달린 강단을 치우라!"

이렇게 명령합니다.

"나는 권세 있는 자들의 눈치가 아니라, 오직 하나님만을 바라보고 목회하리라! 설교하리라!"

이렇게 선포하는 것입니다. 바라보던 사람들이 일제히 화답하듯 외칩니다.

"바로 그것입니다! 그런 결단과 담대함으로 행하시기를 바랍니다!"

모여 있던 청중들이 고개를 끄덕이고 수긍하며, 박수치고 환영하는 모습을 보았습니다. 이제 설교를 하려는데 내가 준비한 원고 설교가 없고, 누구 것인지 모르는 두꺼운 책이 놓여 있었습니다. 잠시 그 책의 첫 장을 열어보니 첫째 둘째 셋째 순서만 나열된, 아무 감동이 없고 성경에 대한 이론들만 잔뜩 써놓은 누군가의 설교집입니다. 제가 그 설교를 보며 청중들 앞에 다시 선포합니다.

"이것은 죽은 설교입니다! 나는 이 죽은 설교를 버리고 살아 있는 설교, 오직 하나님의 말씀만을 전하겠습니다!"

죽은 설교인, 누구 것인지 모르는 설교집을 치우자, 기도하며 준비한 원래의 내 설교 원고가 눈앞에 다시 놓여 있습니다. 원고에 적힌 설교 제목이 '내가 오늘 여기 서 있는 이유는 오직 예수 그리스도입니다!'입니다. 드디어 설교가 시작되었습니다.

제가 오늘 여기 서 있는 이유는 잘나서도 아니고 운이 좋아서도 아니고 사람 잘 만나서도 아니고, 오직 예수님 때문입니다. 예수님이 좋은 걸 어떡합니까. 예수님밖에 없는 것을 어떡합니까. 하나님이 아니시면 안 되는 인생인 것을요.

이렇게 설교 속에서 청중들에게 내 믿음을 신앙고백하는데, 3천 명이 넘는 청중들 중 예수님이 내 두 눈가에 환한 빛으로 가득 비치며 보이시는 것이었습니다. 청중이 앉아 있는 곳에 예수님이 앉아 계셨습니다. 흐뭇해하고 고개를 끄덕이며 잘했다고 기뻐해주시는 주님의 환한 얼굴을 보며 기쁨의 눈물, 감격의 눈물이 두 뺨 위로 주르륵 흘러내리며 꿈이 깨었습니다.

얘야,
지금 이 길을 건너면 안 된다!

신학대학교 1학년 때의 이야기입니다. 너무 가난해서 신학교 가서 점심 굶는 일이 매일의 일상일 때였습니다. 그만큼 돈이 없었고, 간신히 학교 오갈 전철 왕복비 900원밖에 없었습니다. 그래서 서울역에서 내려 서대문역까지 버스 타고 가서도 5분 더 걸어가야 나오는 신학교까지 20분 이상 달리며 뛰며 걸어가던 시절입니다.

수업시간 9시까지 등교해서 수업을 들어가야 출석 부를 때 대답할 수 있고 지각을 안 하는데, 다른 친구들은 전철역에서 내려 토큰 150원만 내면 학교 정문까지 5분도 안 걸리는데, 점심값도 없는 내게 당연히 버스 값이 있을 리가 없었지요. 그래서 매일 아침 다른 친구들보다 30분 정도 일찍 집을 나서야 했고, 서울역에서 서대문역까지 달려가야 했던 것입니다.

서울역에서 서대문역까지는 달려서 20분 정도 거리인데, 왼쪽 편에는 무궁화호 비둘기호 같은 열차들이 선로 길에 죽 늘어서 대기되어 있는 모습을 보며 지나가야 합니다. 차량 기지가 있는 그곳을 사람들이 못 넘어가게 높은 담벼락과 철조망으로 철통같이 막아놓았습니다. 오른쪽은 왕복 8차선이 넘는 도로였고, 특히 아침에는 오고가는 사람이 거의 없는 한산한 길이었습니다. 서울역에서 서대문역까지 횡단보도가 3개 정도 있었는데, 그곳을 지나가면 경찰청이 서 있고, 곧이어 서대문역에 도착하는 것입니다.

오늘은 몇 분 더 늦은 상태여서 더 빨리 걸음을 재촉하며 조금 걷다가 숨 고르고 다시 뛰기를 반복했습니다. 눈앞에서 첫 번째 신호등을 보았는데 깜박이기 시작했습니다. 1-2초 뒤면 신호가 빨간 신호로 바뀔 것이기에, 젊은 나이에다 한 번 신호등에 걸리면 신호대기 시간이 5분 이상 걸리는 것을 잘 알기에, 이대로라면 100% 지각할 상황입니다. 후다닥 달음질해서 건너면 젊은 사람 달리기로 2-3초면 건널 수 있었습니다.

달려오던 걸음을 멈추지 않고 신호가 깜박이는 것을 눈으로 보며 그대로 더 달려 신호등을 건너려는데, 순간 내 발걸음이 한 발자국도 앞으로 움직여지지 않았습니다. 콘크리트 쇳덩이보다 더 단단한 누군가의 손이 내 오른쪽 팔을 아프도록 강하게 붙들었습니다. 그 손의 악력이 어찌나 세던지, 달리던 내가 땅에 달라붙은 듯 꼼짝 못하는 것입니다. 옆을 보니 머리가 하얗게 센 어떤 할아버지가 내게 이렇게 말했습니다.

"애야, 지금 이 길을 건너면 안 된다!"

단호히 말씀하시며 눈짓을 앞으로 보이며 턱 끝을 올려 신호등이 깜박이는 것을 가리켰습니다. 달려오면서 이미 신호등이 깜박거리는 것을 알고 있었기에, 이 할아버지가 녹색 점멸신호가 곧 빨간색으로 바뀔 것 같으니까 내 손을 잡아 못 가게 하시는 줄로만 알고 잠깐 그 신호등을 보다가 옆을 다시 보았습니다. 그런데 억센 손으로 내 팔을 붙들던 그 할아버지가 어디 가셨는지 흔적도 없이 안 보였습니다. 그 순간 내 앞을 보니 어마어마하게 큰 덤프트럭이 신호가 아직 안 바뀌었는데, 우르르 쿵쿵 급히 지나가는 바퀴의 굉음을 내며 무시무시한 속도로 휘이익 지나갔습니다.

만일 내가 그대로 달렸으면, 나는 100% 그 덤프트럭에 치여 즉사했을 거라는 생각이 들었습니다. 내 왼쪽에는 담벼락과 철조망이 있고, 오른쪽에는 8차선 왕복도로가 있고, 사람 건너는 신호등 앞에는 오직 나 혼자밖에 없었습니다. 앞뒤 사방을 아무리 살펴봐도 그 할아버지의 모습은 온 데 간 데 찾아볼 수가 없었습니다. 그 순간 번뜩 뇌리를 스치는 생각이 있었습니다. 콘크리트보다 강하고 억센 그 손으로 내 팔을 꽉 붙들며 "애야, 지금 이 길을 건너가면 안 된다." 하신 그분이 하나님이셨음을 확실히 깨닫게 되었습니다. 내 생명을 하나님이 지켜주신 것입니다.

나는 그 후부터 학교를 졸업하기까지 그 길을 계속 다녔지만, 학교를 가기 위해 서둘러서 일찍 길을 나섰고, 신호등 앞에서 절대로 뛰지도 않았고, 길을 건널 때는 좌우를 분명히 살피고 안전히 건너는 습관을 가지게 되었습니다. 이미 내 생명은 하나님 것임을 고백합니다. 그때 지각할까봐 성급함으로 길을 건넜으면, 나는 이미 세상의 사람이 아니었겠지요. 내 생명 다하는 그날까지 하나님이 명하시는 곳에 아멘으로 나아가며, 하나님이 기뻐하시는 그곳에 내 생명 끝날까지 나도 주님의 손 꼭 붙들고 서 있기를 소망합니다. 내 생명은 어제도 오늘도 내일도 내 아버지 하나님 것이니까요.

슈퍼맨 꿈

2016년 10월 6일 목요일 꿈을 꾸었습니다. 꿈 속에서는 내가 강력한 힘을 가진 슈퍼맨이었습니다. 몇 톤짜리 트럭 정도뿐만 아니라 지구라도 들어 올릴 파워를 가지고 사람들을 도와주고, 사람의 힘으로 할 수 없는 어려운 상황에 있는 이들을 도와주고, 하늘을 마음껏 날아다닐 수 있었습니다.

그런데 어느 날 슈퍼맨의 모든 힘을 잃어버리게 된 것입니다. 왜 그렇게 되었는지 알 수도 없고, 하루아침에 무력해졌습니다. 캄캄한 골목 양아치 깡패 한 사람에게도 생명의 두려움을 느끼는, 그런 무력한 보통 사람이 된 것입니다. 슈퍼맨이었는데 보통사람이 되어버린 현실이 참담하고 두렵고 고통스러웠습니다. 왜 그렇게 되었는가, 계속 이런 상태로 되는 것인가, 하는 많은 의문 속에서 힘을 잃어버린 원인을 찾아야겠다는 생각이 들었습니다. 내가 태어났다는 저 깊은 아마존 정글 같은 곳 깊은 숲속으로 길을 떠납니다.

이제는 보통의 사람이 되었기에 사자도 악어도 독사도 정글 속의 무서운 맹수와 독충들도 다 내게는 두려운 존재입니다. 온몸에 생채기가 생기고 넘어져서 멍들고 옷이 찢어지고 노숙자 얼굴처럼 초췌하게 되어서, 몇 날 며칠을 굶기도 하고 추위에 떨며 몸을 새우등처럼 오므려 잠들기도 했습니다. 그러면서 천신만고 끝에 그 깊은 산

속 동굴에 도착했습니다. 거기에서 히브리어로 쓰인 두루마리를 발견했는데, 거기에는 슈퍼맨이었던 내가 힘을 잃어버린 이유가 적혀 있었습니다. 히브리어로 쓰여 있지만, 나는 우리나라 말로 읽듯이 읽어갔습니다.

"첫째, 자만하지 않기 위해서, 둘째, 교만하지 않기 위해서, 셋째, 하나님의 영광 가리지 않기 위해서, 넷째, 나는 신이 아니고 이 놀라운 슈퍼맨의 힘을 주신 분이 하나님이심을 절대로 잊지 않게 하기 위해서, 이것을 깨닫기 위해서 잠시잠깐 보통 사람의 연약한 때를 보내게 될 것이다."라고 적혀 있었습니다. 마지막 문장에 "'기한이 차면' 원래대로의 슈퍼맨의 힘을 회복하게 될 것이다!"라고 적혀 있었습니다.

꿈이 깨면서 많은 것이 깨달아졌습니다. 하나님이 주신 놀라운 꿈과 환상과 하나님의 음성으로 가까운 미래에 내가 섬기는 교회가 어떻게 놀랍게 부흥될지를 알고 있습니다. 그러나 현재 너무나 많은 교인들이 떠났고, 재정적으로 힘겹고 무기력하고 무능력하고 초라해진 내 모습 속에 목회를 그만두어야 하는 심각한 고민을 하며, 하나님께 간절히 기도드리던 마음 무겁던 고통의 시간들이었습니다. 꿈의 뜻이 기한이 이를 때까지 인내하며 하나님이 언약을 이루실 때까지 포기하지 말고 끝까지 기도하라는 성령 메시지인 것입니다.

마법사 꿈

2016년 12월 13일 화요일 새벽기도 가기 전에 꿈을 꾸었습니다. 나는 한 나라의 존귀한 왕이었습니다.

왕의 권세도 있고, 특별히 마법사 같은 강력한 힘이 있어서 적국의 군대가 쏜 화살을 한 순간에 먼지처럼 안개처럼 사라지게 만들 수도 있고, 뼈가 심히 다친 사람을 만지기만 해도 새것처럼 깨끗이 치유되고, 마차에 깔려 생명이 위급한 사람도 손가락 하나를 가리켜 마차를 들어 올리는 고대 마법사와 같은 기이한 힘을 가지고 있었습니다. 그런 데다가 가난한 사람, 배고픈 사람, 소외된 사람을 자식처럼 돌보는 왕이어서, 온 나라 백성들에게 존경을 흠뻑 받고 있었습니다. 그런데 불쌍한 사람을 보면 그냥 지나치지 못하고 다 도와주어야 직성이 풀리는 너무 착하다는 것이 유일한 흠이라면 흠이었습니다.

어느 날 적국의 왕이 속임수를 써서 거지 차림으로 변장해서 내게 접근했는데, 내가 너무 불쌍해서 내가 '절대로 말하면 안 되는 금기어'를 말하고 말았습니다. "네 소원이 무엇이냐? 무엇이든지 들어주겠다."라고 말이지요. 집 없는 사람이 작은 초가집을 달라, 노총각이 장가가게 해달라, 빚이 많은데 탕감해 달라, 이런 작은 소원인 줄만 알았는데, 거지 변장을 하고 내게 접근한 적국의 왕인 그는 내게 있는 모든 왕의 권세와 마법사의 권능을 달라고 소원을 빌었습니다. 나는 적국의 왕인 그의 말(소원 빌기)이 떨어지기가 무섭게 내게 있던 모든 왕의 권세를, 그리고 기이한 마법사의 권능을 순식간에 그에게 다 빼앗기고, 쇠사슬에 묶이는 노예가 되고 말았습니다.

그는 당장 나를 죽이려는지 목에 서슬 퍼런 긴 칼을 대고 죽이려 했는데, 나는 아무 반항도 할 말도 없이 절대로 말해서는 안 되는 금기어를 내 입으로 말하고 말았던 것입니다. 이는 내 어리석음으로 자초된 일이니, 후회할 겨를도 없이 이제 죽는구나 하고 눈을 감았습니다. 그런데 그 적국의 왕은 나를 잔뜩 조롱하고, 발로 내 배를 차고, 얼굴에 침만 뱉고, 병사들을 시켜 나를 만신창이 되도록 매질만 하게 하고, 죽이지는 않았습니다. 이제 모든 힘을 잃었으니 죽일 가치도 없다는 것입니다.

나를 지하 감옥 쇠창살에 가두고 몇 날 며칠 동안 음식물을 주지 않아서, 뱃가죽이 등에 붙은 듯 주리고 굶었습니다. 그 배고픔과 목마름에 지옥의 뜨거움처럼 견딜 수 없이 고통스러웠고, 굶주린 나를 백성들이 많이 다니는 광장 거리에다 새 조롱같이 생긴 큰 창살 감옥에 가두어 거리를 지나는 백성들에게 "너희가 존경하던 왕이 여기 있다." 하며 조롱거리가 되게 했습니다. 그렇게 몇 년이 지나며 점점 사람들의 기억 속에서 내 존재는 잊혀져 갔습니다.

어느 날 나와 함께 있던 노예가 악한 왕의 횡포에 분을 참지 못해서 일어나 실컷 욕하고 죽으려 작정했습니다. 잠잠히 있던 나는 그의 손을 잡고 "참아! 참아! 지금은 때가 아니야! 참아!"라고 이야기하는 겁니다. 그도 내 말과 얼굴을 알아보며 분을 삭이며 그때를 지나갔습니다.

그리고 또 몇 년 후 나의 머리는 헝클어지고, 옷은 조각조각 해지고, 구멍이 숭숭 뚫리고, 몸과 얼굴과 손과 발은 한 번도 씻지 못해서 연탄처럼 새카매지고, 먹지 못해 뼈만 앙상하게 남고, 몹시 야위어서 병약하고, 허리 굽은 노인 노예의 모습이 되었습니다. 누구도 나란 존재를 기억하지 못하는 것처럼, 적국의 왕에게서도 백성들에게서도 나는 없어지고 잊혔습니다.

그런데 어느 날 악한 왕이 행차하다가 잔뜩 술을 먹고 거나하게 취한 상태에서 노예들 중 나를 포함한 세 사람을 불러 혀를 끌끌 차며 "네 소원이 무엇이냐, 무엇이든 내가 들어주마." 했습니다. 적국의 왕인 그가 기대하는 것은 거지 노예의 입에서 '실컷 배부르게 밥 먹게 해주세요. 노예의 사슬을 풀어주세요.' 하는 등의 소원이었지요. 그 노예 셋 중 내가 그 옛날 마법사의 권능을 가진 왕이었다는 것을 그는 전혀 모르는 것이었습니다. 그가 소원 이야기를 하는 순간 이미 내 몸에 왕의 권세와 마법사의 권능이 회오리처럼, 바람처럼 내 몸을 휘감으며 능력이 돌아왔습니다. 그때에 "내게 원래 있었던 모든 왕의 권세와 마법사의 권능이 내게로 돌아올지어다." 하고 크게 외치며 꿈이 깨었습니다.

너무 선하다는 것, 너무 착해서, 너무 긍휼한 마음이 많아서 사람들의 소원을 함부로 들어주면 안 된다는 것, 도우리교회 17년 목회를 통해 지금까지의 연단 과정을 잘 설명해주는 인내의 시간들이었다는 것, 내가 그 적국의 악한 왕과 백성들의 기억에서 잊히고 없어졌듯이, 나는 죽어지고 나는 없어져야 한다는 깨달음, 이제 도우리교회 부흥의 문을 열어주시겠구나, 꿈속의 상황처럼 왕의 권세와 성령의 기이한 권능과 권세를 물 붓듯이 부어주시겠구나, 하고 믿어지고 깨달아지는 귀한 꿈이었습니다.

하나님의 권능 기계 꿈

목요일 새벽설교가 끝나고 마무리 기도를 하고, 곧이어 주기도문을 고백함으로써 모든 새벽예배가 끝난 후 각자 개인 기도를 하는데, 내 기도 손이 엄청 커지면서 내 손안에 내 몸 전체가 들어가 기도하는 모습이 되었습니다. 머리는 수만 볼트 전력선에 붙들린 듯 머리가 감전되며 조여오고, 손은 바위도 한 주먹에 부스러뜨릴 힘과 그 어떤 힘으로도 두 맞잡은 손을 뗄 수 없는 강력한 힘으로 기도손이 하나로 모아지는 성령 체험을 했습니다. 콘크리트보다 몇 십 배 몇 백 배 강력한 결속과 접착력 같은 기도의 권능 손 체험을 했습니다.

목회하며 그동안 겪었던 도우리교회의 재정적 연약함, 떠난 교인들로 인한 상처와 빈자리의 아픔 등으로 목마른 사슴처럼 간절히 하나님께 매달리며, 울며, 부르짖으며 기도해온 터입니다. 내 간절한 기도가 하나님 보좌 앞에 열납되었다는 강력한 확신, 곧 응답의 기쁨으로 하나님이 교회의 모든 어려움과 연단이 끝나고 진정한 복의 복으로 부흥을 주실 것이라는 확신이 들었습니다.

더 힘내어 간절히 기도하며 나아가는 중, 금요일에 꿈을 꾸었습니다. 꿈의 제목은 '하나님의 권능 기계' 꿈입니다. 꿈에 나는 고고학 발굴단장이었습니다. 다윗과 솔로몬 시대에 한두 번 사용되었다는 하나님의 보물로서 그동안 사람들에게 까마득히 잊혔던 그 기계가 사용된 역사적 기록은 고고학적으로 몇 가지 흔적이 남아 있는데, 어떻게 생겼는지, 어떻게 사용하는 것인지, 어디에 보관되어 있는지는 이 세상 아무도 모릅니다.

고고학 발굴단장인 나와 수십 명이 넘는 여러 고고학 단원들이 어렵게 솔로몬 시대의 고대 보물이 묻혀 있는 장소를 찾아냈습니다. 솔로몬 시대의 성전 건물이 오랜 세월 속에 땅 깊은 곳에 파묻힌 상태였습니다. 깊고 긴 터널 같은 동굴을 지나니 수천 년 전에 존재했던 성전이 그곳에 존재하고 있었던 것입니다. 다른 단원들이 세계 역사에 남을 만한 진귀한 보물을 찾을 마음에 더 깊은 동굴로 앞 다투어 지나간 후에, 나는 혼자 남아 그 뒤를 천천히 따라가고 있었습니다. 동굴과 터널 그리고 보물이 놓여 있는 방, 또 동굴과 긴 터널이 연결된 후 나타난 방에는 기이한 모양의 보물들이 놓여 있었습니다.

깊이 들어갈수록 더 가치 있고 진귀한 보물들이 보는 이들의 눈을 휘둥그레해지게 사로잡았습니다. 고대 시대의 수많은 보물들이 여기저기 놓여 있었고, 나는 그 바닥에 떨어진 흙이 잔뜩 묻은 쇠붙이 공 같은 것을 줍게 되었습니다. 남들의 눈에는 하찮은 그저 쇠붙이 조각 같아 보였지만, 나는 단번에 그것이 잊히고 잃어버렸던 진귀한 보물인 바로 그 '하나님의 권능 기계'라는 것을 직감처럼 알아차렸습니다.

내가 알아보고 이미 오래전에 따로 발견되어 내가 가지고 있던 자그마한 열쇠를 호주머니에서 꺼냈습니다. 내 호주머니에 있던 열쇠를 그 '하나님의 권능 기계' 열쇠구멍에 집어넣으니, 거대한 화력발전소의 굉음 같은 큰 기계음 소리로 웅웅 소리를 내며, 그 권능 기계가 켜져 작동하는 것이었습니다.

내 손안에 가볍게 들 수 있는 야구공만 한 작은 기계가 퍼즐 조각처럼 움직이며, 다시 재조합되며 뭉치더니, 방안을 가득 채울 크기로 순식간에 거대하게 커졌습니다. 이 권능 기계는 홍해를 가를 때, 만나를 내리게 할 때, 골리앗을 쓰러뜨릴 때 사용했던 것입니다. 그 기계의 중앙에 옛적 히브리어 언어로 '하나님의 권능 기계'라고 쓰여 있고 그 밑에는 사용 설명서가 있는데, 나라의 위기 때 한두 번만 사용해야 한다고 되어 있었습니다.

하나님의 권능 기계의 효력은 수천 번 수만 번 영원토록 쓸 수 있지만, 불필요하게 자주 쓰면 첫째, 탐욕에 빠지고, 둘째, 타락하고, 셋째는 하나님께 버림받게 된다고 분명히 쓰여 있었습니다.

그 사용 설명서를 보고 있다가 꿈이 깼습니다. 꿈이 깨면서 많은 깨달음이 느껴졌습니다. 신유 은사나 귀신 내쫓는 은사, 그리고 앞일을 예견할 수 있는 예언의 은사 등 하나님이 주신 은사들을 자기 영광을 드러내거나 자기 욕심으로 쓰면 얼마나 위험해질 수 있는지 하는 것 말입니다. 하나님 일을 많이 하라고 주신 교회 부흥인데, 교인의 숫자가 많아지고 교회가 커지니까 하나님의 영광을 가로채고, 교만과 자기 안일에 빠진 목회자들이 얼마나 많은 시대입니까.

사울 왕처럼, 솔로몬 왕처럼 결국 하나님을 떠난 인생, 하나님이 수많은 돌아올 기회를 주셨지만 거절하고 그 마음을 돌이키지 아니하고 하나님께 버림받게 된 성경에 나오는 이스라엘 역사 속의 사울 왕 같은, 솔로몬 왕 같은 버림받은 왕들이 되면 절대로 안 되겠지요. 앞으로 도우리교회 부흥과 그 사역 속에서 펼쳐지는 하나님의 기적 역사 속에 병원이 포기한 불치병, 난치병 환자들이 깨끗이 치유함을 받고, 악한 사탄에 눌려 고통 받는 군대귀신 들렸던 사람들이 축사기도 받고 치유되고 증거되어도, 하나님이 약속하신 것처럼 전무후무한 부흥, 너무나 많은 사람이 와서 누가 왔는지 갔는지도 모르게 하시겠다는 약속의 부흥이 이루어져서, 도우리교회가 그런 큰 교회가 되고 부귀영화 권세를 다 가진 교회가 된다 할지라도, 절대로 절대로 교만하면 안 되고, 절대로 절대로 돈이나 명예나 권세로 탐욕에 빠지거나 타락하지 않아야 한다는 하나님의 신신당부인 것입니다.

하나님이 주신 능력과 권세를 오직 하나님께 영광 돌리는 데에만 쓸 수 있는 도우리교회, 하나님만을 기쁘시게 해드리는 고한영 목사, 목회 사역이 되어야 함을 깨닫는 귀한 꿈이었습니다.

당신은 어느 문을
선택하시겠습니까?

고한영 목사는 신학생 때부터 지금까지 영적 꿈들을 참 많이 꾸었습니다. 천국 꿈도 수백 번 꾸었고, 지옥 꿈도 수백 번 꾸었고, 하나님 만나주시는 꿈도 수없이 많이 꾸었고, 마귀가 나를 죽이겠다고 공격하고 도전하는 꿈도 헤아릴 수 없이 많이 꾸었습니다. 그런 꿈 중에 〈천로역정〉 같은 스토리 있는 꿈도 꾸었고, 내 믿음을 패배시키려는 마귀가 설치해놓은 시험과 고난의 관문마다 마귀의 고난이도 테스트를 보기 좋게 이기고 승리한 때도 많았습니다.

그러던 어느 날입니다. 마귀들은 그동안 눈에 보이는 시험으로 내 믿음을 테스트했습니다. 기도 중에 큰 구렁이 뱀으로 찾아와서 기도하지 말라며 죽이겠다고 협박하기도 했고, 꿈 가운데 온갖 무서운 무기들을 가진 수천 마리의 마귀 군대가 나를 죽이겠다고 쫓는 꿈도 꾸었고, 그때마다 예수님의 거룩하신 이름을 의지하여 마귀들을 시원하게 때려잡고 이기고 물리칠 수 있었지요.

오늘은 〈천로역정〉 같은 꿈을 꾸었습니다. 그런데 평상시의 마귀의 눈에 보이는 테스트하고는 격이 달랐습니다. 꿈의 처음에는 마귀가 설치한 관문마다 사탄 마귀와 맹렬히 싸워야 했습니다.

첫 번째 관문에서 마귀의 불화살 공격을 내 마음속에 새겨둔 말씀과 성경구절을 입술로 고백하며 외움으로써, 마귀들이 쏜 불화살 공격을 너무나 기이한 성령의 능력으로 막아내는 것입니다.

"내게 능력 주시는 자 안에서 내가 모든 것을 할 수 있느니라." (빌립보서 4장 13절 말씀)

"이르시되 기도 외에 다른 것으로는 이런 종류가 나갈 수 없느니라 하시니라." (마가복음 9장 29절 말씀)

"여호와의 말씀이니라 내 말이 불 같지 아니하냐 바위를 쳐서 부스러뜨리는 방망이 같지 아니하냐." (예레미야 23장 29절 말씀)

"너희가 내게 부르짖으며 내게 와서 기도하면 내가 너희들의 기도를 들을 것이요, 너희가 온 마음으로 나를 구하면 나를 찾을 것이요 나를 만나리라."

(예레미야 29장 12절에서 13절 말씀)

그런 내 가슴속에 돌비처럼 새겨진 말씀을 외워 선포하며 사탄 마귀를 대적할 때, 내게로 쏟아지는 불화살이 나를 감싸고 있는 말씀의 보호막에 의해 튕겨져 나가는 경험을 하며, 내 손에 들려진 성령의 불칼로 나를 시험하는 마귀들을 태워 죽이고 하나도 남김없이 때려잡았습니다.

두 번째 관문에서 누가 가장 힘이 센가 팔씨름을 하는데, 이 팔씨름은 둘 중에 기도의 힘이 센 사람이 이기는 것입니다. 거대한 근육과 몸이 헤비급인 얼굴이 우락부락한 마귀와 싸우는데, 몸이 라이트급처럼 체구가 적은 나였지만 호랑이보다 더 강하게, 사자보다 더 우렁차게 예수 이름으로 기도하니, 거구의 마귀가 힘도 못 쓰고 내 팔씨름에 팔이 꺾이며, 팔씨름하던 테이블 저편으로 나가떨어지고 말았습니다. 그 관문을 수문장처럼 지키고 있는 거구의 헤비급 챔피언 거인 마귀를 보기 좋게 기도의 팔씨름으로 이기고 그 관문을 통과했습니다.

꿈속에서도 그와 같은 수많은 마귀의 도전에 맞서 싸워서 이기고 또 이겨서, 이제 천국 직전의 마지막 관문에 온 것입니다. 그러나 가장 무서운 것은 눈에 보이지 않는 싸움이었습니다. 그것이 가장 힘든 것이었습니다. 마귀의 마지막 시험 관문이 나를 기다리고 있었습니다. 나를 막아선, 생긴 것도 몸집도 누가 말 안 해줘도 딱 마귀 대장처럼 생긴 괴물 형상이 나에게 톱니 이빨처럼 생긴 무시무시한 이를 드러내며, 쇠를 깎는 듯한 서슬거리는 무서운 목소리로 엄포를 놓았습니다.

"네 앞에는 네 눈에 이름표가 보이지 않지만, 똑같이 생긴 두개의 문이 있다. 하나의 문은 천국으로 가는 문이고, 또 하나의 문은 지옥으로 가는 문이다! 너는 그 두 개의 문 중에 하나를 반드시 선택해야 한다. 한 번 그 문을 선택해서 열면 돌이킬 수도 없고 후회할 수도 없다. 두 번째 선택은 절대로 없기 때문이다. 확률로는 50%인데, 너는 어느 문을 선택할 것이냐.

네가 평생 예수님을 의지하고 예수님 이름으로 마귀를 물리치고 어렵게 여기까지 왔어도, 이 두개의 문 중에 실수로 지옥 문을 택하면 너의 지난날의 삶은 다 무효가 되고, 네 영혼은 지옥에 떨어질 것이다. 혹여 잘못된 문을 열까 두렵지 않느냐? 네가 평생 살아온 삶이 하루아침에 물거품이 되고 허무하게 될 것이라는 생각에 망설여지지 않느냐? 너는 절대로 이 두 가지 문 중 천국 문이 어느 문인지 찾을 수도 없고, 결코 선택할 수도 없을 것이다. 너처럼 여기까지 천신만고 끝에 왔지만, 이 마지막 관문의 마지막 테스트에서 포기한 자가 얼마나 많은지 아느냐? 너 또한 아무 문이라도 선택하지 못하고, 네가 왔던 길로 쓸쓸히 돌아가야 할 것이다."

그러면서 의기양양하게 이 마지막 관문은 천국 문이 어느 것인지, 지옥 문이 어느 것인지, 스핑크스의 수수께끼처럼 아무도 풀 수 없고 맞출 수도 없고, 이 테스트는 세계 최강 급으로 어려워서 문제를 낸 자신만이 100% 이기는 테스트라고 마귀 대장은 우쭐대며, 오만한 태도로 나를 비웃으며 조롱하고 자기 스스로 자신만만해 했습니다.

나에게 두 개의 문 중에 하나는 천국 문이고, 하나는 지옥 문이라고 말하면서, 어디 한 번 선택해보라고, 네가 혹여 잘못 선택해서 평생 예수님 믿고 예수님 뜻대로 살아왔지만, 잘못된 지옥 문을 선택할까 두려워 아무 문도 선택하지 못할 것이라고 호언장담했습니다. 어디 한 번 자신 있게 선택해보라고 구구절절 공갈 협박을 늘어놓는 그 마귀 대장에게 나는 이렇게 대답했습니다.

"너, 마귀 대장 바알세불아, 다 떠들었느냐! 나는 이미 선택했다!"

그렇게 말하고 자신 있게 어느 쪽 문을 선택할지를 그 마귀대장에게 당당하게 선포했습니다.

왼쪽 문일까? 오른쪽 문일까? 왼쪽 문이 지옥 문이고, 천국 문이 오른쪽일까? 아니면 정반대일까? 나는 이런 고민을 전혀 하지 않는 상태로, 어느 문을 선택해야 할지 고민이나 갈등을 전혀 하지 않는 상태로 0.1초의 망설임도 없이 과감하게 왼쪽 문을 활짝 열어 젖혔습니다. 그 문에서부터 말할 수 없는 천국의 광채와 빛이 여름밤 폭죽 놀이 할 때의 빛의 잔치처럼 빛의 오로라가 나를 둘러싸며, 그 문을 통하여 햇

살이 눈부시게 나에게로 쏟아져 나왔습니다. 내가 마귀 대장과의 승부에서 너무도 순식간에 한 방에 이긴 것입니다.

마귀 대장은 자기가 그렇게 협박했는데도 내가 두려워하지 않고 갈등하지도 않고 문을 열고 나간 것이 분했는지, 그 천국 문으로 들어가는 나에게 "잠깐만! 멈춰봐!" 하며 다급하게 물었습니다.

"너는 그 문이 천국 문으로 가는 길인 것을 어떻게 알아냈느냐!" 하며 너무너무 궁금하다는 듯이 "문에는 아무 이름도 적혀 있지 않고 두 문 다 똑같이 생겼는데, 어떻게 천국 문을 단번에 고를 수 있었느냐!" 하면서 화 난 목소리로 다그쳐 물었습니다. 꿈속에서의 나는 이렇게 대답했습니다.

"답은 너무나 간단했다. 사실 두 문이 놓여 있는 것은 내게 아무 문제가 되지 않았다. 예수 그리스도를 믿는 믿음으로 왼쪽 문을 열어도 천국 문이고, 오른쪽 문을 열어도 천국 문이라는 것을 나는 이미 알고 있었기 때문이다. 답은 오직 예수 그리스도를 믿는 믿음으로 문을 열면, 그 문이 천국 문이라는 진리를 내가 알고 있었기 때문이다."

이렇게 대답하자 마귀 대장이 분을 참지 못하고 이를 득득 갈며 분통해 했습니다. 그리고 땅에다 자기 머리를 사정없이 쿵쿵 박으며 두 손으로 땅을 쳤습니다. 그러면서 "내가 지다니! 견딜 수 없어! 억울해! 억울해!" 하고 돼지 먹따서 죽는 것처럼 "꽤애액!" 비명을 지르는 그 마귀 대장을 저 멀리 뒤로하고, 예수님이 계시는 천국으로 달려가면서 꿈이 깨었습니다. 꿈이 깨면서 너무 많은 것을 깨달았습니다. 마귀를 이기는 비결은 오직 하나, 예수 그리스도입니다.

마귀들이 도전하고 공격하는 수많은 시험과 도전을 이기는 비결은 오직 예수 그리스도입니다. 천국 문을 여는 열쇠는 오직 하나, 예수 그리스도입니다.

내 인생의 수백 가지 문이 있어도, 내가 선택해야 할 수천 가지 문이 있어도, 내 인생의 마지막 날, 내 호흡이 떠나는 그날 내가 선택해야 할 것은 오직 한 가지, 예수 그리스도면 됩니다. 예수 그리스도를 믿는 믿음으로 백전백승 천전천승, 천국 백성이 되는 것이요, 하나님께 영광 돌리며 천국 백성으로 입성하는 것이 됩니다. 여러분이 살아가는 평생의 삶, 오직 예수 그리스도를 믿는 믿음으로 모든 고난과 역경 속에서도 멋지게 승리하시기를 축복합니다. 마지막 천국 문에 이르기까지 오직 예수 그리스도로 마지막 구원의 승리의 깃발을 주님께 올려드리시기를 축복합니다.

나는 이미 하나님 것이고, 나는 예수보혈로 인침 받았다!

저는 개인적으로 교회에서도, 집에서도, 혼자 있을 때도 예수님이 어서 오셨으면 하는 바람이 있습니다. 신앙적으로 '마라나타의 신앙'이라고 말할 수 있겠지요. 저의 신앙고백은 "아멘 주 예수여, 어서 오시옵소서!" 하고 늘 바라는 마음입니다.

그래서 늘 '오늘이 내 삶의 마지막인 것처럼 살아라!'라는 신조, '오늘 하루도 하나님 안에서 후회 없이 최선을 다하리라!'라는 믿음의 신조를 가지고 삽니다. 성경에 의하면, 예수님이 이 땅에 다시 오시는 그때 재림주로 오시고, 그러려면 먼저 믿는 자의 하늘로 공중 들림 받는 휴거가 있고, 그 이후 이 땅과 사람에 대한 심판이 있겠지요. 예수님이 이 땅에 오심은 너무나 설레고, 믿는 자라면 누구든지 그날을 소망하고 기다리는 일이지요, 하지만 이는 세상의 종말이기에 다른 한편으로는 사실 생각만 해도 두려운 일입니다.

그리고 저의 바람은 오늘일지 내일일지 몇 백 년 뒷일지, 그 날과 그 때는 언제인지 아무도 모르겠지만, 예수님이 공중에 임하시고 이 땅의 사람들 중 믿는 자의 휴거가 있을 때, 저도 그때 천국에 들어가기를 간절히 소망합니다.

또 다른 특별한 사명이 있어서 이 세상의 마지막 때에 마지막 한 사람을 더 구하고자, 마지막 기회의 복음을 증거하고자, 하나님이 택한 선지자처럼 남은 자가 되고 싶지는 않습니다. 솔직한 마음입니다. 왜냐하면 두렵기 때문입니다. 분명히 말할 수 없는 핍박과 고통이 있을 것이고, 복음 증거하다가 잡혀서 극심한 고문을 당하게 되면, 믿음을 지키지 못하고 배교할까 봐, 평생 복음을 증거하고 하나님 믿는 삶을 살아놓고서 내 인생의 마지막 순간에 결국 하나님을 버리고 지옥에 떨어지는 불쌍한 인생이 될까 봐 두려운 것입니다. 그래서 이 세상의 마지막 날 휴거되기를, 바로 하나님 백성으로 천국 들어가기를 소망하는 것입니다.

최근에 바코드, 베리칩, 마귀 숫자 666, 짐승표 등 사람 몸에 전자 칩을 이식하는 이야기들이 많았고, 지금이 마지막 때이다, 아직 시간이 더 남았다, 그 짐승의 표를 어떤 방식으로든 받으면 절대로 안 된다, 마트 가서 물건 살 때 바코드에 찍히는 것도 문제다 등등의 논쟁거리들은 누가 맞다 틀리다를 떠나서 심각한 고민이요 논쟁의 상황인 것은 사실입니다. 여러 기독교 사이트와 인터넷 카페 등에서 많은 사람들이 베리칩, 바코드, 짐승 숫자 666 표에 대한 두려움과 공포에 대해서 말들이 많고, '맞다, 틀리다'에서부터 한 번 몸에 이 표를 받으면 모르고 받았든 알고 받았든 그는 지옥에 간다는 등의 논쟁이 뜨거운 것을 보았습니다.

어느 날 꿈을 꾸었습니다. 온 세상이 시끄럽고 어수선했습니다. 종말을 다룬 영화, 이 세상의 마지막 때를 잘 표현한 SF 영화 같은 상황이 꿈속에서 벌어지고 있었습니다. 휴거가 일어났습니다. 비행기를 타고 가다가 조종사가 예수 그리스도 잘 믿는 분이어서 휴거 돼서 비행기가 도심 한가운데 추락한 상황도 있고, 도로에는 여기저기 교통사고로 불이 나고, 사람들이 소리 지르고, 급작스런 전쟁의 상황처럼 미사일 집중 포격을 받은 것처럼 온 도시가 불타오르고 있었습니다. 성경에서 읽었던, 영화 속에서나 보았을 법한 두렵고 떨리는 일이 내 눈앞에 재현된 것입니다.

꿈속이었지만 너무 생생해서 믿지 못할 눈앞의 상황이 모두 실제인 것처럼 느껴졌습니다. 상당히 많은 사람이 휴거로 인하여 공중 들림 받아 하나님나라로 가버렸고, 교회를 다녔으나 형식적으로 다니며 예수 그리스도에 대한 확고한 신앙고백이 없었던 신앙인들과, 원래부터 예수 그리스도 믿지 않던 불신앙의 사람들과 함께 이 어지럽고 혼란한 세상에 안타깝게 남겨졌습니다. 꿈속에서의 나는 왜 남겨져 있는지 이미 잘 알고 있는 상태였습니다. 하나님의 특별한 계획이 있어서 마지막 한 사람에게까지 한 번 더 복음을 증거하고 가르치게 하기 위하여 남겨졌음을 이미 알고 있었습니다.

세상은 사탄에 의해 사탄의 손아귀에 조종 받는 절대권력을 가진 악한 사람들에 의해 이 세상 그 어떤 독재국가 보다 더 삼엄한 감시와 통제 속에 폭압적으로 나라가 다스려지고 있었는데, 사람들이 앞 다투어 자의적으로 짐승의 표를 받기 시작했습니다. 주로 팔에다 문신처럼 표를 받는데, 이것이 바코드처럼 인식돼서 물건을 사고팔고 할 수 있는 권리가 주어집니다.

이 표가 몸에 없으면 아파도 병원에 갈 수 없고, 아무런 생필품을 구할 수도 없고, 직장을 구할 수도 없고, 한 마디로 굶어 죽고, 아파서 죽고, 완전히 문명생활과는 고립된다는 것입니다. 또한 이 표를 받지 않은 상태로 길을 다니다가 잡히면 체포되어 강제 노역장으로 끌려가거나, 배교를 심문당하거나, 표를 받기 위해서 절차를 따라

생과 사가 결정되는 감옥에 가게 되어 있습니다. 그곳에서도 어느 정도의 기간에 표를 받을지 안 받을지를 결정해야 하고, 그 짐승의 표를 거절하고 안 받으면 과거 히틀러 시대의 잔혹한 만행처럼 가스실로 데려가거나, 목 졸라 질식시키거나, 총살로 사형을 집행시키는 것입니다.

꿈속에서의 나는 그 표를 절대로 받지 않고 짐승처럼 산속에, 굴속에, 지하 갱도에 숨어 지내며 예수님을 알기 원하는 마지막 복음의 기회를 찾는 분들에게 복음을 증거했습니다. 그 표를 받지 않으면 어차피 이 세상에서 살아갈 수가 없습니다. 이곳에 있는 분들은 살아 있는 마지막 1분 1초까지 복음을 듣고, 성경을 읽고, 다시 한 번 기회가 주어질 때 예수님 품에 안기기를 원하는 사람들이 구원의 주님이신 예수님의 복음을 듣기 원했고, 다 죽는 것을 각오한 듯한 모습들입니다. 나는 몇 달 동안 숨어 지내는 수많은 사람들을 만나서 내가 아는 예수, 내가 믿는 예수, 오직 예수 그리스도만이 구원이요 생명이요 살 길임을 증거했습니다.

그러던 중 나를 끈질기게 추적하던 형사들 같은 검은 제복의 요원들에게 발각되어 체포당하고 말았습니다. 온몸이 결박되어 바로 나는 그들의 본부에 해당하는 시청 앞 같은 곳으로 끌려갔습니다. 그 본부 중앙에는 십자가 틀처럼 생긴, 사람을 그 기둥에 묶어놓고 고문하는 형틀이 있다는 것이 느껴졌습니다.

나를 고문하기 위해 나온 존재는 바로 사탄의 대장 바알세불이었습니다. 몸은 사람의 모습을 하고 있는데, 얼굴은 타원형 뿔로 여러 갈래 굽어져 있고, 눈은 사자 눈처럼 크고, 눈동자는 이글거리는 붉은색이었습니다. 얼굴이 염소와 흉측한 얼굴의 괴물을 섞어놓은 것처럼 괴이하게 생겼는데, 쇠스랑거리는 쇠 섞인 목소리, 굵고 허스키하게 갈라진 목소리였습니다.

언젠가는 이날이 올 줄 알았지만, 내가 가장 두려워하던 그 시간이 온 것입니다. 그 모진 고문을 이겨낼 수 있기를, 끝까지 예수님을 향한 믿음을 지킬 수 있기를 기도했습니다.

십자가 형틀에 양팔과 다리, 그리고 머리까지 좌우로 못 움직이게 단단히 묶였습니다. 시뻘겋게 달군 넓적한 불집게를 집고 내 몸을 이곳 저곳 지지기 시작하는데, 살점이 찢어져 터지고 피가 낭자하게 내 발 앞에 흘러도, 나는 한 마디도 대답하지 않고 그 고문을 다 받아들였습니다. 그러다 그 사탄 대장에게 오히려 호통 치듯이 말합니다.

"나에게 아무리 모진 고문을 한들, 내 마음은 오직 주님께 있으니, 헛수고 하지 말고 빨리 나를 죽여라! 빨리 주님의 곁에, 내 고향 하나님나라에 가고 싶다!"

내 이야기를 듣던 사탄 대장이 비웃듯 이죽거리는 미소를 지으며 소리 쳤습니다.

"네 믿음을 패배시킬 마지막 수단을 내가 갖고 있다!"

나는 무슨 악랄한 고문 도구로 나를 더 고통스럽게 괴롭히려나 생각하고 있는데, 사람들에게 의지적으로 선택 수밖에 없게 만드는 그 사탄의 짐승표를 가지고 오는 것입니다. 직사각형 모양의 인두에 그 짐승표가 인장처럼 박혀 있어서, 고문 도구를 풀무 불에 달구어서 몸에 찍으면 살이 지져지는 자리에 짐승의 표가 새겨지는 것입니다.

그러더니 사탄 대장 바알세불이 직접 내 앞으로 오더니, 그 달구어진 인두에 새겨진 짐승표를 내 이마 한가운데에 찍어버렸습니다. 살이 타고 고통이 뼛속까지 스며들었지만, 몸부림치지 않고 가만히 있었습니다. 그러더니 사람들이 많이 찍는 자리인 팔과 손에도 그 짐승표를 여러 차례 또 찍었습니다. 그러더니 "너는 이제 내 것이다!"라고 제멋대로 선언했습니다. 자기가 이겼다는 것입니다. 바알세불이 내 영혼을 하나님에게서 자기가 빼앗았다고 우쭐하는 것입니다. 가만히 그 인두를 찍히고 나서 내가 바알세불에게 이렇게 대답했습니다.

"너는 패배하고, 하나님이 이기셨다. 네가 내 몸에 수천 번 수만 번 짐승표를 아무리 많이 찍은들, 내 몸 구석구석에 문신처럼 666표를 새긴들, 아무 소용이 없다는 것을 너는 이미 알고 있지 않느냐! 나는 이미 하나님 것이고, 나는 예수보혈로 인침 받았다! 나는 이미 하나님 것이고 나는 예수보혈로 인침 받았다! 나는 이미 하나님 것이고 나는 예수보혈로 인침 받았다!"

이렇게 내 인생의 마지막 숨을 마치며 세 번 소리 지르는데, 나를 고문하던 바알세불이 연기처럼 흔적도 없이 사라지고, 하늘에서 빛의 가루가 눈부시게 회오리치듯 임하며 내 몸이 공중 들림처럼 그 빛에 이끌려 하늘로 올라가는 것입니다. 그러면서 하나님의 음성이 들렸습니다.

"내가 너를 다시 하나님나라로 부를 때까지 세계 열방 사람들에게 땅 끝까지 나아가 이 믿음을 가르치고 지키게 하라!"

그때 꿈이 깨었습니다. 이 꿈을 깨면서 종말의 때에 대하여, 휴거에 대하여, 짐승의 표에 대하여 어떤 마음자세로 신앙생활을 해야 하는지에 대한 분명한 교훈이 있었습니다.

우리는 이미 하나님 것입니다. 우리 시대가 설령 마지막 시대가 되고, 우리가 남은 자가 되어 마지막까지 복음 증거하게 된다 할지라도, 두려울 일이 하나도 없습니다. 이미 우리는 우리 영혼에 사탄 마귀도, 바알세불도 절대로 건드릴 수 없는 예수보혈로 인침을 받았기 때문입니다. 예수님이 오시는 그날까지 마라나타의 신앙으로 이 땅에 아직도 예수님 알지 못하고 복음 한 번 듣지 못하고 영혼이 메말라 죽어가는 수많은 백성들을 하나님께 인도하는 이 귀한 복음 증거 사역에 더 힘을 내야 하리라 다짐합니다.

나는 하나님
한 분밖에는 없습니다

자녀를 위해 어떻게 기도하고 있습니까? 믿음을 가진 부모님들이 자녀들을 위해 하나님께 소원기도를 드립니다. 성적 올려달라고, 대학교 합격하게 해달라고, 부자 되고 잘살게 해달라고 기도합니다. 그런데 이제 우리의 기도가 바뀌어야 합니다. 우리 자녀가 거듭나게 해달라고, 하나님을 깊이 체험하게 해달라고, 하나님께 귀히 쓰임 받는 일꾼 되게 해달라고, 성령을 받게 해달라고, 내 자녀의 입술에서 나오는 고백이 "하나님 한 분밖에는 없습니다!" 고백하게 해달라고 기도해야 합니다.

어느 수요일 저녁이었습니다. 수요 저녁예배가 끝나고 가족 모두 집으로 돌아왔습니다. 둘째 아들인 희원이에게 아빠인 고한영 목사가 이렇게 장난스레 물어보았습니다.

"희원아, 너는 엄마 아빠 없이 살 수 있어?"

그런데 1초도 안 되는 사이 잠시도 고민할 필요도 전혀 없다는 듯이 아빠의 느닷없는 질문에 즉각적인 대답을 했습니다.

"엄마 아빠 없으면 나는 안 돼!"

하고 단호히 고개를 끄덕이면서 답변하는 것입니다. 너무나 당연한 것을 뭘 그리도 물어보십니까 하는 것처럼 즉각적으로 답변하는 희원이의 고백에 순간 내 눈시울이 시큰해졌습니다.

"아빠 엄마 없이는 나는 안 된다!"는 아들의 고백이 하나님께 드려지는 나의 고백처럼 들렸기 때문입니다. 그렇습니다. 너무도 당연한 대답입니다. 나는 예수님이 없이는 한 순간도 살 수 없습니다. 예수님 없으면 나는 아무것도 아닙니다. 내가 살아가는 이유는 오직 예수님 한 분밖에 없습니다.

그날 저녁입니다. 다음날 새벽예배를 가기 위해 일찍 잠자리에 들었습니다. 목요일 새벽예배 가기 전까지 꾼 꿈입니다. 곤히 자고 있었는데, 꿈속에서 내가 눈을 떠보니 나는 아무도 없는 텅 빈 광장 같은 곳에 혼자 서 있었습니다. 그곳에서 나는 하나님의 음성을 들었습니다. 너무나 사랑하는 그 음성, 듣기만 해도 너무나 행복해지는 나의 주님, 나의 하나님의 친숙한 목소리입니다. 그런데 그 권위 있고 위엄 있는, 그리고 부드럽고 따뜻한 그 하나님의 음성에서 청천벽력 같은 소리를 듣게 되었습니다.

"네가 기도해도 응답하지 않을 것이다! 내가 너를 버릴 것이다!"

이렇게 두 가지의 음성을 말씀하시는데, 가슴에 수억만 톤 돌덩어리를 올려놓은 듯 가슴이 팍 눌리고, 시선을 어디에 두어야 할지 몰라 눈동자가 흔들리며, 온몸의 맥이 빠지고 다리가 스르르 풀려서 몸이 흔들흔들 흐느적거리는 것입니다. 무겁고 답답하고 침통하고 절망의 고통의 무게가 내 마음을 송두리째 내 영혼과 육신을 짓누르기 시작합니다.

"네가 기도해도 응답하지 않을 것이다! 내가 너를 버릴 것이다!"

단 두 마디에 나는 살아갈 이유를 송두리째 잃어버리고 깊은 바다 한가운데서 표류하다가 배 밑창이 깨져 깊은 심연으로 침몰하는 가망 없는 배처럼 절망의 깊은 바다 밑바닥으로 한없이 깊이 가라앉고 있었습니다. 전혀 생각해본 적도 없고 한 번도 상상해본 적도 없는 청천벽력 같은 하나님의 음성입니다. 아무도 없는, 텅 빈 광장에 홀로 서 있는 나를 극도의 공허감과 두려움과 무서움이 회오리처럼 휘감아 돌았습니다.

너무나 두렵고 떨리는 '나를 버리시겠다'는 하나님의 음성을 듣는데, 내 육체가 아닌, 내 안에서 내 영혼의 흐느낌이, 내 육체와 함께 온몸을 흔들고 절규하는 흐느낌이 느껴졌습니다. 내 영혼과 내 마음과 내 생각을 다 모아서 하나님 앞에 내 온몸을 다하여 흐느끼기 시작합니다. 절규하듯이 깊은 통곡 속에 이렇게 대답합니다.

"내 기도는 이제 응답하지 않으시겠다. 이제 나를 버리신다 하시는 하나님의 음성 앞에 드리는 나의 신앙고백입니다. 나는 하나님밖에 없습니다. 내 평생 기도한 것 안 들어주셔도 원망하지 않습니다. 나는 하나님의 뜻을 따를뿐입니다. 그것이 중요한 것이 아니라, 하나님밖에 없습니다. 하나님이 날 버리신다 하시지만, 하나님밖에 없는 나입니다. 하나님이 전부인 나인데, 어찌하라 하십니까. 하나님이 날 버리셔도, 나는 하나님밖에 없습니다. 하나님 한 분만으로 족합니다."

흐느끼며 절규하며 통곡하며 눈물이 내 두 눈과 뺨을 하얗게 적시며 하염없이 흘러내립니다.

"나는 하나님이 아니시면 안 됩니다. 나는 하나님을 떠나서는 한 순간도 살 수가 없습니다. 하나님만이 내가 살아갈 이유이고, 하나님이 내 삶의 전부입니다. 나는 하나님 한 분밖에 없습니다."

이렇게 절절이 고백하며 가슴 깊이 흐느끼며 엉엉 울다가 꿈이 깨었습니다. 꿈이 깨어서도 나는 꿈속에서처럼 울고 있었습니다. 꿈이 깨자마자 나는 그 자리에 무릎을 꿇고 울면서 기도했습니다. 하나님이 내 진짜 신앙고백이 무엇인지 확인하고 물어보시려고 주신 꿈이라는 것이 느껴졌습니다. 무릎 꿇고 다시 한 번 내 인생의 주인, 내 생명의 주인이신 내 아버지 하나님께 내 진심의 신앙고백을 드렸습니다.

"하나님, 내 기도 하나도 안 들어주셔도 괜찮습니다. 나는 하나님 한 분이시면 됩니다. 나를 버리신다고 하셔도, 나는 주님을 절대로 떠날 수가 없습니다. 주님을 떠나 한 순간도 살 수가 없습니다. 하나님이 내 삶의 전부이기 때문입니다. 하나님, 내 평생 이 생명 다시 하나님나라로 부르시는 그날까지, 나는 하나님 것입니다. 나는 하나님의 소유입니다. 하나님 한 분밖에는 없습니다. 나는 하나님 한 분만으로 족합니다. 나는 하나님 사랑합니다. 나의 아버지 하나님, 나의 하나님."

> 우리가 살아도 주를 위하여 살고 죽어도 주를 위하여 죽나니
>
> 그러므로 사나 죽으나 우리가 주의 것이로다. (로마서 14:8)

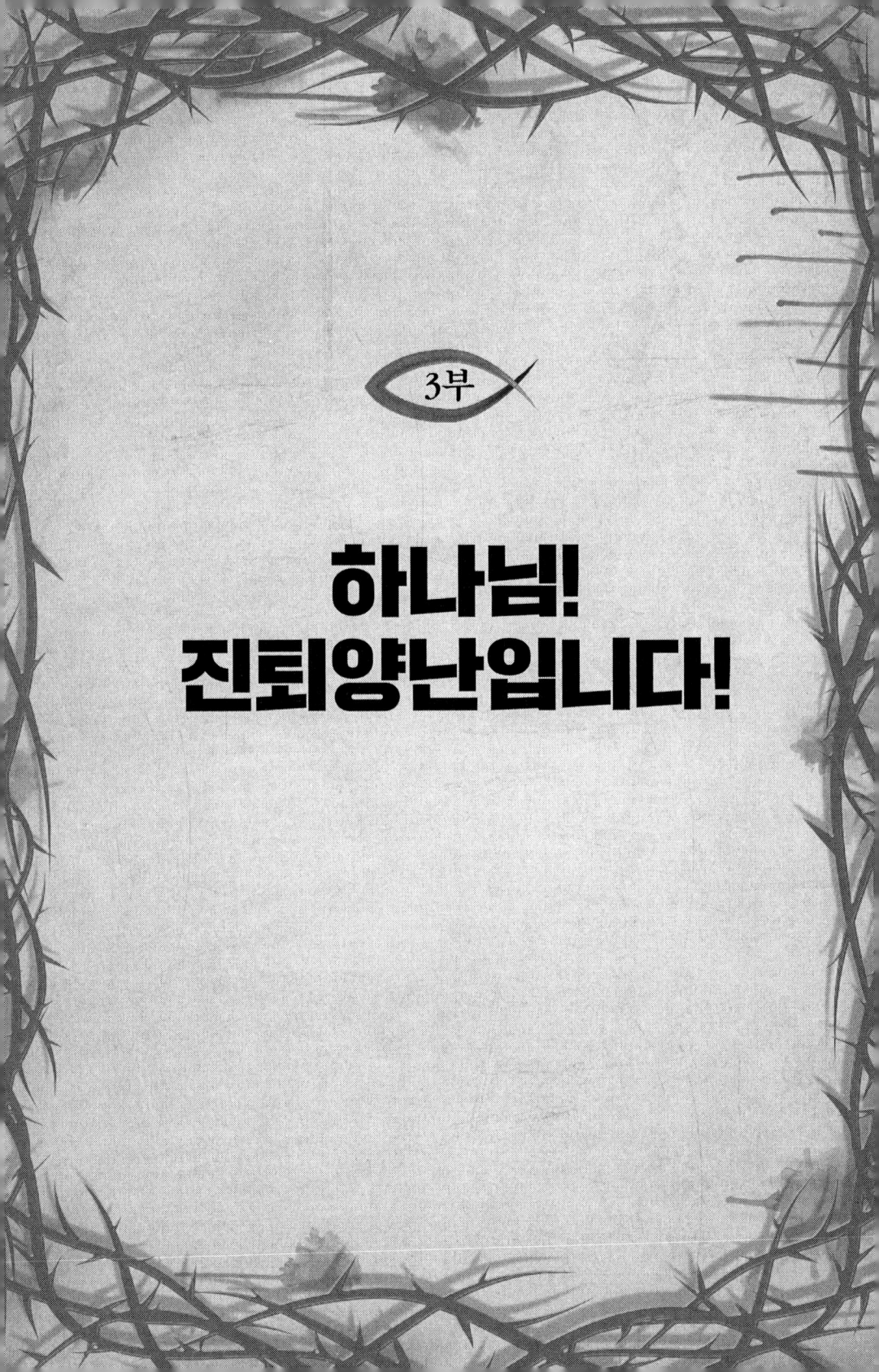

3부

하나님!
진퇴양난입니다!

왕위 승계서열 2위 꿈

2016년 10월 5일 수요일 새벽예배 다녀와서 꿈을 꾸었습니다. 꿈속에서는 지금의 내 아내인 김엘림 사모가 그대로 내 아내였고, 큰아들 고승원하고 둘째 아들 고희원, 현실과 똑같이 내 자녀였습니다. 시대 배경은 유럽의 왕이 통치하던 시절 같았고, 우리 집은 초가삼간의 작은 오두막 같은 집에 살고 있었습니다.

그런데 어느 날 왕의 사절단이 우리 집 앞에 찾아왔습니다. 나라를 다스리던 왕이 죽고, 그 후사를 이을 왕자도 없기에 왕위 서열 2위인 내게 이렇게 찾아온 것이라고 이야기를 합니다. 내일 아침에 왕의 사절단과 함께 왕의 마차를 타고 궁궐로 돌아가면 왕의 권세를 갖게 되며, 궁궐도 땅도 나라를 다스릴 모든 권세도 소유하게 된다고 이야기해주었습니다. 또한 궁궐에는 지금의 내 아내보다 더 젊고 예쁘고 귀족가문 중 제일 덕과 인품이 훌륭한 사람 중에 뽑아서 왕비가 될 사람이 기다리고 있다는 것입니다.

내일 아침 이 왕의 사절단을 따라가면 초가삼간의 가난한 삶도 더 이상 살지 않아도 되고, 땅도 집도 보물도 권세도 모두 내 마음대로 쓰고 누릴 수 있는 왕의 권세가 간절히 가지고도 싶고 누리고도 싶었습니다. 또한 지금의 내 아내보다 아름답고 젊은 귀족 가문의 여인과 결혼해서 새로운 인생을 살고 싶은 욕망도 있었습니다.

조건은 지금의 내 아내와 아이들은 이곳에 두고 가고, 다시는 만날 수 없다는 것입니다.

초라한 우리 집 바깥에 왕의 사절단이 임시 막사를 치고 기다리고 있고, 내일 아침까지 왕의 서열 2위 권리를 행사할 것인지 포기할 것인지 알려달라고 사절단 중 제일 나이 많아 보이는 귀족 대신이 이야기를 합니다. 그날 밤 사랑하는 가족들과 함께 누운 방에서 아내와 아이들 얼굴을 내려다보고 다시 잠자리에 누워 베개를 이리 눕혔다 저리 눕혔다 하며 심각한 고민과 갈등 속에서 내 인생의 중요한 선택을 해야 하는 것입니다.

누워 있다가 입으로 나지막이 고백하듯이 '내가 정들어 살고 있는 것일까?' 하고 생각해보았습니다. 또 이리 뒤척 저리 뒤척 하다가 '내가 김엘림 사모, 고승원, 고희원 이 세 사람 없이 살 수 있을까?' 하는 깊은 고민에 빠져들었습니다. 왕이 되어 부귀영화 권세 다 누린다고 해도, 젊고 아름다운 여인과 새로운 가정을 꾸리고 사는 삶이 주어진다고 해도, 나는 지금의 내 아내와 두 아이들이 없이는 한 순간도 살 수가 없음을 깨닫게 되었습니다. 마음속의 결론은 초가삼간 초라한 삶이어도, 지금의 내 아내와 아이들을 나의 왕위 서열 2위의 권세와 절대로 바꿀 수 없다는 것입니다.

내일 아침에 날이 밝는 대로 왕의 사절단에게 왕의 서열 2위를 포기하겠다고 이야기해야지 하고 생각하다가 잠이 깨었습니다. 꿈이 깨자마자 많은 깨달음이 마음속에 몰려듭니다. 얼마 전까지 목회를 그만두려고, 목회를 포기하려고, 목회자가 아닌 다른 삶을 살고자 고민하고 울부짖으며 하나님께 기도했던 것입니다. 꿈의 비유가 마치 내게 말씀하시는 하나님의 음성처럼 들렸습니다.

"너는 나 없이 살 수 있느냐? 너는 나를 떠나서 살 수 있겠느냐? 너도 날 사랑하지 않느냐? 허울에 지나지 않는 이름일뿐인 왕위 서열 2위에서 진짜 한 나라의 왕이 되어 꿈 같은 부귀영화 권세의 찬란한 인생을 살아볼 수 있겠지만, 목회자가 아닌 또 다른 인생을 살수는 있겠지만, 너는 목사가 아닌 다른 인생을 살 수 있겠느냐? 너는 내 것이니라! 절대로 포기하지 말아라! 절대로 목사 그만두지 말아라! 너는 내 아들이니라!"

이렇게 당부하시는 하나님의 음성처럼 깨달아졌습니다. 많은 교인들이 비전이 더디 이루어진다고, 보이는 증거가 없다고 이런저런 이유로 목회자를 신뢰하지 못하고 떠나갔고, 빈자리의 고통과 아픔과 사람에 대한 배신과 상처가 내 마음을 너무 상하고 지치게 하여 목회를 그만두어야겠다는 심각한 고민과 씨름하며 하나님께 눈물로 기도하는 중에 꾼 꿈입니다.

이 세상의 길끝에서 만난 하나님

2007년 6월 13일 수요일, 하나님이 주신 꿈의 기록입니다. 꿈속에서의 나는 10살 정도 되어 보이는 아주 어린 소년이었습니다. 꿈속에서 하나님이 나타나셨습니다. 사람의 형상을 하셨는데, 빛으로 둘러싸인 모습에 너무 눈이 부셔서 그 얼굴을 바라볼 수 없을 정도였습니다. 얼굴과 몸에서 말로 형용할 수 없는 광채가 났습니다.

하나님의 손에 거대한 톱이 들려 있었습니다. 큰 나무 벌목할 때나 쓰일 법한, 양쪽에 손잡이가 있고 길고 톱니가 큰 나무 켜는 톱이었습니다. 톱 연주가들이 쓰는 모양의 긴 톱으로서 여러 겹으로 부드럽게 구부러지는 탄성을 가지고 있었습니다.

"이 톱을 너에게 맡기마! 가서 내가 지시한 대장간에서 수리해 내게로 다시 가져오너라!" 하셨습니다.

손에 받은 톱을 보니 많이 녹슬고 낡아 있었습니다. 하나님이 내손에 낡고 흔들거리는 톱니 빠진 톱을 주시며 지시하시는 곳 대장간에서 수리해서 다시 하나님께 가져 오라고 하시는 것입니다. 그렇게 목적지를 알 수 없는 길을 떠났습니다. 어디에 있는지, 얼마만큼 가야 하는지 그 대장간의 위치를 아무도 모릅니다. 길을 걷다가 사람에게 물어보고, 어느 마을에 들르면 제일 나이가 많은 어르신을 만나 혹시 이 톱을 고쳐줄 수 있는 대장간이 어디에 있는지 묻고 또 물어보았습니다.

길에서 노숙할 때도 있었고, 비가 마구 내리는 날 산속 깊은 동굴에서 몸을 피하며 몸을 구푸려 새우등 잠을 자며 밤새 오들오들 떨기도 했습니다. 배고픈 날도 있었고 하나님의 도우심이었는지 대장간 위치를 물어보다가 인심 좋은 사람을 우연히 만나 밥을 얻어먹으며 간신히 허기를 면하기도 했습니다. 옷은 점점 해어졌고, 갈아입을 옷도 없었습니다. 신발도 구멍이 나고 바닥이 너덜너덜 떨어져 나갔습니다.

긴 톱을 여러 겹 둘둘 말아 펼쳐지지 않게 가죽 끈으로 묶어두고, 낡은 내 키만큼 큰 가죽 배낭 안에 넣고 짊어지고 다니는 것이 내가 가진 생활 도구의 전부였습니다. 오직 이 톱을 고쳐오라는 하나님의 사명만을 의지하여 어디인지 모르는 곳으로 정처 없이 한 걸음씩 나아가는 것입니다. 세월이 흘러갔습니다. 꿈속에서도 몇 년의 시간이 흘러갔고 봄 여름 가을 겨울의 사계절을 몇 번이고 또 겪었습니다. 그런 오랜 시간 걷고 걸어서 내 두 걸음으로 가야만하는 여정이었습니다.

어느 오래된 초등학교에 들어갔는데 수업하는 소리가 들렸습니다. 학생들의 밝게 웃는 소리와 즐거운 목소리들에 이끌려 교실에 들어가서 맨 뒤에 앉아 있었습니다. 수업이 끝난 후 선생님이 나를 불렀습니다. 부르신 그분은 바로 예수님이셨습니다. "여기까지 오느라 얼마나 고생이 많았느냐?"며 어깨를 도닥이고 위로해주시고, 친히 머리에 안수를 해주셨습니다. 머리로는 깊은 산속 청정한 계곡수에 손과 발을 넣은 듯 머리가 시원해지며, 가슴속으로 뜨거운 불이 올라오는 듯 마음이 용광로처럼 뜨거워졌습니다. 온몸에 진동이 임하고, 이 세상의 모든 기쁨을 가진 사람처럼 온몸이 희열에 사로

잡혔습니다. 예수님이 말씀하셨습니다.

"이곳까지 온 사람에게만 네가 들고 온 그 톱을 고칠 수 있는 대장간을 알려줄 수 있단다. 여기서 조금만 더 가면 그곳에 다다를 수 있단다. 조금만 더 힘내서 끝까지 이 길을 가거라!"

거의 다 왔다는 이야기를 듣고 힘과 소망이 생겼습니다. 예수님이 지시하신 그곳으로 걷고 또 걷고 또 걸어갔습니다. 며칠간을 밤낮 쉬지 않고 걸었습니다. 먹지도 않고 자지도 않고, 이 사명을 완수하고 싶은 마음에 피곤함을 이겨가며 걷고 또 걸었습니다. 걷다가 걷다가 지쳐서 탈진해서 그 자리에 낡은 빗자루처럼 풀썩 쓰러져 그대로 곤한 잠이 들었습니다.

너무나 꿀맛 같은 잠을 자고 눈이 떠지는데, 내 눈으로 찬란한 태양이 비치고 있었고, 내 옆에 벗어놓은 톱을 넣어놓은 가방 안에서 저 찬란한 태양 같은 눈부신 빛이 흘러나오고 있었습니다. 놀라서 가방을 열어보니 이가 빠지고 낡고 녹슬었던 그 톱이 황금색으로 번쩍번쩍 빛을 발하는, 너무나 멋진 모습의 새 톱으로 바뀌어져 있는 것입니다. 너무나 놀랍고 감사하고 기뻐서 왈칵 눈물이 흘렀습니다. 하나님이 고쳐오라 분부하신 낡고 녹슨 고장 난 톱을 드디어 황금의 새 톱으로 고친 것입니다. 어젯밤 내가 지쳐 쓰러져 잠들었던 그 이름 모를 길바닥이 바로 예수님이 말씀해주신 대장간이었던 것입니다.

이제 다시 하나님께로 이 톱을 가져가기만 하면 됩니다. 톱을 가방에 잘 포개어 집어넣고 길을 재촉해서 나섰습니다. 풀 한 포기 없는 사막 한가운데를 지나갔습니다. 며칠을 목마름을 이겨내며 걸었습니다. 발이 발목까지 푹푹 빠지는 늪지대를 지나갔습니다. 발바닥이 물에 젖어 퉁퉁 붓고 종아리 근육이 당기고 너무 아팠지만, 아픔을 참으며 계속 걸어갔습니다.

너무나 폭이 넓고 긴, 급류가 센 강을 만났는데, 그 강을 목숨을 걸고 헤엄쳤습니다. 어머니 젖 먹던 힘까지 다 썼는지, 기진맥진하며 허우적거리다 간신히 그 강을 건너가서 강기슭에 기절한 것처럼 쓰러졌습니다. 그렇게 한참을 엎드려 옴짝달싹 안 하고 쉬다가 끄으응, 하고 다시 몸을 추스르고 길을 나섰습니다.

이번엔 어마어마하게 험하고 높은 바위산이 나타나서 높은 곳에서 부스럭거리며 떨어지는 작은 돌조각이며 쿠르르, 하며 위협적인 큰 소리로 떨어지는 바위 돌들을 피하여 천신만고 끝에 그 정상을 넘어 산 아래로 내려갈 수 있었습니다. 몸은 지쳐갔고, 얼굴과 몸은 씻지 못하여 더 초췌해져갔습니다. 옷은 넝마처럼 구멍이 숭숭숭 너덜너덜해졌고, 온몸이 풀에 베이고 돌멩이에 부딪히고 넘어져 긁히고, 여기저기 성한 데 하나 없는 상처투성이가 되었습니다.

그렇게 걷다가 거대한 평원을 만났습니다. 그곳을 걷고 또 걸었습니다. 안개가 자욱하게 드리워져 있어서 한 치 앞을 볼 수 없는 짙은 안개였습니다. 그렇게 또 며칠을 걷고 걷다가 더 이상 나아갈 길이 없는 막다른 곳에 도달했습니다. 떠오르는 태양의 햇살에 안개가 다 사라지고 시야가 밝아졌습니다. 좌로 그 끝이 보이지 않고, 우로도 그 끝이 보이지 않는 웅장하고도 거대한 담벼락이 있었습니다. 위로 얼굴을 들어보니 높이가 얼마나 높은지, 가늠할 수 없이 높아서 그 끝도 구름에 가려 보이지 않았습니다. 더 이상 나아갈 수 없는 이 세상의 막다른 끝에 도달했다는 것을 직감적으로 깨달았습니다.

그때 누군가가 나를 내려다보는 느낌이 들었습니다. 얼굴을 들어 하늘을 보니 저 높은 구름 위로 구름보다 하늘보다 더 높고 크신 거대한 하나님이 얼굴을 아래로 숙이며 나를 바라보시고, 따스한 미소를 짓고 웃으시는 것입니다. 알고 보니 좌로도 끝이 없고 우로도 끝이 없는, 그리고 높이를 알 수 없는 그 거대한 장벽은 바로 하나님의 넓은 품이었던 것입니다. 내 발걸음이 위치하고 있는 곳은 양쪽으로 두 팔을 벌리고 서 계신 모습의, 바로 하나님의 심장이 있는 곳이었던 것입니다.

내가 다다른 곳이 바로 그렇게 만나고 싶었고 이 사명을 완수하고 다시 돌아가야 하는 하나님의 품이었다는 것이 깨달아지자마자, 그동안 참고 참았던 설움의 눈물이 주르륵 흘러내리기 시작했습니다. 주체할 수없이 내 심장이 북받쳐 오르고, 폭포수처럼 주렁주렁 눈물이 내 뺨을 타고 뜨거운 눈물이 빗줄기처럼 줄줄줄 방울방울 흘러내렸습니다. 그렇게 감격과 기쁨으로 눈물을 흘리는 나를 하나님이 내려다보고 계셨습니다.

"내 아들아, 내가 분부한 사명 잘 해냈구나! 내 아들아, 포기하지 않고 끝까지 인내했구나! 내 아들아, 내가 너를 무척 사랑한단다!"

이렇게 말씀하시며 그 좌우를, 끝을 알 수 없을 것같이 큰 거대한 장벽 같은 양손의 손을 모으시며, 지구보다 더 큰 하나님의 그 크고 크신 품안에 나를 꼬옥 품어 안아주시며 꿈이 깨었습니다. 그렇습니다. 하나님은 늘 우리와 함께하셨고 동행하고 계셨습니다.

그리고 우리가 마지막으로 가야 할 이 세상의 끝은 바로 하나님의 품이 우리 인생의 종착역이라는 것을 깨달을 수 있었습니다. 지금 이 시대에도 하나님이 명령하고 분부하신 거룩한 사명을 받은 분들이 있으십니까? 끝까지 믿음으로 기도로 인내로 나아가서서, 우리 인생의 마지막 날에 이 세상의 길 끝에서 모두 하나님의 그 큰 품에 안기시기를 소망합니다.

네가 참을 수 있겠느냐!

목회자가 가장 가져야 할 덕목은 성품입니다. 그 중에 제일 중요한 것이 인내라 할 수 있습니다. 설교도 잘해야 하고 기도도 진실히 열심히 해야 하고 교인들과의 인간관계도 지혜롭게 잘 맺어야 합니다. 그럼에도 제일 중요한 것은 역시 인내라 할 수 있습니다.

25년 전 신학교에 다니던 시절, 수업을 마치고 늦은 저녁에 부평역에서 버스를 타고 집에 오는 길이었습니다. 어차피 집이 종점이라 도착할 때까지 족히 1시간은 걸리고 버스 유리창에 기대어 한잠 잠을 청해도 됩니다. 깊이 잠이 들어도 괜찮습니다. 종점이 내가 내릴 곳이고 버스기사님이 알아서 친절하게 종점에 다 왔다고 깨워 주시기도 하기 때문입니다.

그렇게 버스를 타고 가는 중에 버스기사님이 기독교인이신지 라디오의 기독교 방송을 틀어 놓으셨는데 그 이야기에 이상할 정도로 관심이 쏠렸습니다. 유명한 교회를 찾아가서 교인들을 기습 인터뷰하면 사전 대본 없이 즉흥적으로 목사님의 장점을 자랑하는, 그래서 결국 우리 교회가 이런 목사님이 계셔서 너무 좋다는 것을 자랑하고 뽐내는 그런 프로그램이었습니다.

첫 번째 교인을 인터뷰했는데 목사님이 설교를 유치원 수준으로 너무 못한다는 것입니다. 대놓고 방송에서 너무 신랄하게 목사님의 설교에 대해 비판을 하니 묻는 진행자가 민망하여 빨리 다른 질문으로 돌리려 합니다. 이것은 엄연히 예기치 않은 상황으로, 방송사고였습니다. 진행자가 다른 어떤 나이 있는 권사님에게 "우리 교회 목사님 자랑 좀 해주세요!" 하고 서둘러 분위기를 바꾸며 질문을 던지니 그분이 "우리 목사님이 머리가 너무 나빠서 교인들 이름도 잘 모르고 길에서 마주치면 자기네 교인인 줄도 못 알아봐요!"라며 투덜거리는 것입니다. 이 또한 방송사고입니다.

진행자는 진땀을 흘리며 목사님에 대해 좋은 의견을 말해줄 다른 사람을 찾아서 또 질문을 던졌습니다. 그는 "우리 교회 목사님을 자랑해주실까요? 한 가지라도 말씀해주시면 좋겠습니다. 허허허!" 헛웃음으로 웃으며 질문을 던졌습니다. 이번에는 젊은 청년이 "우리 목사님은 체력도 저질이라서 교인들하고 단 한 번도 운동하시는 걸 본 적이 없어요."라며 목사님에게 정말 실망했다고 말했습니다.

라디오 방송이지만 전국방송인데 이것은 완전히 대형 방송사고이고 교회 입장에서는 목사님의 얼굴에 먹칠하는 대망신이라고 할 수 있습니다.

상황이 하도 이상하게 돌아가니 점점 흥미진진해져서 라디오를 더욱 귀 기울여 들었습니다. 진행자는 너무 당황해서 장로님 같은 나이 지긋한 한 분을 지목하고는 "장로님이시죠? 우리 교회 자랑 한 마디만 부탁드립니다." 하고 조마조마한 심정으로 그분이 뭐라고 대답할지 기다렸습니다.

그 장로님은 "우리 교회 우리 목사님은요, 설교도 초등학교 수준의 졸리는 설교이시고 한 시간을 설교 들어도 뭔 소리를 했는지 알아들을 수 없는 재미없는 설교예요. 기억력은 빵점이라 교인들, 직분자도 이름을 기억 못하고 체력도 꽝이라 교인들하고 운동을 같이 하신 적도 없으시고."라고 했습니다. 방송사고의 최고정점을 찍는, 앞선 이들의 말을 총정리하는 목사님에 대한 비판이었습니다.

그런데 마지막으로 그 장로님이 "그런데 우리 목사님은 인격이 짱이에요. 우리 목사님보다 온유하고 겸손하고 인내하시는 인격자는 대한민국 땅에서 찾으려야 찾아볼 수가 없을 겁니다. 우리 목사님은요, 교인들이 졸아도 화를 안 내시고, 교회에 늦게 와도 화 안 내시고, 교회에 불만이 있어서 목사님 귀에 들릴 정도로 이 교인, 저 교인에게 목사님 흉보고 다녀도 절대로 화내거나 그 교인을 미워하지 않으시고, 늘 웃어주시고 변함없이 따뜻하게 대해 주시거든요. 그래서 교회를 다니면 다닐수록 목사님의 인격에 감동되어 변화 받고 뿌리 내리는 교인이 많아져서 오늘날 이렇게 수천 명 모이는 대형교회가 될 수 있었던 것이랍니다."라는 것입니다.

그러고는 다시 "우리 목사님 인격이 짱이에요!" 하시는데 아까 목사님에 대해 나쁜 소리를 늘어놓던 교인들도 "우리 목사님 인격이 짱이에요!"라고 모두 합창했습니다. 그리고 그 모든 과정을 지켜보던 다른 교인들 수백 명이 교회 밖으로 뛰쳐나와서 "우리 교회 우리 목사님 인격이 짱이에요!" 하고 우레 같은 박수를 쳤습니다.

방송사고가 아니라 극적인 반전을 만들려는 교인들의 사전에 기획된 인터뷰였던 것입니다. 이 사실을 진행자만 몰랐는지 그는 깜짝 놀라면서 안도의 한숨을 쉬고는 "오늘 ○○○교회 와서 ○○○ 목사님의 자랑을 은혜롭게 잘 들었습니다. 다음 시간에 만나 뵙기를 바랍니다."라며 방송을 마쳤습니다.

비록 버스에서 흘러나오는 방송이었지만 나는 그날 큰 충격을 받았습니다. 설교를 못해도, 체력이 저질이어도, 기억력이 나빠도, 인격만 갖춘다면 나에게도 얼마나 놀라운 일이 이루어질까 상상해보았습니다. 그렇습니다. 바로 목회자의 제일 중요한 성품은 인격이요, 인내였던 것입니다.

교회 부흥의 열쇠는 좋은 성품을 가지고 하나님의 때까지 인내할 수 있는 담임목사에게 있다는 것입니다. 이 일이 신학교 1학년 때 겪은 일이니 벌써 25년이 훨씬 지났지만 늘 마음 한쪽에 새겨져 있어서 인내의 사람, 하나님이 인정하시는 그런 성품을 가진 인격자가 되기를 소망했습니다.

2014년 5월의 어느 날이었습니다. 교회를 개척한 지 벌써 14년이란 세월이 흘렀고 이젠 며칠 후면 창립 14주년이 되는 날입니다. 이미 여러 차례 하나님이 도우리교회에 상상하기 힘든 놀라운 전무후무한 부흥을 이루시겠노라고 약속하신 꿈과 환상과 예언을 들었고 알고 있는지라 더 열심을 내서 기도하고 있었습니다.

하나님이 전무후무한 부흥을 주시마 약속하셨고 너무나 많은 사람이 와서 누가 왔는지 갔는지 모르게 사람이 많도록 부흥을 허락해주시겠다고 언약하셨기에 약속하신 부흥을 달라고 간절히 기도했습니다. 기도하고 있는데 갑자기 내 영의 귀가 열리며 하나님의 음성을 듣게 되었습니다.

성령 체험을 많이 겪었고 영적 체험을 많이 해서 이런 경험이 익숙한데도 성령님이 역사하실 때마다 전혀 적응할 수 없는, 하나님의 두렵고 떨리고 설레며 감격스러운, 내 입술의 그 어떤 언어로 표현할 수 없는 하나님의 임재요, 하나님의 음성입니다. 하나님의 음성이 들렸습니다.

"네가 참을 수 있겠느냐!" 이렇게 뚜렷하게 분명하게 강하게 말씀하셨습니다. 최종선고를 앞둔 재판관처럼 내게 엄중하게 물으시는 것입니다. "네가 참을 수 있겠느냐!" 하시는 하나님의 음성을 듣고 많은 깨달음이 얻었습니다. 하나님이 약속하신 비전이 이루어질 때까지 인내하며 참을 수 있어야 한다는 것입니다. 하나님이 응답하실 때까지 잠잠히 기다릴 수 있겠느냐 하시는 것입니다. 설령 더디 이루셔도 낙심치 않고 원망치 않고 포기하지 않고 하나님만 바라볼 수 있겠느냐는 것입니다. 교인들이 속 썩이고 내 마음을 아프게 하고 변화되지 않고 교만해서 교회 가운데 문제가 생겨도 너는 화내지 않고 얼굴 붉히지 않고 그런 교인을 기다려주고 품어주고 용서하고 웃어주고 참아줄 수 있겠느냐는 것입니다.

하나님이 약속하신 대로 부흥이 이루어지고 셀 수 없이 많은 교인들로 교회가 커져도 여전히 너는 하나님이 기뻐하시고 인정하시는 그런 모두를 참는 인격자가 될 수 있겠느냐는 것입니다. 모든 상황 가운데서 하나님만 바라보고 참을 수 있겠느냐는 것입니다. 오늘도 가만히 눈을 감고 조용히 주님 앞에 무릎 꿇고 기도드립니다.

"네가 참을 수 있겠느냐!" 하고 물으시는 하나님의 음성에 믿음으로 담담히 고백합니다.

"예, 주님! 주님이 주신 믿음으로 오늘도 참고 내일도 참고 평생을 또 참고 참아서 그런 인내의 사람… 예수님의 성품을 꼭 닮은 그런 하나님의 충성스런 종이 되겠습니다. 평생 이 생명 다하는 그날까지 순종하고자 하는 이 마음을 주님께 다 드립니다. 주께서 내 마음을 머리카락 하나까지 다 아십니다. 주님이 아십니다."

> 보라 인내하는 자를 우리가 복되다 하나니 너희가 욥의 인내를 들었고 주께서 주신 결말을 보았거니와 주는 가장 자비하시고 긍휼히 여기시는 이시니라. (야고보서 5:11)

네 본분과 사명에 충실하라!

2008년 5월의 어느 날 꾼 꿈의 기록입니다. 꿈에 등장하는 인물이 총 다섯 명이었습니다. 한 분은 고한영 목사의 아버지인 고옥수 장로님이고, 두 번째 인물은 두 살 위 형님인 고대원 권사님이십니다. 세 번째 인물은 고한영 목사의 첫째 아들 고승원이고, 네 번째 인물은 고한영 목사의 둘째 아들인 고희원입니다. 그리고 마지막 다섯 번째 인물이 고한영 목사인 저입니다.

이 다섯 명은 꿈속에서 하나님의 명령을 받았습니다. 그 사명은 머리에 뿔 달린, 길이가 10미터도 넘어 보이는 구렁이 세 마리와 싸워서 이기라는 명령이었습니다. 영화 〈아나콘다〉에 등장하는 괴물 수준의 아나콘다 뱀 같은 거대한 구렁이와 싸워서 반드시 그 목을 자르는 것이 그 사명의 핵심이었습니다.

꿈속에서 내 아들인 첫째 고승원이는 유치원생 7살이고, 둘째인 고희원이는 2살의 어린 아기입니다. 머리에 뿔 달린 뱀이라 용처럼 생겼는데, 그 얼굴이 험상궂고 사나워 보이는 얼굴이 잔뜩 일그러지고 성질난 모습들입니다. 정글처럼 우거진 나무나 키가 큰 풀숲에서 그 뱀을 찾아내 싸워야 하기에, 온몸의 촉각을 곤두세우고 긴장감이 팽팽하게 느껴집니다. 나는 내 자녀들이 너무 어린 고로 자꾸 아이들의 안전이 걱정되었습니다.

큰 정글 칼을 들고 풀숲을 헤치며 뱀을 수색하면서도 내 시선은 내 두 자녀들에게 온통 신경이 쓰였습니다. 길이 10미터 급의 몸통 두께가 통나무처럼 굵고, 입으로 어린아이 하나 정도는 순식간에 삼킬 수 있는 놈들이라 자꾸 걱정이 되는 것입니다. 그러다가 둘째인 고희원이를 보았는데, 그 어린 아기가 뱀의 꼬리를 붙들고 나무토막인 줄 알고 발로 툭툭 치며 장난을 치는 것이 아닙니까. 뱀 같은 짐승들은 꼬리를 건드리면 제일 방어하기 어렵고 공격당하기 쉬운데, 순간 두렵고 당황스럽고 어찌 하나. 그 뱀이 머리를 뒤로 획 돌려 둘째를 공격할까 봐 가슴이 황망해지는 것입니다.

그러면서도 첫째인 고승원이를 보니, 다리가 아프다고 걸터앉아 있는 나무가 그 뿔 달린 뱀의 시커먼 가마솥만 한 크기의 뱀 머리였습니다. 그것을 엉덩이로 깔고 앉아 있는 것입니다. 뱀이 머리를 들고 흔들며 공격하면 꼼짝없이 물리고 당할 수밖에 없는 상황입니다.

내 마음이 두 자녀들로 인하여 혼비백산하고 정신이 아득하여 어찌 하나 어찌 하나 하는데, 우두머리 격의 가장 큰 구렁이 뱀이 풀숲에 교묘히 숨어 있다가 집중력을 잃고 승원이와 희원이 두 아들을 좌우를 번갈아 쳐다보며 어찌할 줄 몰라, 중심을 잃고 흔들거리는 나를 향해 무섭게 큰 입을 벌리고 달려드는 것입니다. 엎친 데 덮친 격이었습니다. 거기다가 몽둥이에 얻어맞고 쓰러졌는데, 쓰러지는 나무에 또 깔린 것처럼 나를 공격하는 뱀을 죽이기는커녕 이리 피하고 저리 피하며 내가 당할까 봐 걱정이요, 내 두 아이가 뱀들에게 당할 것이 염려되어 노심초사 걱정불안, 내 마음만 동분서주 좌불안석입니다. 정작 나를 공격하는 뱀을 두려워서 못 죽이고 겨우 몸을 피하며 도망가기에 바쁜 것입니다.

천만다행인 것은, 첫 번째 고희원이가 꼬리를 밟고 발로 차고 있던 그 뱀을 고옥수 장로님이 단칼로 뱀의 머리를 잘라내고 첫 번째 뱀을 잡은 것입니다. 또한 고승원이가 모르고 앉아 있던 그 두 번째 뱀을 달려오던 고대원 권사님이 희원이가 공격당하기 전에 먼저 제압하며, 그 큰 머리를 댕강, 하고 두 쪽으로 잘라낸 것입니다. 순식간에 위기가 모면되고 두 마리의 뱀을 잡았습니다.

전세가 역전된 이 기회를 잡고 내가 세 번째 우두머리 뱀을 잡아야 하는데, 뱀이 워낙 크고 쉭쉭 무서운 소리를 내며 머리를 코브라 뱀처럼 세우고 성질이 백 배나 돋워진 것처럼 기세가 등등한지라, 내가 무섭고 떨리고 두려워서 망설이고 있었습니다. 그러다가 용기를 내서 내 손에 든 검으로 그 뱀의 몸통 중간 정도를 냅다 내리쳤는데, 그 몸통이 잘리며 저 낭떠러지 아래로 떨어져 내렸습니다.

방금 전까지 두려워서 뱀을 잡지 못하고 있었는데, 이제는 낭떠러지로 떨어지는 뱀의 몸통을 보며 이렇게 중얼거렸습니다. "저 몸뚱이가 진짜 비싼 건데…"

뱀의 중간쯤의 몸통을 잘라냈지만, 아직 머리 부분과 붙어 있는 반쪽 남은 몸통을 가지고 뱀은 더 성질이 나서 내게로 달려들려고, 몸을 잔뜩 용수철처럼 움츠리고 다시 앞으로 튕겨 나오려고 공격 자세를 취했습니다. 갑자기 하늘에서 하나님의 음성이 들렸습니다. "네 본분과 사명에 충실하라!" 하시는 것입니다. "딴 생각 말고 너는 저 뱀의 목 아래쪽까지 쳐서 저 뱀의 목을 베어 완전히 죽여라!" 하시는 것입니다.

하나님의 명령에 따라, 그 말씀에 힘입어 뱀의 목을 단칼로 쳐서 뱀의 목과 몸뚱이가 도끼날에 맞은 장작나무처럼 쩍 하고 두 조각으로 빠개지며 잘라졌습니다. 징그럽고 거대한 뱀 세 마리 모두를 찾아내서 목을 잘라내어 사명을 완수한 것입니다. 악한 것들과 싸워 이긴 승리의 꿈이었고, 이런 크고 두려운 뱀들을 꿈속에서 죽이거나 이기면 응답이 이루어지니, 곧 응답의 꿈이기도 했습니다. 꿈이 깨면서 많은 것이 깨달아졌습니다. 내 본분과 사명에 충실한 것이 진정으로 승리하고 이기는 길임을 깨닫게 되었습니다.

꿈속의 비유이지만, 뱀을 찾아내 머리를 잘라내 죽이라고 하나님의 명령을 받았지만, 받은 바 본분과 사명보다는 내 자녀들의 생명과 안위에 온통 내 마음이 뺏겨 있던 것이 떠올랐고, 사명 주신 대로 뱀과 싸워서 이겨야 하는데 뱀의 너무 크고 기세 등등한 위세에 눌려 내 본분을 망각하고, 오히려 도망하고 피하기에 바쁜 내 모습이 떠올랐습니다. 뱀을 잡을 절호의 기회를 잡았는데, 잡아서 팔면 값어치 없고 쓸모없는 머리 쪽보다도 비싸게 팔리는 뱀의 몸뚱이를 아까워하고 있는 내 모습이 부끄러워지면서 깨달아졌습니다.

목회자이든 성도이든 하나님께 받은 바 본분과 사명이 있는데, 우리는 하나님이 주신 본분과 사명에 집중하지 못하고, 다른 것에 마음이 팔려 하나님의 일을 적극적으로 감당하지 못하는 경우가 얼마나 많습니까? 때로는 주신 바 사명을 망각할 정도로 우리 앞에 높인 환경의 현실 앞에 비전을 포기하고 하나님의 뜻을 저버리고 도망가는 일이 얼마나 많은지요. 또한 하나님께 충성한 이후 하나님의 은혜와 보응으로 하나님이 부어주실 하나님의 손에 들려있는 물질, 건강, 응답, 부귀영화, 권세를 욕심내며, 정작 내게 주신 본분과 사명을 까맣게 잊어버리는 일들이 또한 얼마나 많은지요. 꿈을 통해 깨닫게 해주시는 하나님께 감사와 찬송과 영광을 올려드립니다.

꿈을 통해 다시 한 번 사명을 일깨워주신 하나님께 감사를 드립니다. 이 글을 읽는 모든 분들이 하나님이 명하신 명령과 말씀과 뜻을 따라 순종하기를 바랍니다. 네 본분과 사명에 충실하라! 우리의 시선과 생각이 헛된 세상으로 향할 때, 우리를 다시 출발선에 서게 만들어주는 귀한 깨달음입니다. 네 본분과 사명에 충실하라! 악한 사탄과의 영적 전쟁에서 백전백승, 천전천승 승리하는 비결이 됩니다.

네 본분과 사명에 충실하라! 네 본분과 사명에 충실하라! 네 본분과 사명에 충실하라!

일의 결국을 다 들었으니 하나님을 경외하고 그의 명령들을 지킬지어다.
이것이 모든 사람의 본분이니라. (전도서 12:13)

회개할 기회를 박탈했단다!

고한영 목사의 천국 체험 책『하나님은 하나님이신 것을』이 출판되고, 내가 속한 교단의 지방 내에서 나에 대해서 관심을 갖는 목사님들이 많아졌습니다.

어느 날 교역자 회의가 끝나고 여러 선배 목사님들과 함께 사우나 목욕탕을 가게 되었습니다. 고한영 목사가 그동안 영적 체험을 많이 겪고 특히 천국과 지옥 체험이 있었다는 것을 들으셨는지, 온탕에 앉아 있는 내게 나보다 10살 정도 더 나이가 많고 꽤나 이름이 알려진 부흥사 직함을 가진 선배 목사님이 가까이 와서 내 옆에 앉으시더니, 내게 물어볼 게 하나가 있다는 것입니다.

"목사님, 말씀하세요. 무슨 질문이신데요?" 하고 기다리니, "지옥이 어떻게 생겼느냐?" 하며 지옥에 대해서 물으시고, 그 다음은 "현재 교회를 다니고 있고 예수님 믿는 자가 지옥에 갈 수도 있느냐?"라고 물으셨습니다. 그때 저는 그분에게 얼마 전의 꿈 이야기를 통해 지옥에 대한 제 솔직한 견해를 말씀드렸습니다. '믿는 자도 회개하지 않는다면 지옥에 갈 수 있음에 대한 이야기'를 담대히 증거했습니다. 아래는 제가 그 부흥사 목사님에게 들려드린 이야기입니다.

저는 학교 다닐 때부터 존경하는 목사님이 계셨습니다. 그분은 대형교회 담임목사님을 하셨고, 한때 신학교에서 조직신학을 가르치

기도 하신 분입니다. 그분이 쓰신 조직신학 책을 보며 어려운 신학 논리를 어떻게 이렇게 쉽게 정리하실 수 있는지, 그분의 식견과 지혜에 놀란 경험이 있습니다. 그래서 이분처럼 신학을 잘 이해하고 공부해서 훗날 사람들에게 신학과 성경을 잘 설명할 수 있는 목회자가 되기를 꿈꾸었습니다. 그렇기에 이분은 저의 모델링이었고 존경의 대상이었습니다. 안타깝게도 이분은 심방 가는 길에 교통사고로 순교하신 것으로 알려진 분이기도 합니다.

저는 꿈속에서 지옥을 가게 되었습니다. 예수님 손을 꼭 붙들고 지옥의 이곳저곳을 볼 수 있는 기회를 가졌습니다. 지옥의 장소에는 그곳에서 고통 받는 사람마다 저마다의 죄목들이 있었고, 예수님이 그렇게 복음의 기회를 수천 번 수만 번 주셨지만 끝끝내 복음을 거절하고 지옥에 오게 된 불신앙의 사람들이 타는 불꽃에 고통당하며 신음하는 것을 보았습니다. 차마 눈뜨고 볼 수 없는 처참한 광경이어서, 그곳을 한시라도 벗어나고 싶은 마음뿐이었습니다.

그렇게 예수님 손을 붙들고 지옥의 한 장소에 도착했는데, 그곳은 불못이었습니다. 용암 물처럼 부글부글 끓는 시뻘건 물에서 사람들이 목만 내놓고 고통을 당하는데, 도저히 살이 타들어가는 고통을 못 이기고 도망쳐 나오고 싶어도 어떤 기계가 사람의 어깨와 몸을 불집게처럼 집어 누르고 있어서 빠져나오는 것이 불가능해 보였습니다. 살이 타고 뼈가 녹고, 힘줄이 터지고 마른 오징어처럼 살갗이 쭈글쭈글 말라가며, 서서히 타들어가는 것입니다. 살려달라고 소리치고, 외마디 악, 하는 비명소리와 온갖 아픔의 신음 소리가 뒤섞여, 말 그대로 아비규환이고 지옥의 참혹한 광경입니다.

그런데 그 가운데 고통 당하는 한 사람이 보였는데 한눈에 그가 누구인지 알아볼 수 있었습니다. 신학생 시절 너무나 존경하던 그분, 대형교회에서 목회하고 신학대학교에서 조직신학을 가르치신 분, 내가 감탄하는 쉬운 조직신학을 쓰신 책의 저자인 목사님이 바로 그곳 불못에서 신음하고 있었습니다. 책에 사진이 있어서 몇 백 번 본 그 얼굴이 똑똑히 그곳에 있었습니다. 수천 명 모이는 큰 교회를 담임목회하신 분이고, 하나님이 주신 놀라운 지혜를 가지고 그 어려운 신학 내용들을 쉽게 풀어서 많은 신학생들이 즐겨 찾는 책으로 쓰신, 돌아가신 지 수십 년 되었지만 지금까지 모든 사람에게 존경받는 그분. 마지막 순교할 때까지 심방 가시다가 하나님 품으로 가신 그분이 어떻게 이곳 지옥에서 이렇게 고통 받고 있는지 전혀 이해가 되지를 않았고, 꿈에서조차 상상할 수 없는 일이었습니다. 곧바로 예수님을 바라보고 질문을 던졌습니다.

"예수님 어찌하여 저분이 이 무서운 지옥에 와 있는 것입니까?"

그러자 예수님이 이렇게 말씀을 주셨습니다.

"그는 내가 회개할 기회를 박탈했단다!"

그러면서 그 목사님이 어떻게 지옥에 오게 되었는지를 자세히 설명해주셨습니다. 그는 대형교회를 목회하며 억대가 넘는 연봉을 받았다고 하셨습니다. 그리고 성도들과 세상 사람 모두에게 존경과 칭송을 한몸에 받는 사람이었다고 하셨습니다. 하나님이 주신 지혜로 베스트셀러가 되는 유명한 책들도 많이 출판했고, 설교도 유창하고 재미있게 잘 증거해서 성도들에게 감동을 주는 목사로 사랑받았다는 것입니다. 그리고 영의 눈이 열려서 하나님이 일하시는 모습을 여러 번 목격했다는 것입니다.

특히 대형교회를 담임하다 보니 장례식 참석을 무척 많이 하게 되었습니다. 그런데 평생 교회 문턱도 넘어본 적 없고 평생 아내를 괴롭히고 돈만 뜯어가며 고통만 주며 한량으로 살다가, 그 생명을 마칠 때가 되어 병원이나 집에서 임종 직전에 믿는 가족들이 목사님을 초청하여 임종 전 세례를 받도록 부탁하거나 침상에서 "예수 그리스도를 구주로 받아들이십니까?" 한 마디에 인생에서 딱 한 번 고개한 번 끄덕이고 "아멘!"이라고 한 마디 고백했을 뿐인데, 하늘 문이 열리며 천사들이 내려와 그 영혼을 받아 하나님나라로 올라가는 영혼의 모습을 이 목사님은 여러 차례 목격하신 것입니다. 놀라운 성령 체험입니다. 영의 눈이 열려 예수 믿고 임종 시 영혼이 하나님나라로 들림 받는 것을 보게 된 것입니다.

그런데 이 목사님은 너무나 머리가 좋고 지혜가 뛰어나고 머리 회전이 빠른 분이시라, 그런 놀라운 임종 직전 회개하고 평생의 잘못되게 살아온 삶을 용서받고, 부끄러운 구원일지라도 구원받는 모습을 보며 목사님 마음에 엉뚱한 마음이 생기기 시작했습니다.

"아하! 죽기 직전에 회개하면 되겠구나."

이런 생각이 든 것입니다. 그렇게 잘못된 방향으로 머리를 쓰더니, 강단에 서서 말씀을 증거할 때는 은혜로운 말씀, 하나님 뜻대로 순종하며 살아야 한다는 멋있는 말씀을 증거했지만, 실제의 삶은 그것과는 반대인 자기 멋대로의 삶을, 하나님이 싫어하시는 이중적인 삶을 살기 시작한 것입니다. 억대의 연봉과 물질적으로 풍요로운 삶은 그 목사님을 성적 타락으로 이끌어 갔습니다.

아내도 모르게, 교인도 모르게, 자식도 모르게, 그 누구도 모르게 철두철미하게 속이며 이중적인 삶을 사셨습니다. 한 마디로 세상의 쾌락과 만족을 추구하며 육적으로 '엔조이'하는 삶을 사신 것입니다. 아내가 모르는 정부를 두고, 그녀에게 집도 사주고 몰래 만나며 은밀한 밀회를 즐기는 삶을 사신 것입니다. 하나님이 본인 자신의 꿈으로도, 아내가 꾼 꿈으로도, 교회 내 깊이 기도하는 영적 일꾼들을 통한 영적 깨달음을 통해서도, 여러 가지 통로를 통해 목사님에게 권면의 이야기가 들려왔습니다. 그러나 목사님은 자신과는 상관없는 일이요 사실무근이라며 철저히 가면을 쓴 삶을 사셨습니다. 본인 자신이 혼자 있을 때 입버릇처럼 '죽을 때 회개하면 되지.'라는 말을 입에 달고 살았습니다.

사실 하나님은 솔로몬에게 그 마음을 돌이킬 것을 여러 차례 이야기 해주셨습니다. 그처럼 이 목사님에게도 깨닫는 말씀, 돌이킬 수 있는 기회를 수 차례가 아닌 수천 번 넘게 주셨다고 했습니다. 그런데 역시 마음을 돌이키지 않고 "죽을 때 회개하면 되는데 뭘." 하며 대수롭지 않게 여겼던 것입니다. 그분이 돌아가시는 그날도 심방 가시다가 돌아가신 것이 아니고, 몰래 숨겨둔 정부를 만나려고 자기들만의 밀회 장소로 가다가 갑작스레 그 일을 당하신 것입니다.

가족들은 그 목사님이 순교하신 것이라 믿고 있고 알고 계시겠지만, 하나님은 다 아십니다. 그분은 지금 지옥에 떨어져 고통 받고 있습니다. 하나님이 "내가 그가 회개할 기회를 박탈했단다."라고 하셨습니다. 그러면서 내게 "너는 이곳에서 본 것을 세상에 다시 가서 증거하라!"고 말씀하셨습니다. 그러면서 교회를 다니고 예수님 믿고 구원받은 것 같지만 구원의 기회를 잃어버리는 사람도 있고, 아까 그 목사님처럼 평생 목회했고 대형교회 목회하셨어도 회개할 기회를 박탈당하고 지옥에 떨어지는 이들이 많음을 증거해서, 예수님을 믿되 올바른 신앙을 가지고 진짜 믿음의 삶을 살아야 된다는 것을 가르쳐주라고 하셨습니다.

그렇게 다시 한 번 "너는 이곳에서 본 것을 세상에 다시 가서 증거하라!" 하시는데 꿈이 깨었습니다. 꿈이 너무 구체적이고 기이해서 그 다음날 국립중앙도서관으로 찾아갔습니다. 그리고 내가 아는 그 목사님의 이름을 검색하며 신문에 실린, 그분이 순교했다고 하는 그 자동차 사고 장면을 찾아 조사했습니다. 내 눈앞에 신문의 사진으로 기록된 장면은 거대한 덤프트럭 밑에 차의 반 이상이 압축되게 차가 뭉개져 있고, 그분의 시신이 깔려 있는 모습이었습니다.

다른 신문기사에는 너무나 순식간에 벌어진 대형 교통사고라서 사고 즉시 압사해서 뼈와 살이 다 어그러져 형체를 알아볼 수가 없었다고 했습니다. 사고 즉시 1-2초의 이 세상에서의 마지막 숨 쉴 시간도 없이 즉사해서, 아무 고통도 느낄 수 없이 편안히 가셨을 것이라는 위로의 기사였습니다.

나는 그 기사를 읽으며 너무 놀라서 몸이 부들부들 떨렸습니다. 내가 꿈에서 본 그 목사님, 그리고 꿈속에서 나에게 하나님이 말씀해주신 "회개할 기회를 박탈했다."고 하시는 말씀처럼, 그분은 평시에 입버릇처럼 "죽을 때 회개하면 되지." 하셨지만, 그 죽는 순간이 언제인지도 본인은 몰랐고, 그 죽는 순간조차 단 1초의 회개할 시간도 기회도 없이 지옥으로 직행하고 말았다는 무서운 사실을 느끼게 되었습니다.

그래서 우리는 매순간이 내 삶의 마지막인 것처럼 최선을 다해야 살아야 하는 것입니다. 또한 하나님이 보고 계시고 다 아신다는 믿음을 가지고, 하나님 앞에 한 점 부끄러움이 없이 부르시는 그날까지 사명을 완수해서, 하나님이 우리 생명을 다시 하나님나라로 부르시는 그날에 두려움 없이 기쁨으로 주님 앞에 나아가야 될 줄 믿습니다.

저는 이 이야기를 내게 "정말로 지옥이 있느냐? 지옥은 어떻게 생겼느냐? 교회 다니는 사람도 지옥에 갈 수 있느냐?" 하고 묻는 그 부흥사 목사님에게 내가 본 대로, 내가 들은 그대로 그 꿈 이야기와 국립중앙도서관에서 본 신문에 실린 그 목사님의 교통사고 사실 기록을 찾아봤던 충격적인 이야기를 전해드렸습니다. 내가 전하는 이야기를 들으시는 그분의 얼굴 표정이 조금은 어두워지며 굳어지는 듯하더니, "회개할 기회를 박탈하셨다."라는 말을 두 번 입에 되뇌면서, 뭔가를 깨달은 표정으로 내게 연신 귀한 이야기 들려주어서 고맙다는 이야기를 남기고 황급히 내 곁을 떠나가셨습니다. 며칠 전 이 꿈을 꾸게 하신 데에는 지금 내 이야기를 경청해 들으시는 그 목사님에게 무언가 하나님의 메시지를 대신 전해주시고자 하는 하나님의 뜻이 있었구나 하는 생각도 문득 들었습니다.

천국은 분명히 있습니다. 지옥도 분명히 존재합니다. 이 땅에서의 우리의 삶이 마지막 숨을 거두는 순간까지 어떻게 사느냐가 천국도 지옥도 선택하게 된다는 것을 깨닫게 됩니다. 예수님이 주신 구원의 은혜 절대로 잃어버리거나 빼앗기지 말고, 하나님이 부르시는 그날까지 착하고 충성된 종이라 칭찬받는, 상급이 있는, 우리 생명이 다하는 날 하나님이 부르셔서 하나님나라에 들어갈 때에, 우리 예수님이 버선발로 반가이 뛰어나와 기쁨으로 맞아주시는 그런 믿음이 되기를 소망합니다.

하나님, 진퇴양난입니다!
하나님, 도와주세요!

어느 날 꿈을 꾸었습니다. 지금의 도우리교회가 아닌 미래의 도우리교회가 어마어마하게 큰 대형교회가 되어 있었습니다. 성전 뒤쪽에는 타원형으로, 부채 모양으로 두 팔을 안은 모양으로 지어져 있는데, 경기장 내부 모습 같은 3층 규모였고, 그 각층마다 예배드리는 사람들로 가득 차 있는 모습입니다. 강대상은 1층 예배실에서 계단으로 5계단 정도 올라가는 높이에 있는데, 나무로 만든 설교 강단이었습니다.

설교를 전하는 강대상 앞쪽으로는 일부러 비워둔 굉장히 넓은 공간이 있었는데, 이쪽에는 몸이 불편한 분들, 각종 질병이 있는 분들이 기도 받고자 따로 나와 있는 곳이었습니다. 휠체어에 앉아 있는 분도 있고, 침대처럼 편안하게 깔아놓은 바닥에 누워 있는 중증 환자도 있고, 일반 의자가 아닌 푹신한 의자도 있고, 바닥에 매트리스가 깔려 있고, 각자 나름대로 편안한 자세로 예배를 드리는 장면입니다. 축도까지 마치고 모든 예배가 끝나면 담임목사님이 내려와서 환자들을 위해 안수해주는 시간을 따로 갖는다고 합니다.

하늘을 향해 두 손을 뻗고 축도를 마치며 고한영 목사는 예배당을 가득 메운 성도의 모습들을 보고 감탄, 감격하며 예배를 마치고 기도해주려 강대상 밑으로 내려왔습니다. 첫 번째 환자는 휠체어에 앉아 있는데, 그분 두 다리에 손을 얹고 간절히 예수님 이름으로 기도할 때에 성령의 불이 임하면서 그분의 다리에 힘이 생기고 자기 두 발로 딛고 일어나는 것입니다. 신유 역사의 기적이 일어난 것입니다.

두 번째 사람은 앞 못 보는 사람인데, 두 눈에 손을 얹고 "예수님 이름으로 눈뜰지어다!" 하고 선포하며 기도하니, 그 자리에서 감겼던 눈의 시력이 돌아오며 눈이 번쩍 뜨였습니다. 옆에 있는 분들도 그 광경을 보며 환호성을 지르며 하나님께 영광 돌리고, 기쁨과 축하의 박수소리가 여기저기서 들려옵니다. 세 번째 분은 귀신들린 분인데 "나사렛 예수 그리스도의 이름으로 명령하노니 더러운 귀신아, 이 사람에게서 떠나갈지어다!" 하고 외치니, 방금 전까지 귀신에 사로잡혀 횡설수설하며 눈에 초점이 없던 분이 제정신이 돌아오며 하나님께 할렐루야 외칩니다. 그러자 기도 받게 하고자 그분을 함께 붙들고 있던 가족들의 눈에서 기쁨의 눈물이 흘러내렸습니다.

네 번째에 계신 분은 아주 허름한 옷차림으로, 옷에 함께 달린 모자를 푹 뒤집어쓰고 계셨습니다. 기도를 하기 위해 그분의 모자를 뒤로 벗기고 얼굴을 보니, 얼굴부터 온몸에 악성 중증 나병환자처럼 울퉁불퉁 거칠게 곰보가 된 얼굴이며 목의 피부며, 보기에도 전염병이 옮을 것 같은 거북한 모습이어서 고한영 목사도 흠칫 놀랐습니다.

다시 마음을 가다듬고 그분의 머리에 두 손을 올리고 간절히 진심을 다하여 예수님 이름으로 기도하기 시작합니다. 그런데 아까 앞선 분들처럼 쉽게 치유의 역사가 나타나지 않고, 내 손과 온몸으로 상대방의 아픔과 고통과 그 질병이 스며들듯이 전달되어오는 것입니다. 그분이 그동안 얼마나 아프셨는지, 얼마나 고통스러우셨는지 금방 알 수 있을 것 같은, 피부가 서로 잡아당겨서 비명을 지를 것 같이 심히 아픈 화상 환자의 표현 못 할 느낌과 피부를 찢는 듯한 아픔, 불에 데인 듯한 통증이 동시에 느껴지기 시작했습니다. 급기야 내 손과 내 목과 내 온몸에도 그분의 질병이 나타나서, 내 얼굴과 내 온몸이 곰보가 된 것처럼 여기저기 상처가 나고, 곪아서 터진 자리처럼 움푹 패이고, 도저히 상상할 수 없는 얼굴로 일그러지며 변해갔습니다. 그런 내 모습을 보니 순간 두려움과 공포가 밀려왔습니다.

안수기도 해주고 치료를 돕기는커녕, 나 또한 그 질병의 끔찍한 고통 가운데로 순식간에 떨어지는 아찔함이 머리부터 발끝까지 모든 말초신경을 곤두서게 하며 느껴집니다. 다시 정신을 가다듬고 이렇게 부르짖어 소리쳐 기도하기 시작했습니다.

"하나님! 진퇴양난입니다! 하나님! 도와주세요…!"
"하나님! 진퇴양난입니다! 하나님! 도와주세요…!"
"하나님! 진퇴양난입니다! 하나님! 도와주세요…!"

이렇게 세 번 내 내면의 모든 생각과 중심을 다 끌어올려 피를 토하듯이 하나님께 외쳤습니다. 그렇게 목이 터져라 기도하고 이어서 "나사렛 예수 그리스도의 이름으로 이 흉악한 피부 질병은 이 사람에게서 속히 떠나갈지어다!" 하고 크게 외쳤습니다.

그리고 기도 받던 환자 분의 얼굴을 다시 보니 너무도 깨끗한 성경 속 요단강 물에 들어갔다가 나온 후 문둥병 치료받은 나아만 장군처럼, 어린아이 살결처럼 깨끗해졌습니다. 그런 그분의 얼굴 모습이 보이고, 내 손과 얼굴과 몸에 나타나던 피부 질병의 흔적들도 깨끗이 사라져 있는 것을 보았습니다.

"하나님 감사합니다! 하나님께 모든 영광 돌립니다! 하나님께 감사드립니다!"

지금 일어난 상대방 환자의 치유와 내 몸의 치유 사건에 하나님께 가슴 깊이 감사하는데, 내 온몸에 억만 볼트 전력선 전기에 닿아 감전된 듯한 뜨거운 전율이 폭풍처럼 휩싸이며 몸이 웅웅웅, 덜덜덜, 떨리면서 꿈에서 깨어났습니다. 꿈이 깨었는데도 몸이 불붙는 것처럼 뜨거우면서 몸이 계속 지진 난 것처럼 흔들리고 있었습니다. 순간 많은 깨달음들이 몰려왔습니다.

가까운 미래 도우리교회가 어떻게 부흥할지 보여주심으로 소망을 주시고 기도하게 하심도 더 확실히 믿어지게 되었습니다. 또한 도우리교회가 말씀 사역뿐만 아니라 수많은 치유 사역을 통해 하나님께 영광 돌리게 될 것 또한 알게 되었습니다. 그리고 예배당에 와서 기도 받고, 그 모든 불치병이 치유되고, 난치병이 낫게 되고, 귀신이 떠나가는 역사가 오직 예수 그리스도의 이름으로 이루어진다는 사실을 다시 한 번 깊이 깨닫게 되었습니다.

또한 놀라운 신유 은사나 능력 행함의 치유 능력이 고한영 목사 두 손에 임한다 할지라도, 그것은 내 힘과 내 능력으로 할 수 있는 것이 아닌, 하나님이 친히 행하시는 역사라는 것입니다. 또한 내 힘으로 내 능력으로 아무것도 할 수 없는 그때에, "하나님 진퇴양난입니다! 하나님 도와주세요!" 하고 외치듯이 하나님께 도움을 요청할 때, 내 생각에는 불가능해 보이는 그런 질병이나 문제도 능히 하나님이 해결케 하고 치유하시는 놀라운 성령의 역사가 동일하게 일어날 것이라는 확신을 가지게 되었습니다.

내가 하는 것이 아닙니다. 오직 하나님이 하시는 것입니다. 내게
능력 주시는 자, 오직 예수 그리스도 안에서 모든 것을 할 수 있는
것입니다.

내게 능력 주시는 자 안에서 내가 모든 것을 할 수 있느니라. (빌립보서 4:13)

사나 죽으나 우리가 주의 것이로다

우리 예수 그리도를 믿는 자의 사명은 잃어버린 영혼을 되찾는 것입니다. 그대로 놔두면 사망의 길로 갈 수밖에 없는 사람들에게 예수 그리스도를 증거함으로써 그들의 영혼을 되찾고 하나님께 되돌리는 것이지요. 예수님 믿다가도 죄악에 젖어 있는 사람들에게 그 죄를 깨닫고 회개하며 주님께 돌아오라고 성령의 메시지를 전해야 하는 것입니다.

사울 왕처럼 하나님의 음성을 듣지 않고 자기 영광을 구하며 교만하고 불순종하는 사람들에게 아직 기회가 있음을, 교만을 버리고 자기 욕심을 버리고 하나님께로 돌아와야 죄 용서받고 다시 살 수 있음을 증거해야 하겠지요. 그래서 목회자나 복음 사역자들이 계속해서 회개하라고, 돌이키라고, 하나님께로 돌아오라고 목소리 높여 소리치는 것입니다.

이런 복음의 열정을 가지고 고한영 목사는 신학교에서 배운 대로, 성경에서 배운 대로 목회자의 사명을 따라 아직 예수 그리스도를 전혀 모르는 비 기독교인에게뿐만 아니라, 예수님 믿고 교회 다니지만 교만에 빠져 있거나 하나님께 감사하지 않거나 불순종하여 하나님의 징계에 빠지지 않도록 권면하고 돌이키게 하고 깨닫게 하고자 열심히 목회했습니다. 이것이 주님이 명령하신 사명이기 때문입니다.

그러던 중 어느 날의 일입니다. 꿈을 꾸었습니다. 꿈속에서 하나님의 법궤가 놓여 있는 성전에서 무릎 꿇고 간절히 잃어버린 영혼, 방황하는 영혼들을 되찾게 해달라고, 그들에게 복음의 기회를 천 번이라도 만 번이라도 달라고 하나님께 기도하고 있었습니다. 기도 중 하나님의 현현을 체험했습니다.

엘리야 선지자가 타고 하늘로 승천한 회오리바람 같은 강한 바람이 불어왔습니다. 회오리바람이 내 앞에 불어오며 주변이 진동하고 지진 난 듯 땅도 내 몸도 덜덜덜 흔들리기 시작했습니다. 눈부신 강렬한 빛이 임하더니 아주 권위 있고 위엄 있는 굵은 남자 목소리로 하나님의 음성이 들렸습니다.

고한영 목사에게는 20살 신학교 1학년 때부터 목회 현장에 나온 전도사 시절에도, 그리고 목사가 된 지금까지 하나님이 만나주시는 성령 체험이 종종 있었습니다. 그랬던지라 내가 사랑하는 주님이 기도 중 내게 이렇게 찾아오시는 일은 언제 겪어도 가슴 떨리고 설레고 감격하는 일입니다. 오늘은 무슨 말씀을 하실까, 또 어떤 메시지를 주실까 어떤 위로와 언약을 주실까 내심 기대하며 주님의 말씀을 경청했습니다. 들려지는 하나님의 음성은 이랬습니다.

"네가 내 뜻을 거스르게 해서 오늘 내가 너를 죽이겠노라!"

순간 가슴이 무너지고 마른하늘에 청천벽력 같은 하나님의 말씀에 내 마음이 너무 놀라고 당황스러웠습니다. 내가 울먹이며 여쭈어 보았습니다.

"하나님, 왜 저를 죽이시려 하시는 것입니까?"

"내가 교만한 사람들, 성령 훼방한 사람들, 하나님 뜻을 거절하고 불순종하는 사람들을 참다 참다 기회를 주다가, 이제 그 기회마저 잃고 죄에 대한 심판을 내리고 교만에 대한 징계를 내리고 불순종에 대하여 무서운 벌을 내리려고 작정했는데, 하나님인 내가 오늘 그 불순종하고 교만하며 죄를 밥 먹듯 짓는 자들을 징계하고 벌을 내리려 하는 뜻을 정한 날이 오늘인데, 고한영 목사, 네가 달려가 급히 회개시키고, 지금도 늦지 않았으니 그 마음을 돌이키라고, 하나님 뜻대로 순종하면 징계와 재앙을 피할 수 있고 살 수 있다고 권면하고 전하므로, 그들이 죄를 회개하고 돌이키는 바람에 그들을 징계할 수가 없게 되었고 재앙으로 그들의 죄를 심판할 수가 없게 되었기 때문이다. 고한영 목사 너 때문에 하나님의 뜻, 하나님이 이미 정한 뜻을 이루지 못했으니, 너는 하나님의 뜻을 거스르는 가장 큰 죄악을 저질렀으니 너를 죽이겠노라."

이렇게 아주 활활 타오르는 불처럼 화가 난 음성으로 내게 죽음을 명령하시는 것입니다. 내가 했던 그동안의 모든 일들이 결국 하나님의 뜻을 거스르는 결과를 낳았다고 생각하니 마음이 아프고 서러워서, 눈물만 뚝뚝 흘러내렸습니다. 내가 사랑하는 주님인데, 내가 너무나 사랑하는 주님이 내가 하나님이 정한 뜻을 이루지 못하게 방해해서 나를 죽이시겠다고 하시니, 나는 할 말을 잃고 서럽고 억울해서 눈물이 내 앞을 홍수처럼 가렸습니다. 내 생명의 주인이시니 죽이겠다고 하셔도 나는 아무 할 말이 없었습니다.

내가 기도하던 제단 앞에 법궤처럼 생긴 것이 있었는데, 그곳에서 뜨거운 여호와의 불이 흘러나오며, 내 온몸을 휘감아 불살라 타죽는 순간입니다. 나는 눈을 감았습니다. 뜨거운 눈물이 내 뺨을 타고 하염없이 후드득 떨어져 내렸습니다. 내 인생의 마지막 순간입니다. 내 입술에서 성경 말씀이 고백되어 나왔습니다. 로마서 14장 8

절 말씀이었습니다. 꿈속에서는 이렇게 고백되었습니다.

"내가 살아도 주를 위하여 살고 죽어도 주를 위하여 죽나니 그러므로 사나 죽으나 나는 주의 것이로다."

이렇게 내 입술에서 고백되는 성경 말씀은 그동안 하나님 뜻대로 살았고, 후회 없이 하나님 전하는 삶을 살았고, 이제 죽어도 하나님 손에 죽는다면 나는 여한이 없고, 후회도 없고, 이 또한 하나님 뜻이라고 고백되며, 내 영혼을 하나님께 맡기겠습니다, 내 생명을 하나님께 온전히 맡기겠습니다 하는 마지막 유언으로서의 가슴 절절한 신앙고백입니다. 이 로마서 14장 8절 말씀을 장엄하게 마음과 뜻과 정성을 다하여 뜨거운 눈물로 고백하는데, 지금까지 하나님의 음성으로 여겨졌던 그 회오리 바람 속의 화난 목소리가 기괴하고도 끔찍한 비명소리를 지르며, 그 법궤에서 나오던 불과 함께 연기처럼 한 길로 왔다가 일곱 길로 도망가듯이 사라지는 것입니다.

그와 동시에 하늘이 환하게 열리며 하늘에서 수천 개 수만 개의 눈이 부서서 얼굴을 들 수 없을 것 같은 눈부시고 찬란한 빛의 광선들이 내 몸 위로 쏟아져 내리면서 거룩한 하나님의 음성이 들렸습니다.

"내 종 고한영 목사야, 하나님의 음성을 가장한 악한 사탄 마귀의 궤계와 속임수를 말씀으로 잘 이겨냈구나. 네 평생 복음을 증거하고 내가 네게 맡긴 사명을 감당할 때, 힘들 때 지칠 때 상할 때 악한 사탄 마귀가 너를 조롱하고 이간질하고 속이려 할 때에, 너는 내가 네게 준 성경 말씀을 가지고 그 모든 시험을 이겨내거라! 네가 어디로 가든지 내가 너와 함께 있으리라!"

이렇게 말씀을 하시는데 가슴이 꽉 차도록 벅차오르며 머릿속에 깨달음이 거대한 파도처럼 몰려오며 꿈이 깨었습니다.

악한 사탄 마귀는 지금도 여러 가지 모습으로 믿는 자들을 낙심시키고, 하나님 뜻대로 잃어버린 영혼을 되찾고 사망의 길을 가는 자들을 돌이키고자 하는 전도 사명을 방해하고자 여러 가지 권모술수를 씁니다. 우리가 그때에 악한 사탄 마귀를 이기는 아주 확실한 비결은 바로 성경 말씀인 것을 깨닫게 됩니다.

사나 죽으나 우리의 생명은 하나님 것이니, 우리의 생명 다시 하나님나라로 부르실 때까지, 끝까지 주님을 높이고 증거해야 하겠습니다. 우리에게는 하나님이 주신 가장 강력한 무기인 성경 말씀이 있음을 깨닫고 더 담대하게 마귀를 무찌르고, 이 어두워지고 썩어져 가는 세상에 빛으로 소금으로 성령의 전신갑주로 무장되어 세상 모든 사람들에게 살아 계신 하나님을, 역사하시는 하나님을, 구원의 주님을 더 확실히 더 담대히 증거해야 하겠습니다.

우리가 살아도 주를 위하여 살고 죽어도 주를 위하여 죽나니 그러므로 사나 죽으나 우리가 주의 것이로다. (로마서 14:8)

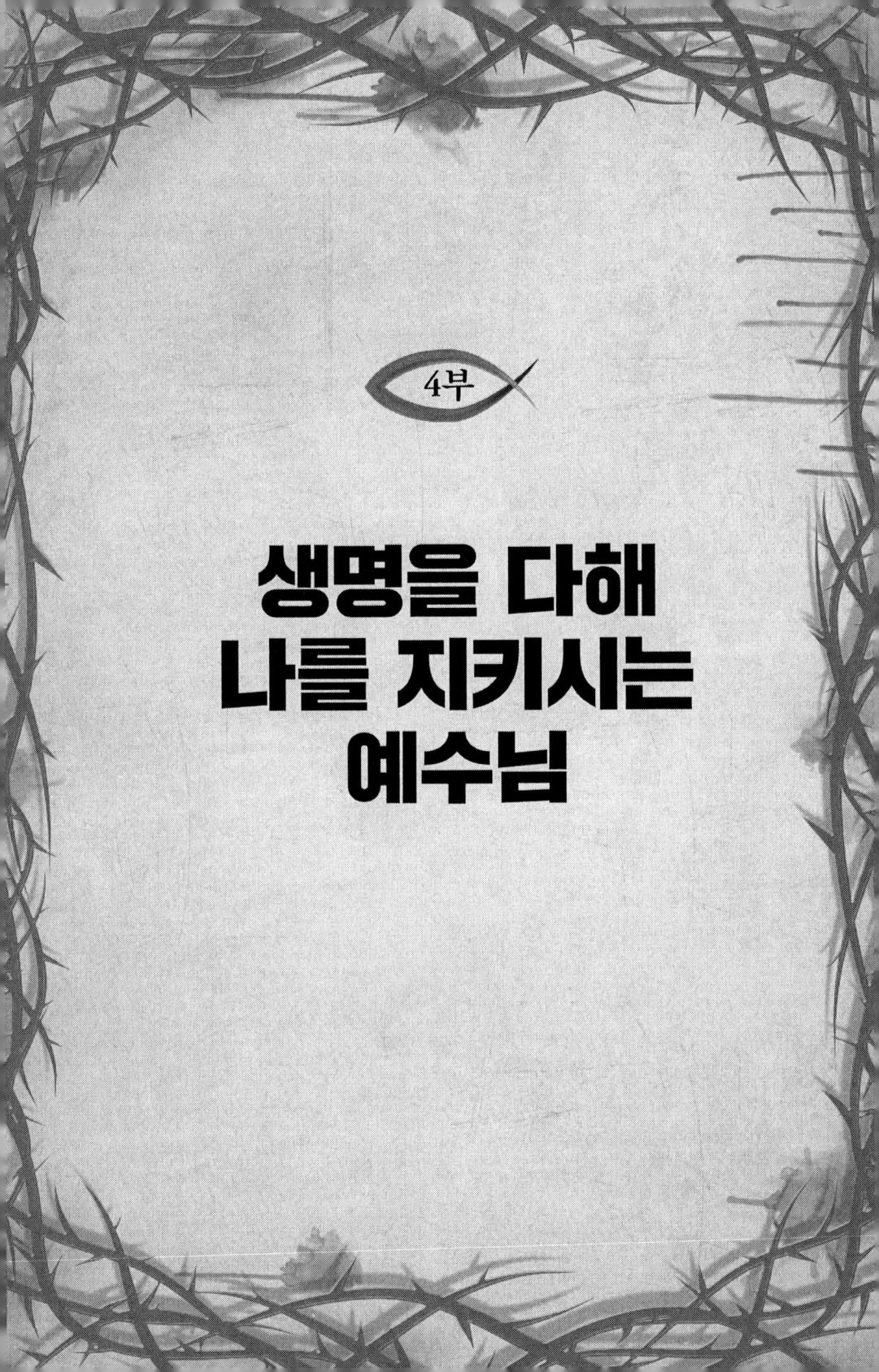

4부

생명을 다해
나를 지키시는
예수님

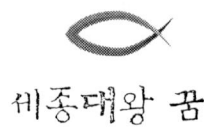

세종대왕 꿈

　목요일 꿈을 꾸었습니다. 꿈의 시대 배경은 조선시대였습니다. 나는 몰락한 양반 가문의 젊은 청년이었고, 이제막 공무원 9급 시험 합격한 것처럼 조선시대의 가장 초라한 직위의 말단 관리로 소임을 맡았습니다. 그런데 원래 성격이 꼼꼼해서 대충하지 않고 열심히 일을 하다 보니 하는 일에 좋은 성과들을 거두었는데, 삼정승 육조판서 가문의 유력한 권세가 가문의 양반 자제들이 그 공로를 다 가로채도 말단 관리인 나는 할 말이 없었고, 아무 항변도 할 수 없었습니다.

　어느 날 왕이 오셨는데, 나는 말단이라 그 잔치 자리에 들어가지 못하고 후원에 있었습니다. 그런데 당시 왕자였던 10살 무렵의 충녕대군을 그곳에서 만나게 되었습니다. 그 어린 왕자님이 하시는 말씀이, 말단 관리인 나에게 그대가 얼마나 큰 포부가 있는지, 나라를 위해 얼마나 애쓰고 있는지, 권세 있는 관리들이 그대의 수고함을 어떻게 다 가로채고 있는지, 들어서 다 알고 있다는 것입니다. 나보고 하는 말이, 포기하지 않으면 언젠가 알아주는 사람이 나올 것이라고 하는데, 내 귀에는 하나도 들리지 않는 이야기였습니다. 속마음으로 그 어린 충녕대군에게 이렇게 대답했습니다.

　"왕자님은 태어날 때부터 왕자 신분이어서 배고픈 게 뭔지, 서러운

게 뭔지, 억울한 게 뭔지 모르시기에, 언젠가 알아줄 사람이 나온다는 그런 말씀을 하시지요. 하지만 그것은 내게는 아무런 위로의 말이 되지 않습니다."

그렇게 마음속으로만 생각했고, 충녕대군과의 짧은 만남은 그렇게 끝나고 세월이 흘러갔습니다.

어린 충녕대군을 만난 그 당시 나의 나이는 30살 즈음 되어 보였습니다. 세월이 20여 년은 더 흘러 내 나이 50살이 넘게 되었고, 그때도 나는 여전히 말단 관리였고 여전히 내게 주어진 직무에 최선을 다하고 있었습니다. 하지만 지금도 역시 내 수고함과 공로를 권세 있는 양반 고위 관리들이 다 가로채도 개의치 않고 묵묵히 내게 맡겨진 일들을 감당해왔습니다.

조선시대여서 그런지 50세인 내 머리에 흰머리가 가득하고 흰 수염이 길게 자랐는데, 어느 날 조선의 왕인 세종대왕께서 나를 어전으로 부르신다는 것입니다. 나 같은 미천한 말단 관리를 왜 부르시는가 의아해하며 급히 서둘러 왕이 계신 어전 왕궁에 들어섰습니다. 백조대관들이 머리를 조아리며 주욱 늘어선 곳에 근엄하면서도 인자한 얼굴의, 이제는 30세가 된 세종대왕이 용상 어좌에 앉아 있는 것입니다.

그가 나에게 하시는 말씀이, 세종대왕인 자신이 충녕대군으로 어렸을 때부터 그 당시 말단 관리였던 나를 보아왔고, 지금까지 묵묵히 맡겨진 일들을 불평하지 않고 애쓴 소식들을 다 듣고 있었다는 것입니다. 그 세종대왕은 20여 년 전 10살의 왕자였던 충녕대군인 것입니다. 세종대왕이 이렇게 만조백관 앞에서 선언하셨습니다.

"오늘 내가 이 나라의 왕으로 등극했고 때가 되었으므로 이 나라 왕의 권한으로 그대를 이 나라 조선의 영의정으로 임명하노라! 그대가 마음에 품은 뜻과 이상을 이 나라 조선을 위해, 백성들을 위해 마음껏 펼쳐보라!"

너무나 상황이 기이하고 놀라워서 어안이 벙벙하다가 꿈이 깨었습니다. 조선시대 세종대왕이 나오는 꿈이었지만 꿈속의 그분, 나를 영의정으로 임명하는 그 세종대왕은 바로 예수님이시라는 깨달음이 들었습니다. 예수님이 나의 꿈과 이상을 다 알고 계시는구나. 꿈을 통해 나를 위로하시며, 내게 하나님나라 건설의 거룩한 사명의 권한을 맡기시는 것임을 깨달았습니다. 하나님의 때가 가까운 것입니다.

하나님이
나를 어떻게 잘 아실까?

하나님은 우리의 앉고 섬을 아십니다. 우리의 머리카락 하나까지도, 흰머리가 몇 개인지, 머리카락 숫자가 몇 개인지 다 아십니다.

어느 날 꿈을 꾸었습니다. 꿈속인데 나는 이미 천국에 와 있었습니다. 이 세상에 존재하는 그 어떤 높은 빌딩보다 크고 높은 건물이 내 눈앞에 있었습니다. 이곳은 예수님이 일하시는 곳입니다. 특히 이 땅에 살아가는 성도들의 믿음과 기도를 측정하는 일이 이루어지는 곳인데, 물리학자나 생물학자의 연구실처럼 각 기관과 방들이 각종 실험 도구들과 빽빽한 파일이 꽂힌 선반 등으로 꾸며져 있었습니다. 예수님의 집무실을 보았습니다. 그곳에서 예수님이 바삐 일하시는 모습이 보이는데, 예수님은 과학자 연구원 차림의 하얀색 가운을 입고 계셨습니다. 예수님은 책을 많이 쓰고 읽으신 학식 많은 노학자들의 전유물인 짙고 굵은 뿔테 안경을 쓰고 계셨는데, 그 안경만 봐도 말할 수 없는 지식과 지혜의 권위가 느껴졌습니다.

나는 문을 열고 들어가서 예수님 곁에 서 있었습니다. 예수님이 연구하시는 것은 성도들의 피 한 방울 한 방울이었습니다. 테이블 위에 놓인 초고성능 현미경에 피 한 방울을 올려놓고 피를 분석하는 것입니다. 예수님이 손끝 하나를 지구에 있는 누군가를 향해 뻗치니, 손가락 끝이 빛의 속도로 쭉쭉 늘어나 날아가며 지구의 어느 지역 어느 교회에 앉아 있는 성도에게 가더니, 예수님의 손끝이 주사바늘처럼 되어서 그 엉덩이에서 그가 눈치 채지 못할 정도로 순식간에 피 한 방울을 채취해서 다시 그 손가락이 예수님에게로 돌아왔습니다. 예수님 옆에 서 있는 내게 그 피 한 방울을 현미경 위에 올려놓고 유리 덮개로 덮고 자세히 관찰해보라고 했습니다.

현미경으로 그 안을 들여다보니, 그 피 한 방울의 세포 속에 그 성도가 그동안 무슨 일을 했는지, 무슨 생각을 했는지 그런 생활상의 작은 일들까지 기록되어 있는 것이 보였습니다. 예수님이 이 사람은 어제 세례를 받은 사람이라고 했습니다. 교회 다닌 지 몇 개월이 되었는데, 어제 주일날 부활절을 맞아 오전 11시 예배 때 세례 예식을 받았다는 것입니다. 또다시 예수님의 손끝이 한도 끝도 없이 늘어나며 빛의 속도로 어딘가로 날아가더니, 어느 성도의 엉덩이에 가서 병원에서 피검사하듯이 그 성도의 엉덩이에서 피 한 방울을 채취해서 순식간에 다시 예수님께로 돌아왔습니다. 예수님이 똑같이 그 피를 현미경에 올려놓고 관찰하시며, 그는 오늘 새벽 기도할 때 그 교회 목사님이 안수기도 해주셔서 안수기도 받은 사람이라고 말해주셨습니다.

또 예수님의 손가락이 지구의 어느 곳 세상의 어느 곳으로 쏜살같이 향하고 곧 돌아왔습니다. 그 피 한 방울을 현미경 관찰대 위에 떨어뜨리시더니 내게 그 안을 들여다보라는 것입니다. 그 피 속에 유전자 코드처럼 숨겨져 있는 누군가의 생활상의 기록들이 피 속에, 세포 속에 작은 글씨로 쓰여 있는 게 보였습니다.

그것을 보고 있는데 예수님이 이 사람은 어제 밤부터 오늘 새벽까지 밤새워 내게 눈물로 기도한 사람이구나 하셨습니다. 쉴 사이 없이 예수님의 손은 바쁘게 움직였습니다. 그 손은 또 세상의 어디인가로 빛의 화살처럼 길게 늘어나며 날아가서, 어느 교회에 있는 성도의 엉덩이에서 눈 깜짝할 사이에 피 한 방울을 채취해오셨습니다. 그 피를 조사하면서, 이 사람은 젊은 여자 집사인데 어제 교회에서 설거지 봉사를 열심히 한 사람이구나, 라고 말씀하셨습니다. 또 예수님의 손이 빛의 속도로 뚝딱 하는 사이 어느 성도의 피를 가지고 다녀와 현미경에 넣고 보시더니, 이 성도는 낙심하고 실망해서 교회 안 나간 지 1년이 넘었는데, 첫사랑을 회복하고 어제 다시 교회에 예배드리러 나갔다면서 흐뭇하게 웃으셨습니다.

예수님의 손이 급히 또 세상의 땅끝으로 나가시더니 곧 돌아왔습니다. 그리고 현미경에 놓고 검사하시더니, 이 사람은 어제 예배 때 성만찬 예식에 참여했구나, 성만찬 참여를 통해 그가 세상을 이길 영적 힘을 공급받았구나, 하시는 것입니다. 마침 어제 도우리교회에서도 성만찬 예식을 행했던지라 더 귀를 기울여 예수님의 음성을 들었습니다. 도우리교회는 1년에 두 번 성만찬 예식이 있습니다.

사람들은 그냥 교회에서 정한 대로 절기에 따라 형식대로, 습관처럼 수동적으로 성만찬에 참여할 때가 많은 것이 사실입니다. 그런데 이 꿈을 통해 깨닫게 되는 것은 예수님은 어느 교회에서 성만찬 예식이 치러졌는지 다 아시고, 그 성만찬 예식에 진심으로 참여한 사람 중 성만찬의 능력을 깨닫고 은혜 받은 사람이 누군지 다 아신다는 것입니다. 성만찬은 예수님이 명령하신 것입니다. 성만찬은 예수님의 살과 피를 상징하는 떡과 포도주로 대신 마시며 예수님의 고

난당하심과 죽으심과 죄 많은 인류를 구속하기 위해 그 육체의 살의 찢기심과 피를 흘려주심으로 우리에게 그 생명을 다 내어주신 예수님의 대속과 구원의 십자가 사건을 기억하는 것입니다. 성만찬을 통해 그 의미를 기억하고 기념하게 하시는 것입니다. 그리고 참여한 성도가 그 작은 컵의 포도주 한 잔과 빵조각 하나를 먹고 마시는 성만찬을 통해, 세상을 이길 영적 힘을 받았다고 말씀해주시는 예수님의 음성을 통해, 새삼 성만찬의 의미를 크게 깨닫게 되었습니다.

꿈속에서 방금 본 여러 장면과 예수님이 과학자 차림의 옷을 입고 성도들의 피 한 방울을 쉬지 않고 바쁘게 조사하시면서, 우리의 앉고 섬을, 우리의 생각과 사상과 체질과 삶의 모습을 면밀히 관찰하며 일하시는 예수님의 모습을 보면서, 꿈속에서도 말할 수 없는 깨달음이 있었습니다. 예수님이 이렇게 명령하셨습니다.

"네가 본 것을 세상에 내려가서 증거하고 가르쳐 지키게 하라!" 하시는데 꿈이 깨었습니다. 예수님이 꿈을 통해 과학자 모습으로 성도들의 피를 가지고 조사하시는 비유로 보여주신 꿈이지만, 이 꿈을 통해 시사하는 바도 많고 깨닫게 하시는 바도 많음을 알게 됩니다.

예수님은 우리가 마음과 뜻과 정성으로 기도하는지, 기도의 능력도 모르고, 기도할 의미를 모르고 기도하는지 다 아십니다. 믿음이 있는지 없는지 다 아십니다. 예배를 형식처럼 드리고 소홀히 하는지, 목숨같이 뜨겁게 영적 산 제사로 예배드리는지 다 아십니다. 교회에서 궂은 일 험한 일 혼자 도맡아 하면서 누가 알아주지 않아도 묵묵히 봉사하는지, 깍쟁이처럼 자기만 혼자 편하려고 행동하고, 상석에 앉아 대접만 받으려고 하는지도 아십니다.

차량 봉사, 음식 봉사, 설거지 봉사, 교회 출입구 안내 봉사, 예배를 돕는 것, 성가대 사역, 교사 사명 등 모두 소중하고 귀한 일이며, 하나님이 기뻐하시며 아시는 일이며, 눈에 보이지 않지만 내 피 속에 영적 유전자 코드처럼 하나하나 기록되는 일입니다. 누가 보든지 안 보든지, 누가 칭찬하든지 안 하든지 교회 사역과 신앙생활 모든 면에서 예수님이 보고 계시고 알고 계시고 듣고 계시고, 우리의 작은 믿음의 생활상 하나하나를 측정하고 평가하셔서 그 응답의 때를 정하신다는 것을 깨닫기 바랍니다. 그래서 그릇은 준비 안 되었는데 더디 이루신다고 원망하고 불평만 할 것이 아니라, 하나님의 저울에 달아보고 인격도 믿음도 기도 분량도 꼭 채워졌구나 하고 칭찬받는 그런 믿음이 되기를 기도합니다.

> 나다나엘이 이르되 어떻게 나를 아시나이까. 예수께서 대답하여 이르시되 빌립이 너를 부르기 전에 네가 무화과나무 아래에 있을 때에 보았노라.
>
> (요한복음 1:48)

마귀 대장 바알세불을 심문해보셨습니까?

꿈속에서 마귀 꿈을 꾸면 사람들은 무서워합니다. 공포에 질리기도 하고, 두려움에 떨며 비명을 지르며 깨어나기도 합니다. 마귀 꿈은 악몽 그 자체이지요.

꿈뿐만 아니라 귀신 들린 사람들의 표정과 행동을 보면, 괴기스런 모습과 괴물의 포효 같은 으르렁거리는 목소리를 내는 것을 많이 경험합니다. 교인들도 그런 귀신 들림으로 난폭한 행동을 보이는 분을 보면, 그 귀신이 나에게 들어올까 봐, 그 귀신이 자기에게도 해코지할까 봐 소름끼치기도 하고, 근원적인 무서움 때문에 두려워하기도 합니다. 사람들이 독사나 독충을 보면 본능적으로 무서워하고 몸을 피하는 것과 같은 이치일 것입니다.

그래서 믿음의 담력 훈련이 중요한 것입니다. 기도하다가 보면 영적으로 악한 사탄 마귀가 괴물 모습으로 도전하는 환상들을 경험하기도 합니다. 그런데 처음엔 내 믿음이 약해서 식은땀 나고 무섭기도 하지만, 사력을 다해 싸우고 전심전력으로 또 싸우고, 예수님 이름으로 물리치는 훈련을 수백 번 반복하다 보면, 더 이상 어떤 형태의 두려운 모습이나 소리로 위협해도 두려워하지 않습니다. 바로 그것이 믿음이 생겼다는 것입니다. 믿음으로 바라보니 더 이상 사탄 마귀가 두려운 존재가 아닌 것입니다.

이런 믿음의 성장은 절대로 그냥 되는 게 아닙니다. 수십 년 넘는 기도의 시간이 있어야 하고, 믿음의 훈련, 마귀를 이길 수 있는 은사 훈련이 잘 훈련된 특전사 부대원처럼 준비되어 있어야 합니다. 그래서 마귀를 어떻게 이해할 것인가? 나는 마귀를 두려워하는가? 아니면 나는 마귀를 능히 제압할 수 있는 믿음을 가졌는가? 하는 두 갈래의 중요한 차이점이 생기는 것입니다.

고한영 목사도 귀신 내쫓는 사역을 하다 보면, 수천 가지의 영적 상황에 맞닥뜨리게 됩니다. 그리고 귀신이 수백 마리 이상, 또는 수천 마리 이상 군대 마귀 급의 악하고 센 마귀들을 만나면, 각오를 단단히 하고 전쟁에 임하는 군사처럼 임전무퇴의 정신으로 싸우기도 합니다.

축사 사역을 하면서 귀신 들린 사람의 몸에 들어간 귀신들을 꾸짖기도 하고 명령하기도 하면서, 때로는 귀신들에게 여러 가지 정보를 토설하게 만들 때도 있습니다. 그런데 귀신도 영적인 존재라서 사람들의 숨겨진 과거나 부끄러운 행적들을 다 알고 이야기할 때가 많습니다. 심지어는 중학생인 어린 자녀에게 귀신이 들어갔는데, 그 들어간 귀신이 자신의 정체를 돌아가신 할아버지라고 말하면서 그 할아버지가 맞는다는 것을 증명하기 위해 귀신 들린 자녀의 아버지나 어머니가 기억하는 어린 시절 아버지와의 독특한 경험들을 거침없이 말하면 그 가족들이 기겁을 하고 놀라는 경우를 많이 봅니다.

아버지가 어떤 음식을 좋아했는지, 싫어하는 음식은 무엇이었는지, 가족들만이 아는 아버지와 얽힌 특별한 과거사를 이야기하면, 정말 우리 아버지가 맞는 것 같다면서 더 두려워합니다. 사실은 진짜 그 아이의 할아버지가 귀신이 되어서 들어간 것이 절대로 아닙니다. 그 귀신은 할아버지인 척 완벽하게 연기하는 것이고, 귀신이기에 영적 존재이기에 귀신 들린 아이의 부모님의 아버지에 대한 기억과 경험을 다 알고 있어서, 그것을 이용하는 것을 많이 보게 됩니다.

어떤 분은 너무나 사랑하는 아내와 일찍 사별했는데, 그 남겨진 아이들 중에 딸에게 귀신이 들어가는 영적 억눌림이 나타났습니다. 그런데 그 딸에게서 나타나는 귀신의 형태가 죽은 자기 아내의 습관들을 보이면서 더 놀라기도 합니다. 남편만이 아내와의 기억 속에서 간직하고 있을 둘만의 비밀한 추억들을 귀신 들어간 딸의 말에서 들으며 무서워하는 것이 아니라, 빨리 내쫓으려고 하는 것이 아니라, 죽은 아내의 영혼이 딸에게 들어왔는가 싶어서 더 그리워하고, 더 옆에 두고 싶어 하는 심리를 갖는 모습을 많이 목격했습니다.

죽은 아내가 좋아하던 음식을 먹고, 좋아하던 노래를 기가 막히게 찾아 듣고, 남편인 자기한테만 하는 말투로 이야기를 하고, 둘만의 옛날 옛적 추억 이야기를 하면, 그 남편은 귀신 들림으로 자기 딸이 고통당하고 있고, 저대로 놔두면 그 영혼을 잠식해서 점점 마르고 병약해지며, 결국은 자살을 강요시키거나 그 생명을 뺏으려고 하는데, 그런 악한 사탄 마귀의 궤계와 술수라는 것을 까마득히 모른 채 진짜 죽은 자기 아내의 영혼이 딸의 몸을 통해 돌아왔는가 싶어서 옆에 두고 그 아내와의 추억을 다시 떠올려보고 싶어 합니다. 그러면서 기도해주려고 간 목사인 저에게 "그 영혼이 내 아내인데 나쁜 귀신이 아니니까 그냥 놔두면 어떻습니까?" 하는 말도 안 되는 부탁까지 하시는 분도 종종 보았습니다.

제가 분명히 말씀드리는 것은, 귀신 들림이 나타나서 그 귀신이 들어간 가족에게 보이는 모습과 행동 중에 돌아가신 부모님이나 배우자, 혹은 안타깝게 어린 시절 잃은 자녀의 모습과 말과 행동을 보일지라도, 절대로 속지도 마시고 마음 약해져서도 안 됩니다. 그것은 귀신이 귀신처럼 아는 것일 뿐, 진짜 돌아가신 부모나 배우자나 자녀는 절대로 아니라는 것입니다. 그러니까 단호히 예수님 이름으로 귀신을 내쫓아야 하는 것이 상식입니다. 이것이 축사 사역의 기초라는 것을 기억하시기를 부탁드립니다.

며칠 전 일입니다. 화요일 신기한 꿈을 꾸었습니다. 꿈속에서 기도하고 있는 내 모습이 보입니다. 기도하고 있는 내 옆에 기도하고 있는 나를 방해하고자 어떤 영적 존재가 바람처럼 휙 하고 지나가는 것입니다. 기도하고 있는 내 양 손, 맞잡고 있는 기도 손을 툭 치며 기도를 집중해서 못 하게 방해하는 것입니다. 마침 내 옆에 풍선처럼 생긴 것이 있는데, 그 강도와 질김이 설거지할 때 쓰는 잘 찢겨지지 않는 재질로 된 고가의 고무장갑 같은 풍선이었습니다. 그래서 기도하는 손에 그 풍선을 잡아 가운데 놓고 기도를 하고 있었습니다.

아니나 다를까. 내 기도하는 손을 툭 치고 지나며 기도하는 손을 흐트러지게 만들려는 의도로 바람 같은 존재가 다가와서 또 내 손을 툭 치고 급히 도망가려 했습니다. 그래서 나비나 잠자리를 잡는 잠자리채처럼 내가 그 풍선을 휘둘러 저었더니, 바람처럼 귀찮게 하던 그 영적 존재가 도망간다는 것이 하필이면 방향을 잘못 잡아 내 손에 든 풍선 안에 바보처럼 쑥 들어가 버리는 것입니다.

'순간 이 나쁜 놈 잡았다!' 하는 느낌에 풍선의 입구를 막아 묶어 버리니, 철창 우리에 갇힌 야생 짐승처럼 도망가려고 상하좌우로 이리저리 부딪히며 난리를 부리는 것입니다. 그러나 내 손에 든 풍선

이 워낙 질기고 견고해서 빠져나가지 못하고, 자기 얼굴이 풍선 표면에 그 질감이 나타나듯이 들이밀며 그 영적 존재의 얼굴 형태가 드러나듯이 밀어보기도 하고, 바깥쪽으로 나가려고 했다가 그 탄성에 다시 안으로 튕겨져 들어가기도 하는 것입니다. 완전히 체포된 것입니다.

내가 풍선에 들어간 존재를 심문하기 시작했습니다. 풍선 안에 갇혀 있으니, 나는 풍선 안에 든 존재한테 강하게 꿀밤을 먹이고 혹이 나도록 세게 주먹으로 때리며, 복싱 선수가 운동할 때 쓰는 천장에 대롱대롱 매달아놓은 공처럼 그 풍선을 마구 때렸습니다. 그러자 나의 고문과 때림에 비명을 지르며 내가 물어보는 심문에 하나씩 자기가 갖고 있는 정보를 털어놓기 시작하는 것입니다. 현행 범죄자를 체포했고, 형사들이 범인을 강도 높게 추궁하며 자백을 받아내고자 심문하는 모습입니다.

"네 이름을 대라!"

"나는 바알세불입니다."

마귀 대장인 바알세불이 내 풍선에 잡혀서 내게 심문받는 이 상황이 너무 재밌고 신나고 기분이 좋았습니다.

"어찌하여 나에게 접근했느냐! 나는 이 땅에서 누군가가 하나님에게 기도를 하기 시작하면, 그 기도를 받아서 하늘에 올라가는 천사들보다 먼저 알고 와서 그 기도를 가로채고 뺏으려고 하기에, 고한영 목사, 네가 하는 기도 때문에 왔다!" 하는 것입니다.

"보통은 네 졸개들인 마귀들이 오는데, 어찌하여 대장인 네가 직접 나섰느냐!"고 물어보았습니다. 그랬더니 말을 안 하고 주춤하며 망설이기에, 또 그 풍선에 들어간 마귀 대장을 인정사정 볼 것 없이 좌우로 따귀 때리듯이 두들겨 패고, 풍선의 머리 쪽에 마귀 대장의 뿔 같은 것이 두개가 불룩 올라와 있는데 그 머리 쪽을 사정없이 눈물이 핑 돌 정도로 매서운 꿀밤을 몇 대 때렸습니다. 그러니까 "그만 때려! 그만 때려! 알았어! 알았다구! 정말로 아프다구!" 하고 소리치며 "다 불 테니까 더 이상 때리지 말아!" 하고 하소연하는 것입니다.

왜 자기가 왔냐면, 하나님이 주실 응답이 눈앞에 가까우면 자기가 직접 나서야 된다는 것입니다. 기도를 처음 시작하고 기도가 진행 중일 때는 마귀 졸개들을 보내서 기도방해 전략을 구사하지만, 기도의 분량이 차고 하나님이 허락하실 그 응답의 때가 가까우면, 아예 기도의 의지를 꺾고 기도의 통로를 막고 걱정거리 되는 일을 만들어서, 철저하게 낙심하게 만들거나 기도할 생각을 아예 못 하게 큰 두려움에 떨게 해야 되기에, 바알세불인 자기가 나서게 된 것이랍니다. 그 말을 들으면서 내가 바알세불에게 물어보았습니다.

"그러면 네가 지금 나타났다는 이야기는 내 기도가 하나님께 상달되었고, 이제 하나님이 응답하실 때가 가까웠다는 이야기냐!"

"그렇다! 도우리교회 부흥이 눈앞에 있다!"

이렇게 말하는 것입니다. 그래서 방해하려고 이렇게 왔는데, 이렇게 어이없게 붙잡힐 줄은 생각도 못 했다는 것입니다.

"너는 마귀 대장이니 어둠을 다스리는 권세가 있을 것인데, 어찌하여 내 손에 든 풍선에 들어가 도망가지 못하고 꼼짝 못 하느냐!"

"당신 손에 들고 있는 풍선은 성령 싸개인데, 예수보혈로 그 껍질막이 인쳐 있어서 내 권세와 파워가 전혀 먹히지 못한다. 그 풍선은 하나님을 신뢰하는 믿음이 있는 자가 그 하나님이 주신 언약을 믿고 오래 기도하면 하나님이 사랑하시는 사람에게 주시는 선물 같은 것이요, 동시에 우리들이 가장 두려워하는 성령 무기 중의 하나이다!"

이렇게 말하는 것입니다. 이런저런 심문을 통한 질문과 자백을 받아내는데, 갑자기 호기심이 생겼습니다.

"너는 마귀이니까, 더군다나 마귀 대장 바알세불이니 네가 알고 있는 것이 무척 많겠구나."

그러자 대답은 안 하고 고개만 끄덕였습니다. 내가 "대답을 공손하게 똑바로 안 하냐!" 하며 꿀밤을 또 때리니 "예, 알겠습니다 제발 좀 때리지 마세요. 제발 좀 그 기도하는 손으로 좀 때리지 말아주세요!" 하고 부탁하는 것입니다. "기도하는 손은 돌망치로, 쇠망치로 때리는 것보다 백 배나 아프고 고통스럽다!"는 것입니다.

"너는 계급이 대장 마귀니까 하나님 계획도 훤히 다 알 것이고, 우리 도우리교회 얼마나 어떻게 부흥할지도 다 알고 있지 않느냐? 네가 알고 있는 것을 숨김없이 다 털어놓으라!"

이렇게 풍선을 흔들며 꿀밤 때리고 죽이려고 협박하듯이 바알세불을 닦달했습니다. 내 고문과 심문에 못 이겨서 하나씩 자가가 알고 있는 비밀 정보들을 내 앞에 풀어놓았습니다.

"왜 도우리교회 하나님이 진작 부흥을 주실 수 있었는데 더 기도하게 하시고 응답을 더디 하신 이유를 말해라! 우리 도우리교회 섬기는 교인 아무개는 어떻게 되느냐? 우리 도우리교회 섬기는 아무개 권사님은 어떻게 되느냐? 아무개 교인이 있는데, 그는 어떻게 복을 받을지 그 통로와 방법이 무엇인지 아는 대로 이실직고하라! 우리 도우리교회가 얼마나 부흥할지 얼마나 커질지 너는 말하라!"

내가 궁금했던 부분들을 그 비밀정보를 알고 있는 바알세불에게 하나씩 답을 들었습니다. 꿈속에서도 바알세불이 이미 알고 있는 하나님이 계획하신 일들, 도우리교회 앞으로 허락하실 부흥을 이루실 계획들, 도우리교회 교인들 한 사람 한 사람의 이야기들을 듣는데, 바알세불이 털어놓은 수십 가지 비밀들과 그 사실이 너무나 놀라워서, 하나님이 주실 복이 너무 크고 놀라워서, 너무 감격스럽고 너무 황홀해서 신기해하고 재미있고 또 행복해하다가 꿈이 깨었습니다.

꿈이 깼는데 마귀 대장을 심문한 것은 생생하게 기억이 나는데, 하나님이 일부러 그 꿈속에서 들은 내용을 감추셨는지, 바알세불에게서 들은 구체적인 비밀 이야기들이 하나도 생각나지 않는 것입니다. 분명 꿈속에서의 내가 감격하고 감사하고 황홀해하며 너무나 기뻤다는 그 감정이 느껴진 것을 보아, 분명 좋은 꿈이고 좋은 뜻이고, 훗날 이루어졌을 때도 세상을 깜짝 놀라게 할 만한 큰 축복과 응답의 내용이었으리라 믿습니다.

악한 사탄 마귀 바알세불도 이미 다 알고 있는 고한영 목사에게 부어주실 하나님의 축복과 도우리교회 부흥과 도우리교회 교인들 한 사람 한 사람에게 천만 배의 복으로 축복하고 응답하실 미래가 설레고 무척 기대됩니다. 도우리교회 부흥 하나님이 반드시 이루시리라 믿습니다.

생명을 다해 나를 지키시고
싸우시는 예수님

　　여러분은 중고등학교 학창시절을 어떻게 보내셨습니까? 제가 학교를 다니던 1980년대에는 특히 남자 고등학교가 정말 살벌하기 그지없었습니다.

　학교에는 선생님이 있다고 하지만 학생들 사이에는 보이는 않는 권력과 서열이 존재했고, 1진이니 2진이니 하는 권력 서열과 싸움 잘하는 사람이 학교를 통치하는 왕으로서 존재하던 시절이 있었습니다. 힘 있는 아이들, 싸움 잘하는 아이들이 돈을 빼앗고 갈취하는 일은 매일 있는 흔한 일이었고, 하루에도 두세 차례 크고 작은 주먹다툼의 싸움이 있던 곳이 내 어릴 적 고등학교의 모습이었습니다.

　그 중에서 내가 속한 반에 맨 뒤에 앉아 있던 아주 키가 크고 눈매가 매섭게 생긴 친구가 있었는데, 밤에는 나이트클럽에서 일하고 있었고, 이미 몸에는 문신이 새겨져 있었습니다. 벌써 무시무시한 조폭과 친분이 있었고, 가끔 학교 안 나오다가 다시 나오는 날은 얼굴이 여기저기 찢기고 긁히고 상처투성이가 되어서 큰 싸움판을 벌이고 온 것이 상처 난 얼굴에 그대로 표시되어 있었습니다.

　학교 내에서 내로라 하는 싸움 잘하는 친구들도 이 친구 앞에서는 오금을 저릴 정도로 카리스마가 넘쳤습니다. 그의 주변에는 늘 주먹깨나 쓰는 그런 류의 친구들이 빙 둘러서서 몰려다니곤 했습니다. 나도 학교 다닐 때에는 저 친구하고는 눈이라도 마주치지 않았으면 했고, 나를 때리려는 것은 아니지만 내 이름만 우연히 불러도 등골이 오싹하고 소름 끼치고, 혹시나 날 때리려 하나 하는 공포감이 슬쩍슬쩍 드는 경험도 있었습니다.

나의 어릴 적 시절의 경험이 아직도 내 마음에 자리 잡고 있어서일까요? 내 어릴 적 고등학교 시절 1진이라 하는 주먹들과 험상궂게 생기고 곁에 오기만 해도 오금 떨리게 만드는, 내 육체적 힘으로는 도저히 이길 수 없는 그와 그의 무리들이 꿈에 나타났습니다. 세월이 많이 흘렀는데도 꿈속에서 그 당시의 두려움과 공포감이 느껴지는데, 타임머신 타고 흡사 그 시절로 다시 돌아간 듯한 느낌이었습니다.

그를 따르는 1진이라고 자부하는 조폭 양아치 날라리 똘마니 같은 이들이 더 무섭습니다. 왜냐하면 싸움 두목이 시키기만 하면 잔인한 일도 서슴지 않고 행하기 때문입니다. 학교시절 그 싸움 두목이 자기 부하에 해당하는 친구에게 어떤 교실의 친구를 손 좀 봐주라고 했는데, 연필심으로 머리를 찍어서 피를 철철 흘리며 병원으로 실려가기도 했고, 힘없고 체구 작은 친구 하나를 교실 벽 쪽에 몰아놓고 네댓 명의 똘마니들이 발로 차고 주먹으로 얼굴과 가슴을 가격해서 피 흘리며 기절해서 응급실 구급차를 타고 급히 실려간 기억도 있습니다.

그런데 꿈속의 나는 그들과 목숨 걸고 싸우고 있었습니다. 이유는 단 한 가지였습니다. 꿈속에서 나는 큰아들인 고승원이를 데리고 있었는데, 세 살 정도 되어 보이는 어린 아기를 내 팔로 안고 있었습니다. 비록 꿈이었지만 꿈속에서 느끼는 두려움과 공포감은 깨어 있는 실제처럼 느껴지기에 상상을 초월했습니다.

그 조폭 양아치 똘마니들이 나와 내 아들 고승원이를 협박하고 죽일 듯이 싸움을 거는데, 어디서 그런 용기와 힘이 생겨나는지, 두려우면서도 필사적으로 싸웠습니다. 싸우는 이유는 오직 한 가지, 내 아들을 이 두려운 상황으로부터 지켜내고 싶은 그 마음 하나뿐입니다. 한 손에는 아이를 안고 다른 한 손으로 싸워야 합니다. 두 손으로 싸워도 역부족인데, 이렇게라도 싸울 수밖에는 다른 도리가 없습니다.

이를 꽉 깨물고 주먹을 날렸는데, 똘마니 중의 하나가 내 주먹을 맞고 기절한 듯이 땅바닥에 쭈욱 뻗는 것입니다. 이 상황을 지켜보던 다른 양아치 똘마니들이 약간 기세가 꺾였는지 주춤 물러서더니, 이렇게 협박을 하는 것입니다.

"우리 왕이 오면 너는 이제 완전히 죽었다! 네 아들 고승원이도 함께 죽이겠다!"

이렇게 엄포를 놓는 이 무리들을 오늘 여기서 처음 보았는데 어떻게 내 아들의 이름을 알고 있는지도 황당했습니다. 네 아들 고승원이를 죽이겠다는 협박에 내 가슴이 진정할 수 없이 부르르 떨리며 얼굴이 하얗게 질리도록 두려움과 공포감이 나를 엄습했습니다. 그래도 여기에서 한 치도 물러설 수가 없었습니다. 내가 절망하고 내가 두려워 포기하면 나만 죽는 것이 아니라, 세살밖에 안 된 내 소중한 아들이 저 흉악한 무리들에게 억울하게 죽임 당하게 됩니다. 이는 아빠로서는 상상할 수도 없는 일이었기에, 내가 죽을지언정, 내 목숨을 다할지언정 끝까지 저 악한 무리들과 싸워야만 하는 것입니다.

꿈속에서도 한 손에 승원이를 안고 몸을 이리저리 피해가며 한 주먹씩 내지르고, 그 똘마니들이 내 주먹에 정통으로 맞고 나가떨어졌다가도 다시 일어나 또 주먹다짐으로 달려들고 싸움을 거는데, 승원이를 한 손에 안고 싸우는 것은 그냥 양 손을 가지고 자유자재로 싸우기보다 열 배 백 배로 더 힘들었습니다.

싸우다가 상대방의 주먹과 발길질에 아이가 맞을세라 내 몸으로 맞으며, 내 얼굴로 맞으며, 내 등판으로 막아서며 기진맥진하도록 싸우고 있는 것입니다. 네댓 명의 양아치 똘마니들하고 내 마지막 목숨과 힘을 다하여 전심전력으로 싸우고 있지만, 체력이 고갈되고 점점 몸이 둔해지고 지쳐갔습니다. 그런데 저 앞에 내가 제일 두려워하는 고등학교 시절의 싸움 두목, 얼굴만 봐도 오금 저리게 만드는 이 양아치 똘마니들의 우두머리 왕이 점점 내 시선을 포위하고 압박해 들어오며, 죽음처럼 쿵쿵 다가오고 있는 것입니다. 엎친 데 덮친 격입니다. 사면초가입니다. 지금도 힘이 부치고 탈진하여 쓰러질 것 같은데, 저 두려운 존재를 내가 어떻게 막아낼 수 있을까? 싸워서 이길 수 있을까? 생각하니 내 머릿속 생각이 천 길 낭떠러지 추락처럼 아득해졌습니다. 이유는 어린아들 고승원이 때문입니다.

설령 이 싸움에서 내가 죽어도 좋지만, 끝내 내 아이를 지키지 못할 수도 있겠다는 생각과 그 두려움이 나를 더 두렵게 만들었습니다. 싸우면서도 이런 생각에 가슴이 아려오는데, 나는 아빠입니다. 내가 무너지면, 내가 쓰러지면, 내가 포기하면, 내가 이 싸움에서 지면 내 아이도 죽는 것입니다. 인생의 아름다운 꽃도 못 피워보고 저 흉악한 무리들에게 잔혹하게 죽임당할 것입니다.

다시 정신을 가다듬고 마지막 1분 1초까지 죽기 살기로 싸워서 꼭 내 아들을 지켜내려고, 다시 저 무리들을 향해 주먹을 불끈 쥐고 목숨 걸고 싸우려고 달려 나갑니다. 그때 갑자기 내 몸과 주변에서 주변의 어둠을 단번에 흡입해버리는 빛의 소용돌이가 일어나면서, 놀라운 현상이 기이한 모습으로 일어났습니다. 내 얼굴과 몸과 손과 발과 내 몸의 모든 것이 거대한 빛의 소용돌이 속에서 급속한 형질의 변화가 일어난 것입니다.

순간 나는 예수님으로 변하고, 내가 안고 있던 승원이는 바로 나 자신으로 변했습니다. 예수님의 한 손에 꼭 안긴 어린 아기인 나를 순간적으로 발견하게 됩니다. 예수님이 예수님 품에 안긴 어린 나를 잠시 바라보시며 엷은 미소를 내게 띠시며 말씀하셨습니다.

"아들아! 내가 너를 반드시 지키고 보호할 것이란다! 너는 염려하지 말거라!"

예수님이 입을 열고 말씀하시지 않았는데도 내 마음속으로 이런 음성이 자연스레 들리는 것입니다. 예수님이 나를 목숨처럼 아끼시고 지키시고, 너무나 많이 사랑하고 계시다는 생각이 가슴속 깊이 스며들듯이 깨달아지며 느껴졌습니다. 저 악한 무리들과 싸우려고 힘차게 달려 나가시는 나의 아빠이신 예수님의 그 늠름하고 강하신 얼굴을 바라보다가 꿈이 깼습니다. 새벽기도 가기 위해 알람시계 듣고 일어나기 5분 전에 꾼 꿈이었습니다.

그렇습니다. 예수님이 지금도 저와 여러분을 저 악한 세상과 더럽고 추한 악한 사탄의 영들의 도전과 공격과 협박에 홀로 맞서며 이렇게 목숨 걸고 나와 여러분을 지키시고 싸우고 계신 것입니다. 꿈을 통해 나를 사랑하시는 아빠 예수님의 그 절절한 사랑을 가슴 깊이 느끼는 오늘입니다. 새벽예배 드리러, 내 예수님 만나러 저 언덕 위 우리 도우리교회를 향하여 올라가는 길입니다. 계양산에서 흘러내려오는 내 머리를 그윽하고 맑게 해주는 아카시아 향기와 수많은 풀꽃, 산 내음 섞인 시원한 공기를 맘껏 들이마시며 성큼성큼 발걸음 재촉하는 청명한 새벽 아침입니다.

너희는 그들을 두려워하지 말라 너희의 하나님 여호와께서 친히 너희를 위하여 싸우시리라 했노라. (신명기 3:22)

야! 너도 가서 줄서서 기다리고 서 있어!

목회자들 중에도 영적 체험이 없는 분들은 방언 은사가 있는지, 귀신이 있는지 모르는 분도 많고, 그런 말이나 체험을 없는 것, 잘못된 것, 이상한 것으로 치부해버릴 때가 많습니다. 그러나 분명한 것은 성경도 증언하고 있고, 지금도 성령이 일하시고 있고, 악한 사탄 마귀도 우리 믿음이 자라지 못하도록 우리가 기도하는 것 막으려고 도전한다는 엄연한 사실이 있습니다. 고한영 목사도 처음에는 기도 중 마귀가 눈에 보이고 도전할 때는 무척 무서워했답니다.

전도사였고 개척교회 시절, 새벽에 함께 나와 기도하는 교인이 한 명도 없던 시절, 예배당에 나 혼자밖에 없고 홀로 새벽에 기도하는데, 강대상 위에 촛대를 손가락 끝으로 태앵 태앵 소리가 들리게 튕기며 기도하는 나를 깜짝깜짝 놀라게 할 때가 많았습니다. 그때는 그런 소리를 들으면 소름끼치고 무서워서 기도를 중지하고, 눈을 떠서 좌우를 살펴보면 아무도 없고, 오직 나 혼자만 덩그러니 예배당 안에 있는 것을 보게 되었습니다. 100% 마귀의 장난이었죠.

점점 믿음의 담력도 생기고 기도의 줄에 성령의 불이 붙기 시작하면서 마귀가 감각적으로 느껴지고, 마귀가 여러 가지 모습으로 도전해도 하나도 안 무서워지는 단계까지 믿음이 점차 성장하게 되었습니다. 항상 기도하던 내 뒤에서 머리카락 한 개를 잡아당기듯이 내 몸을 뒤로 끌어당겨 허리 중심을 무너뜨리고, 기도를 집중해서 못하게 방해하고, 얼음장처럼 찬 공기 가운데 나를 둘러싸고 오싹한 한기를 들게 하며, 기분 나쁜 목소리로 계속 기도하면 죽이겠다고 조폭처럼 협박하고, 어떤 때는 거대한 아나콘다 같은 대형 구렁이로 슬그머니 기어와서 혀를 날름거리며 내 몸을 칭칭 감고 조이며 협박하더니만, 오늘은 이 마귀도 전술 전략을 확 바꾸고 나타난 것입니다.

어느 날 집에서 늦은 저녁에 기도하고 있는데 환상이 보이더니, 엄청나게 예쁜 여자가 옷을 홀딱 벗은 나체의 몸으로 기도하는 내 옆으로 다가왔습니다. 더군다나 장기판을 들고 와서 나랑 장기를 두자는 것입니다. 대한민국에서 제일 예쁜 연예인보다 더 예쁘게 생긴 20대 초반의 아름다운 몸매를 한 벌거벗은 여인이 나를 유혹하는 눈빛으로 미소를 흘리며 서로 마주보고 장기를 두는 상황을 상상해 보시기 바랍니다.

시선은 자꾸 벌거벗은 여인의 육감적인 몸매로 갈 수밖에 없고, 장기 경기가 제대로 진행될 수 있겠습니까? 기도를 방해하고자 하는 것이요 영적인 환상의 상태이지만, 성적으로 유혹해서 내 믿음을 굴복시키고 타락시키려고 하는 것이지요.

그런데 재미있는 것은 장기의 한 수를 둘 때마다 나는 그 벌거벗은 여인의 마귀에게 말씀 한 구절씩을 친절하게 외워서 읽어주는 것입니다. 사실은 유혹되는 것이 문제가 아니라, 이 장기에서 내가 앞에 있는 아름다운 여인의 모습을 한 마귀에게 현혹되어 장기에서 지면, 귀신들림으로 지배당하거나 죽을 수도 있는 일, 장기 한 판에 내 목숨이 달린 일이기에, 내 등뒤에서는 그 긴장감으로 식은땀이 줄줄 흐르고 있었습니다.

장기판을 뚫어지게 보며 한 수 한 수 신중하게 장기 말을 옮기며 그녀(마귀)에게 하나님 말씀을 전했습니다. 그 섹시하고 예쁜 여자(마귀)는 처음에는 100% 승리를 자신하며 '너도 별수 있냐, 너도 남잔데' 장기고 뭐고 이 싸움에서 자기 자신이 분명 승리할 것을 확신하는 모습으로 자꾸 몸을 내 쪽으로 교태스럽게 몸을 비비 꼬며 움직이고, 은근히 유혹하며 눈꼬리 미소를 살살 지으며 장기를 두었습니다.

그러더니 내가 요동하지 않고 앞에 벌거벗은 여인이 있다는 생각조차 잊은 채 오른쪽 손을 턱에 괴고 장기의 다음 수를 고민하며 장기에 몰두해서 성경 말씀 한 구절에 장기 말을 한 번씩 신중히 옮기고 있는, 한·중 명인 국수전처럼 나라의 명예가 달린 듯 진지해진 내 모습입니다. 진짜 장기에 푹 빠진 사람처럼 장기에 몰두하고 있는 것입니다. 장기를 두다가 상대방이 장기 말을 안 움직이기에 그 여자를 쳐다보니, 세상에 뭐 이런 사람도 다 있느냐는 표정으로 얼굴이 까맣게 굳어져 있는 마귀(여자)를 보았습니다.

그러거나 말거나 또 성경 말씀 한 구절을 외워 읽으며 그녀의 귀에 들려주고 장기 말을 움직이려고 하니까, 세상에서 이런 소리 다시 들어볼 수 없을 것 같은 기괴하고 끔찍한 비명소리를 꽤애액 지르며 몸이 연기처럼 쉬이익 쉬이익 바람 빠져나가는 소리를 내며 기도하던 내 방에서 신속히 연기가 되어 빠져나갔습니다. 저녁 12시즈음 혼자 기도하고 있었는데, 시계를 보니 새벽 4시 30입니다. 4시간 반 동안의 환상이었고, 내 목숨을 건 장기 대국에서 말씀을 통해 아름다운 여자 모습의 마귀를 보기 좋게 물리친 것입니다.

장기 두는 동안 나는 마귀한테 약점 안 잡히고 유혹에 안 넘어가려고 평온한 얼굴로 장기를 두었지만, 환상에서 벗어나 깨어 내 몸을 보니 입고 입던 옷이 다 젖을 정도로 손에 진땀이 나고, 등줄기에서 땀이 줄줄 흐르고, 나라의 명운을 걸고 이쪽 나라 장군과 저쪽 나라 장군이 목숨 건 일대일 진검 승부를 끝낸 후, 사투 끝에 상대방 적장의 목을 베고 승리한 장수처럼 기진맥진하며 힘이 다 빠진 내 몸을 보았습니다. 하나님의 은혜로 말씀을 의지했기에 이겨낼 수 있었던 정말 최고 강도의 마귀 도전이었던 것입니다.

제가 늘 교인들에게나 청년들에게 이런 마귀들이 기도를 방해하고 나타나면, 마귀를 철저히 무시하라고 가르칩니다. 무시한다는 것은 마귀를 무서워하지 않는다는 것입니다.

어느 날 교회에서 기도하는데 검은 형체의 사람 같은 것이 내 뒤에 찾아왔습니다. 이제는 하도 많이 봐서 무섭지도 않고 "저 마귀 또 찾아왔네!" 하는 반응을 저는 보입니다. 마귀를 무시하고 가만히 기도하는데, 옆에서 뚫어지게 쳐다보는 느낌이 계속 듭니다. 그리고 내 뒤쪽에서 사람이 살살 걷는 발자국 소리, 어린이들이 후다닥 달려대는 소리도 들립니다. 이 한밤중에 기도하는 나 말고는 아무도 없는 공간에서 일어나는 일입니다. 이런 일을 겪어보지 않은 분들은 절대로 이해할 수 없는 일이요, 말도 안 된다, 거짓말이라고 말할지 모르지만, 경험해본 분들은 잘 아십니다. 절대로 거짓말이 아니라는 것을요.

이런 영적 경험이 분명히 있거든요, 기도하다가 마귀들을 내쫓고 다시 생각을 가다듬고 기도하다 보면, 기도 줄이 흐트러질 때가 많거든요. 그래서 기도를 깊이 들어가기 힘들어서, 마귀들이 나타나

방해하면 상당히 귀찮답니다. 뒤에서는 이런 소리 저런 소리, 쿵쿵 쿵 걷는 소리, 살살살 고양이처럼 걷는 소리, 어린아이처럼 후다닥 달리는 소리, 꽤 많은 소리들이 번거롭고 귀찮을 정도로 들립니다.

더군다나 아까 검은 형체의 망토를 두른 얼굴은 없는데 사람 모양 의 마귀 하나는 계속 나를 쳐다보는 것입니다. 보통은 기도하다가 이렇게 마귀가 무섭게 하고 깜짝 놀라게 하고 기도를 방해하면, 예 수 그리스도 이름으로 대적기도를 해서 내쫓고 다시 마음을 가다듬 고 기도하는 것이 상례입니다. 그런데 오늘은 기도하다가 눈을 떠서 내 옆에 모자까지 있는 검은 망토를 쓴 마귀한테 내가 그 마귀를 아주 무섭게 호통 치며 혼냈습니다. 뭐라고 그 마귀한테 혼내냐 하 면 "야! 너! 재들이 줄 서 있는것 안 보여? 야! 너도 가서 줄서서 기 다리고 서 있어!" 이렇게 내 옆에 붙어서 내 얼굴을 뚫어지게 보던 마귀한테 "야! 너도 가서 줄서서 기다리고 있으라!"고 마귀를 따끔 하게 혼내는 것입니다.

그리고서는 내 뒤를 보니 마귀들이 줄을 서서 기다리는데, 졸고 있는 놈도 있고 엎어져 자는 놈도 있고, 계단 복도 끝까지 마귀들이 줄서서 있습니다. 내가 기도를 끝낼 때까지 자기 순서를 기다리며 발을 동동거리며 줄을 서서 기다리는 수많은 각종 모습들의 마귀들 을 보았습니다. 나를 괴롭히려고, 내 기도를 방해하려고, 내 기도를 막으려고 찾아온 마귀들이 자기들 순서를 기다리며 계단 복도 끝까 지 줄서서 기다리는 것을 보며, 거기에 줄서 있거나 말거나 신경 쓰 지 않고, 마귀들을 철저히 무시하고 계속 기도하니까, 정한 시간대 로 하나님께 기도하고 눈을 떠보니 줄서서 기다리던 마귀들이 싹 다 가버리고 하나도 없는 것입니다.

저는 이때의 영적 체험이 하도 재미있어서 가끔 교회에서 은사 특강을 하거나 청년들에게 사명자 특강을 할 때 재미있는 표정으로 이때의 경험을 떠올리며 청년들을 가르치며 권면합니다.

"혹여, 너희들에게도 마귀가 기도 방해하려고 도전하면, 고한영 목사님처럼 해봐! 아주 효과 있어. '야! 너! 내 기도 끝날 때까지 줄 서서 기다리고 있어!'라고 말야."

마귀를 무시해버리는 것, 마귀를 조금도 무서워하지 않기에 오히려 마귀에게 명령하는 것, 이런 믿음이 있어야 그 하나님의 일꾼들을 마귀가 건들지도 않고 도전하지도 못하고, 그 담대하고 굳건한 믿음을 보고 마귀가 두려워서 떠는 것이랍니다.

여러분에게 수백 가지 다양한 방법으로 여러분이 하나님께 드리는 기도를 방해하는 사탄 마귀들의 방해와 공격이 있습니까? 이기는 방법은 간단합니다. 철저히 마귀를 무시하는 것입니다. 그리고 그 마귀들에게 이글이글 불타오르는 성령의 불방망이를 들고 엄하게 꾸짖고 명령하는 것입니다. 이것이 담대한 믿음이요, 마귀를 이기는 승리의 비결이랍니다.

포도알 하나의 은혜

2014년 11월 16일 추수감사예배는 그 준비과정이 몹시도 바빴습니다. 원래 계획된 일정으로는, 추수감사예배 드리고 난 후 함께 도우시는 남자 교인들과 함께 강화에 가서 배추 200포기를 수확해서 오후에 소금에 절이고 밤늦게까지 물 빼고 말리고 해야 도우시는 여자 집사님, 권사님들과 더불어 월요일에 본격적으로 겨울김장을 담글 수가 있기 때문이었습니다.

그런데 한참 추수감사예배로 바쁜 금요일 오전, 강화에서 이학봉 목사님의 휴대폰으로 연락이 왔습니다. 강화에서 농사를 지으시며 도우리교회에 배추를 주시는 분은 팀목회하시는 이학봉 목사님의 장인, 장모가 되시는 분이십니다. 내일 모레 주일에 비 소식이 있어서 내일, 그러니까 토요일에 배추를 가져가시면 안 되겠느냐는 것이었습니다.

이렇게 하여 갑작스레 일정이 바뀌어서 토요일 새벽에 고한영 목사를 포함한 팀목회 사역하시는 지용천 목사님, 이학봉 목사님 세 명이서 긴급 배추수확 미션을 수행하게 된 것이지요. 아침 10시 즈음 강화에 도착해서 오후 1시까지 전심전력 입에서 단내 나도록 일한 결과, 배추 200포기와 덤으로 주신 40여 포기의 배추와 더불어 무와 갓, 대파를 트럭에 가득 싣고 교회에 돌아오게 되었습니다.

숨 가쁘게 시작한 배추 수확과 김장의 전초전으로 피곤함이 쌓였지만 추수감사예배 준비에 미처 준비하지 못한 마무리 설교 준비 등으로 하루가 어떻게 갔는지 모르게 흘러가고 주일 예배도 은혜 가운데 지나갔습니다.

주일 오후부터 시작된 김장절임, 새벽 2시까지 배추 씻고 말리는 작업을 진행했고 월요일에는 함께하시는 교우들과 목사님들 사모님들과 더불어 배추 240포기, 김장의 대장정을 마칠 수 있었습니다.

뒷정리를 끝내고 천근만근 무겁고 지친 몸을 이끌고 집으로 돌아왔습니다. 이제부터 세상 누가 뭐라 해도 상관없이 미라처럼 오랜 시간 깊이 잠자고 싶은 생각뿐이었습니다.

오후 5시경 아파트 주차장에서 아내가 먼저 차에서 내려 몇 가지 짐을 가지고 들어갔고 추수감사절 때 하나님께 드리고 나서 남은 과일들 중 이것저것 과일 담긴 작은 종이박스를 들고 차에서 내리는 사이 박스에 맨 위 올려놓았던 포도송이 중 포도알 하나가 굴러 땅에 떨어졌습니다. 1~2초 사이였습니다. 그 포도알 하나를 줍고 몸을 돌려 집으로 가려는데 대처할 시간도, 생각할 겨를도 없이 몸이 붕 뜨며 1~2미터 저만치 날아가 떨어졌습니다.

TV에서만 보던, 말로만 듣던 자동차 사고를, 그것도 생애 처음으로 보행자 입장에서 상대방 자동차에게 사정없이 들이받히고 저만치 날아가 버린 것입니다.

차가운 땅바닥에 쓰러져 있는데 정말 머릿속이 백지가 된 것처럼 아무 생각도 나지 않고 어안이 벙벙 머릿속이 텅 빈 것 같았습니다.

'아! 이렇게 허무하게 죽는 것이구나. 죽는다는 게 이런 것이구나.' 순간 사랑하는 아내와 두 아들을 남겨두고 죽는다는 생각에 두려워졌습니다. 죽는 것은 두렵지 않지만 사랑하는 아빠를 잃고 남겨진 가족의 고통이 얼마나 클까 그 생각이 더 두려웠습니다. 희미한 기억 속에 우리 집은 원래 202호인데 머릿속에서는 우리 집이 302호이던가, 502호이던가, 기억이 헷갈리고 내가 아직 죽지 않은 것이면 아내에게 전화해야 하는데 빨리 내려와 달라고 말해야하는데 몸은 움직이지 않고 아내의 전화번호가 아무리 해도 생각나지 않는 것입니다.

그러고 몇 분이 지났을까, 몇 십 분이 지났을까. 아무도 없는 줄 알았다면서 카레이서가 운전하듯 급후진하여 사람을 치고 자기가 더 놀란 부엉이 눈의 50대 초반 아저씨가 어떡할꼬, 어떡할꼬, 발을 동동 구르며 지켜보고 있는 모습이 보이기 시작합니다. 머리를 정통으로 받고 뒤통수를 땅에 곤두박질하여 그 자리에서 사망하거나 최소 정강이나 무릎뼈가 부러지거나 부서졌을 상황, 누가 봐도 크게 다쳤을 상황이었습니다. 그런데 아까 그 포도알 하나가 떨어진 것을 줍고 일어나면서 몸을 15도 정도 왼쪽 옆으로 틀고 일어나는 바람에 엉덩이와 허벅지에 그 자동차의 뒷 트렁크와 아래쪽 충격이 대신 전달된 것입니다.

포도알 하나가, 하나님이 떨어뜨려 주신 그 포도알 하나가 고한영 목사의 생명을 지켜준 셈이었습니다. 의식이 뚜렷해지자 아파트 주차장 아스팔트에 누워 하나님께 감사기도를 드렸습니다. 하나님이 포도알 하나의 은혜로 날 살리신 것이구나. 하나님이 포도알 하나로 내 생명을 지켜주신 것이구나.

충격에 떨고 추위에 떨며 "나 자동차에 부딪혔어." 어눌하게 말을 더듬는 내 전화에 아내는 놀란 가슴으로 내려와서 나를 부축했고 사고를 낸 아저씨는 죄송하다고, 미안하다고 허리를 반쯤 굽히며 빨리 병원에 함께 가자고 미안함의 표현을 대신하고 있었습니다.

별것 아닌 것 같은 작은 사고로도 어이없이 생명을 잃는 경우가 얼마나 많습니까. 통장에 돈이 수억 원 있다고 안전한 것이 아니고 고래 같은, 궁궐 같은 집을 가지고 있다고 그 인생이 안전한 것도 아닙니다.

병원에 가서 몸이 아주 건강하고 암 같은 질병이 전혀 없다고 진단 받았다고 해서 안전한 것도 아닙니다. 하나님이 함께 하셔야, 하나님이 지켜주셔야 안전한 것이지요.

오늘도 포도알 하나의 은혜, 그 포도알 하나로 생명을 지켜주신 하나님의 은혜에 감사하게 됩니다.

"하나님, 후일 성도 수를 다 셀 수 없는 많은 성도들을 주시고 전무후무한 교회부흥을 주시고 세상사람 그 누구도 무시하지 못할 웅장한 성전을 짓게 된다 하더라도 고한영 목사는 그런 세상의 것에 의지하지 않겠습니다. 내가 의지할 분은 오직 예수 그리스도! 내가 자랑할 분은 오직 예수 그리스도! 예수 그리스도 한 분이면 족한 것을, 이 귀한 믿음의 진리를 포도알 하나의 은혜로 깨닫는 귀한 날입니다."

참새 두 마리가 한 앗사리온에 팔리지 않느냐. 그러나 너희 아버지께서 허락하지 아니하시면 그 하나도 땅에 떨어지지 아니하리라. (마태복음 10:29)

이것을 위해
지금까지 훈련받아왔는데요

수요일 꿈을 꾸었습니다. 간단한 꿈이었지만, 결코 잊을 수 없는 순종과 사명에 대한 깨달음의 꿈이었습니다. 꿈속의 내 사명은 지하 깊은 곳 동굴 속에서, 물이 가득 차고 사람 하나 간신히 지나갈 만한 폭이 좁은 동굴 속에서 숨을 꾹 참고 거의 숙달된 제주도 해녀 수준으로 5분 이상 숨을 참고, 길고긴 어둡고 차디찬 동굴터널을 지나 건너편 동굴 밖 사람에게 내게 부여받은 바 '메시지'를 전달해주는 일이었습니다

나는 꿈속에서도 묵묵히 오랫동안 이 일을 감당해온 것처럼 숨을 참고, 그 깊고 차고 어두운 좁은 통로의 동굴을 힘차게 헤엄쳐 가는 것이었습니다. 물이 가득 들어찬 동굴 터널 속으로 헤엄치려고 몸을 막 던지려는데, 누군가 내 뒤에서 나지막하지만 묵직하게 말씀하시는 음성이 들려왔습니다.

"이 일을 하다가 숨이 모자라 도중에 죽을 수도 있는데 너는 두렵지 않느냐?"

꿈속의 내 대답은 "두렵지 않습니다. 이것을 위해 지금까지 훈련받아왔는데요. 설령 죽을지라도 끝까지 이 사명을 감당할 것이고, 설령 죽게 되더라도 이 메시지 전달 사명은 어떻게든 완수하고 죽

을 것이니 염려하지 마세요." 하는 것이었습니다.

내게 죽을 수도 있는데 두렵지 않느냐 물으시는 그 음성에 흔들림 없는 대답을 드린 것입니다. 꿈속의 나는 컴컴하고 깊은 그 동굴로 거침없이 뛰어들어 한참 숨을 참으며 헤엄쳐 가다가, 실제로 한 5분 정도 거의 동굴의 끝부분에 다다를 즈음에 숨이 턱 끝까지 차오르는 몸의 상태, 숨을 참는 것이 한계점에 다다른 것처럼 숨이 꽉 막히는 마지막 죽기 진전의 상황에서 꿈이 깼습니다. 그런데 꿈속의 상황이 너무 생생하고 실제 같아서, 꿈을 깨고 일어나서도 모자란 숨을 보충하듯이 큰 숨을 들이마시고 내쉬며, 큰 숨을 들이마시고 내쉬며 마음을 진정시켰습니다.

새벽 4시 30분 새벽기도 가려고 교회로 걸어오며 신선한 아침 공기를 마음껏 호흡하면서, 목회하는 동안 겪은, 수많은 하나님의 뜻을 이루기까지 몸부림치며 통과해온 기다림과 인내의 훈련들이 생생한 추억처럼 떠올랐습니다. 낮아지고, 낮아지고, 더 낮아지는 나를 비우는 겸손의 인격과 영성을 온몸으로 체득한 훈련의 시간들을 돌이켜봅니다.

꿈속에서 내게 말씀하신 하나님의 음성, 내게 사명을 일깨우시는 성령님의 음성, "순종이란 이런 것이다. 사명이란 이런 것이다. 메시지란 이렇게 전달하는 것이다." 메시지(복음)는 바로 예수 그리스도이시며 내가 세상에 전해야할 그 메시지 사명은 복음의 본질이자 주체이신 바로 예수 그리스도이심을 세상에 증거해야 함을 뜨거운 감동으로 깨닫는 꿈이었습니다.

복음을 듣지 못해 목말라하는 수많은 잃어버린 영혼, 낙심한 영혼들을 향한 하나님의 사랑 메시지, 그 거룩한 복음 메시지가 어떻게 전달되어야 하는지, 내 생명을 다하기까지 복음 전하다가 생명을 잃을지라도 후회 없이 주님께서 내게 맡기신 사명. "이 일을 위하여 오랫동안 훈련 받았는걸요."라고 대답했듯이, "설령 죽을지라도 끝까지 이 사명을 감당할 것"이라고 약속했듯이, 그렇게 묵묵히 내 삶 다하는 끝 날까지 감당해야 한다는 내게 주신 하나님의 거룩한 사명을 다시 한 번 마음에 깊이 새기게 되었습니다.

야곱 같은 20년 동안의 라반 외삼촌 집에서의 연단이 있을지라도, 요셉 같은 13년 동안의 애굽 친위대장 보디발의 집과 감옥에서의 종살이, 옥살이 연단이 있을지라도, 이 모든 연단과 고난은 하나님이 분부하신 메시지를 복음을 애타게 목말라하는 세상 사람들에게 전달하는 과정임을 깨닫게 됩니다.

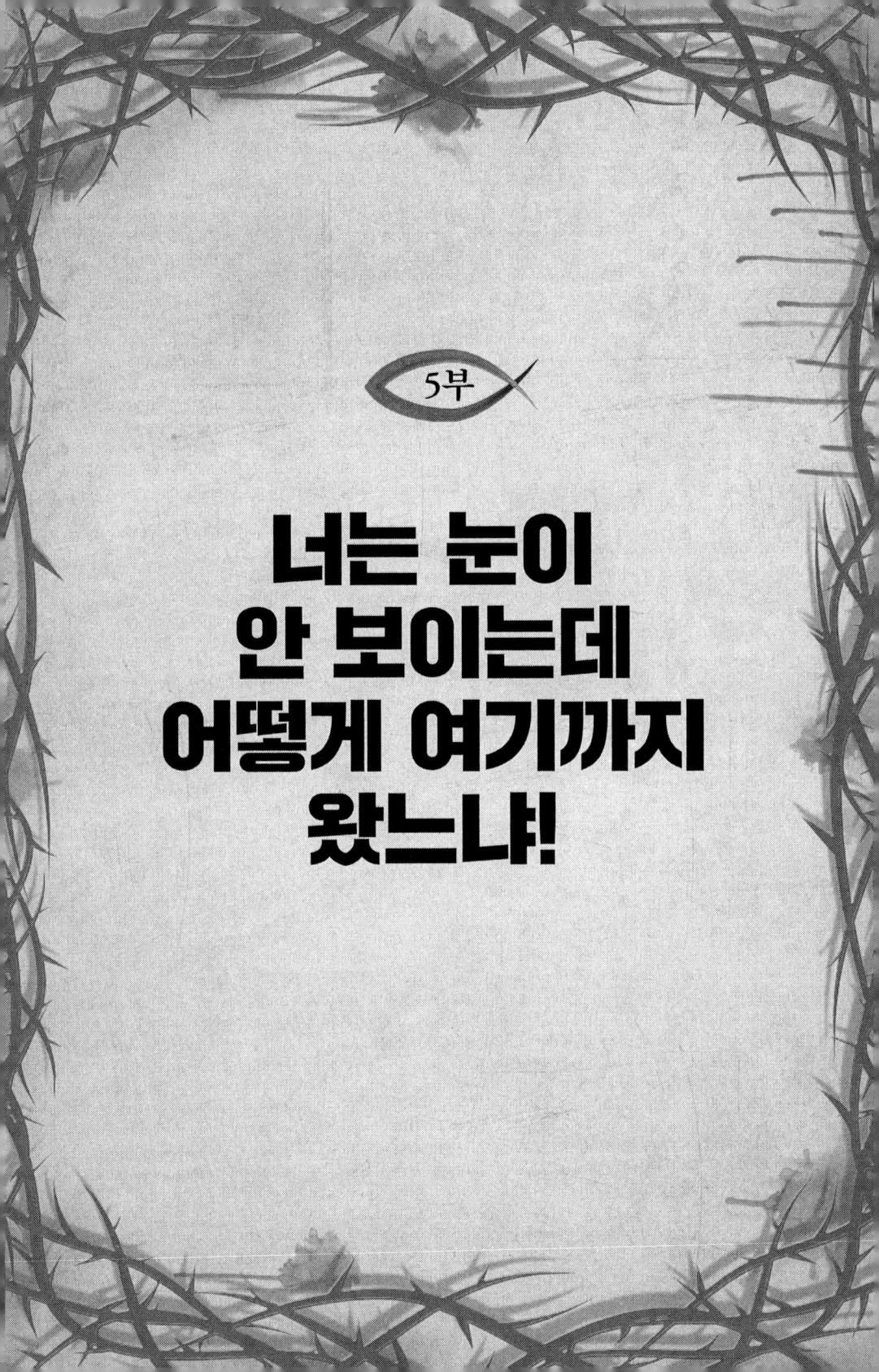

작은 셋방이라도 얻어서 독립시켜라!

오래전에 도우리교회 다니던 어느 교인 가정이 있었습니다. 하나님은 이 가정의 호주 된 남편 권사님에게 큰 복을 주고 싶으셨습니다. 남편 되는 권사님도 하나님께 사업의 길을 열어달라고 기도하고 있던 터입니다.

어느 날 이순자 원장님을 통하여 예언상담 중 하나님이 꼭 순종하라고 하시며 예언의 말씀을 주셨습니다. 특히 부부가 같이 상담을 받고 있었는데, 아내 되는 집사님에게 이렇게 말씀하시는 것입니다.

"시어머니에게 친어머니처럼 깍듯이 대하라!"

"집에서 얼굴을 볼 때도, 말을 할 때도, 같이 식사를 할때도 낳아주신 친어머니보다 더 소중하게 여기고 섬기라!" 하시는 것입니다. "이렇게 네 시어머니를 하나님 섬기듯이 잘 섬기면 네 남편의 길이 열릴 것이다!" 하셨습니다. 이렇게 원장님이 신신당부하며 하나님 말씀을 증거했고, 몇 달이 흘러갔습니다.

두 분은 몇 달 전부터 시어머니를 모시고 살고 있었는데, 시어머니가 둘째 아들네 집에 올라오신 이유를 이분들은 전혀 모르고 있었고, 그저 몇 달 계시다가 다시 시골로 가시겠지 정도로 생각했습니다. 아내 되는 집사님은 성격이 까칠하고 깍쟁이 스타일이어서 시어머니에게 피붙이처럼 살갑게 대하지 못하고 있었습니다.

그냥 부모에게 효도하면 하나님이 복 주신다는 말씀인가 보다 하며, 좋은 말씀이니까 노력이나 해보자 하며 나름대로 시어머니에게 잘해보려고 노력을 하긴 했습니다. 그런데 근본적으로 사랑하는 마음, 섬기는 마음이 없으니 계속해서 잘해드릴 수가 없었겠지요. 특히 시어머니가 나이가 드셔서 틀니를 끼고 계시는데, 식사를 같이 할 때마다 시어머니가 틀니로 밥을 씹는 어걱어걱 하는 소리가 끔찍하게 싫어서 같이 마주보고 식사를 안 하려 했다는 것입니다. 같이 식사하는 것을 싫어할 뿐만 아니라, 여러 가지 모습에서 시어머니는 며느리에게서 자기를 싫어하고 피한다는 느낌을 받아서, 기분이 나빴지만 아들 때문에 내색하지 않고 그 집에 계셨습니다.

그러다가 어느 날 식사를 같이 하는데, 본인이 끔찍하게 싫어해서 구역질 날 것 같다고 하는 시어머니의 밥 씹는 소리에 식사하는 자리에서 참았던 자기의 본색을 드러내며, 틀니로 소리 나게 밥 씹는 시어머니를 핀잔을 주고 무안하게 만들어서 대판 언성을 높이고 감정적으로 싸우게 되었습니다. 어머니는 안 그래도 불편했는데, 며느리의 그런 모습에 크게 상처받고 시골로 당장 내려가 버리셨습니다.

나중에 사연을 알아보니 이 집안에 첫째인 장남이 있었는데, 가산을 다 탕진하고 생활이 일정치 않은 삶을 살고 있어서, 장남에게는 자기 재산을 물려줄 수 없을 것 같다고 생각했고, 둘째 아들인 권사님 가정에 자기가 가지고 있던 수만 평의 땅을 팔아서 둘째 아들인 권사님에게 재산을 나누어주어 직장생활을 정리하고 하고 싶은 사업을 크게 하도록 해주려고 마음먹었다는 것입니다. 그런데 하필 그날의 사건으로 인해 며느리의 패씸한 행동과 언행에 화가 머리끝까지 난 어머니가 그 마음의 생각을 완전히 접었다는 것입니다. 자기가 죽을 때까지 그 땅을 가지고 있다가 죽을 때 유언으로 못난이 자식이라도 장남에게 물려주어야 하겠다고 생각을 바꾸었다는 것입니다.

그 여자 집사님은 나중에서야 그 사실을 알고 뒤늦은 후회를 했습니다. 하나님이 왜 시머니를 친어머니처럼 깍듯이 모시라고 했는지 그분은 몰랐고, 그 예언의 말씀을 온전히 순종치 못해서 하나님이 주신 물질 축복의 기회를 잃어버리고 만 것입니다.

그리고 또 하나의 사건이 있었습니다. 시골에서 올라온 사촌 조카가 있었습니다. 그 여자 집사님의 언니네 자녀이고, 이 사촌 조카에게는 특별한 애정이 많이 있었던 터라 그 시어머니인 할머니가 머무시던 방에서 살게 되었고, 거기서 직장도 다니고 결혼할 준비를 하는 듯이 보였습니다.

어느 날 그 두 분 가정에게 이순자 원장님과 상담할 기회가 있었는데, 상담 중에 이순자 원장님이 "성령께서 급하게 말씀하시니까 꼭 지키라!"고 하시면서 성령의 음성을 들려주었습니다.

"너희들이 살고 있는 고층 아파트 집에 조카를 데리고 있지 말고, 작은 셋방이라도 얻어서 독립시켜라! 이번 달 안에 그리하라! 이 일은 지체치 말고 반드시 순종하거라!" 하시면서 상급자 군인이 하급자 군인에게 명령하듯이 신신당부하며 엄하게 말씀하셨습니다.

두 분은 "그렇게 하겠습니다." 하고 대답했지만, 하나님의 명령을 뭐 별 것 있나 하며 소홀히 대했습니다. 이번 달 안에 그리하라 했는데, 소중히 여기던 조카라 과년한 여자인데 혼자 자취방 시키기도 뭐하고, 어차피 집에 방이 비어 있으니 월세 방 얻어주면 보증금

나가고 월세도 내주어야 하고, 떨어져 있으면 이것저것 신경도 못 쓰게 되니까 그냥 옆에 두고 시집갈 때까지 단 1년이라도 데리고 살아도 될 것 같고 해서, 원장님 통해서 들은 말씀이 있긴 하지만 찜찜하면서도 그냥 몇 달이 흘러간 것입니다.

어느 날 아침에 두 분 가정에서 저에게 다급한 전화가 걸려왔습니다. 저 또한 두 분의 전화를 받고 너무나 깜짝 놀라고 말았습니다. 그렇게 딸처럼 소중히 여기던 조카가 자신들이 살던 고급 고층 아파트 베란다에서 창문을 열고 뛰어내려 자살을 했다는 것입니다. 구급차가 오고 경찰이 오고, 난리통에 다급하게 울면서 어찌할 줄 몰라 당황해하며 내게 말했습니다.

"조카가 아파트에서 뛰어내렸어요. 어떡해요, 목사님." 하며 믿지 못할 지금의 상황에 대한 메시지를 전달하려고 전화 한 통 남기고, 너무나 끔찍하고 비극적인 조카의 죽음을 수습하게 된 것입니다. 저 또한 그 장례식에 참석하며 너무나 가슴이 아팠고 속상했던 기억이 납니다.

그분 가정은 장례식이 끝난 이후 자기 조카가 우울증으로 아파트에서 뛰어내려 자살한 이유가, 이순자 원장님과 고한영 목사가 기도를 열심히 안 해주어서 그렇게 된 것이라고 원망했습니다. 사람이 극심한 고통의 사건을 겪으면 무언가 원망의 대상이 필요하니까, 그렇게라도 마음의 자책을 덜고 싶었을 것입니다. 그분들은 사랑으로 아껴주고 잘되기를 바라며 진심으로 중보기도하던 목회자에게 조카가 자살해서 죽은 탓을 전부 돌리며 원망의 화살을 마음껏 쏟아 부었습니다.

결국 그 가정은 교회를 떠나가고 말았습니다. 하나님이 순종하라

하심은 생명을 살리기 위함입니다. 하나님은 이런 불상사가 일어나지 않게 하시려고 예방책을 미리 알려주셨습니다. 그런데도 그분들은 순종하지 않고 그 불순종의 책임을 목회자에게 떠넘겼고, 그런 모습이 더 마음 아팠습니다.

하나님이 우리에게 명령하신 것이 있습니까? 그것은 우리에게 좋게 하시려고, 복의 문을 여시려고 하시는 것입니다. 그래서 더욱 순종해야 합니다. 때로는 하나님의 긴급 명령이 있습니다. 그것은 우리의 생명을 지키고 보호하시기 위함입니다.

하나님이 주시는 예언의 말씀을 들어도 '해도 그만 안 해도 그만' 하는 식으로 가벼이 여기지 말고, 하나님의 뜻인 것이 100% 분별, 확인되었다면 꼭 순종해야 합니다. 이것이 얼마나 중요한 일인지 다시 한 번 고백하게 됩니다. 성경은 성령을 소멸하지 말고 예언을 멸시하지 말라고 말씀하고 있습니다. 그리고 지금도 하나님의 종 된 선지자들을 통해서 순종의 메시지를 전하고 계시는 것입니다.

하나님의 말씀, 특히 이 시대 속에서도 귀하게 들어 쓰시는 선지자들을 통한 예언의 말씀은 귀담아 듣고 순종하셔야 합니다. 하나님의 말씀을 아멘이란 순종을 통해 하나님이 준비하신 복과 응답의 문을 활짝 여실 수 있는 모든 분이 되시기를 기도합니다.

성령을 소멸하지 말며 / 예언을 멸시하지 말고 / 범사에 헤아려 좋은 것을 취하고 / 악은 어떤 모양이라도 버리라. (데살로니가전서 5:19-22)

제일 먼저 청빙 오는 사역지로 가라!

도우리교회에는 매주 많은 분들이 이런저런 사연을 가지고 하나님의 뜻을 묻고자 예언상담을 오십니다. 집사님, 권사님, 장로님들 같은 평신도들도 많지만, 그 중에는 목사님(사모님)들이 찾아오시는 사례가 많습니다. 많은 상담 사례 중 기억에 남는 한 가지 이야기를 함께 나누기를 원합니다.

멀리 지방에서 찾아오신 목사님이십니다. 그 당시 나이는 50대 중반이셨고, 아직 목회지가 정해지지 않아 불확실한 미래 때문에 몹시 불안해하시는 모습이 역력했습니다. 그분은 단도직입적으로 "언제쯤 어디로 목회지가 열립니까?" 하고 물으셨습니다. 그런데 이순자 원장님은 목회지를 다급하게 묻는 그분에게 그분의 기대와는 전혀 다른 이야기를 하시는 것입니다. "네 성격을 고쳐라! 첫째가 안이함이고, 둘째가 혈기다. 혈기를 고치라!" 하시는 것입니다.

성령님께 들려주시는 이야기를 듣자마자 그분은 갑자기 원장님에게 분풀이하듯이 마구 화를 내기 시작합니다. "내가 그딴 이야기 들으러 이 먼 데 찾아온 줄 압니까?" 하면서 역정을 내는 것입니다. 나이는 50대 중반이고 목회지는 정해지지 않은 현실에 자녀들은 장성했으니, 당장 물질적인 어려움과 목회지를 찾지 못할 것에 대한 불안함이 최고조에 달해 있었겠지요. 그런데 도우리교회 와서 목회자 사이에서 아는 사람은 다 아는 그 유명하다는 예언사역자 이순자 원장님 만나서 시원하게 목회사역지가 어디 있는지 듣고 싶어서 다섯 시간 넘게 자동차로 달려 긴 시간 각오하고 왔는데, 하나도 듣고 싶지 않은 엉뚱한 소리를 한다면서, 자기보다 10살은 나이 많으신 원장님께 화를 내시는 상황입니다.

하지만 원장님은 그분의 얼굴 붉히며 화내시는 이런저런 이야기를 자상한 어머니처럼 한동안 들어주셨습니다. 원장님을 통해 그 목사님에게 성령께서 주시는 음성은 그를 계속 위로하셨습니다. 그리고 본인의 다혈질 성격 때문에 그동안 목회하다가 얼마나 많은 말실수와 돌이킬 수 없는 시행착오를 겪었는지 풀어 설명하시며, 어린아이 달래듯이 다독이시며 이야기하셨습니다. 그러니까 방금 전까지 화를 내시던 그분도 원장님께 무작정 화낸 것 죄송하다고 거듭 이야기하면서 울먹이시는 것입니다. 마음이 급해서 그랬고, 답답해서 그랬고, 기도할 때도 늘 하나님께 빨리 복 주시지 않는다고 화만 내던 자기 모습이 많이 있었다고 고백하시며 마음을 진정하셨습니다. 그동안 섬기던 교회에서 쫓겨난 이유도 본인의 성격인 안이함과 자기 뜻대로 안 되면 불처럼 화부터 내는 혈기 때문이었음을 본인도 잘 알고 있음을 인정하시는 것입니다.

하나님은 그 목사님이 그동안 어떤 목회를 해왔는지, 본인의 성격으로 인한 갈등과 문제가 무엇이 있었는지, 그때 그 당시 그 현장에 있었던 분처럼 원장님이 소상히 캠코더 화면에 찍힌 것처럼 훤히 들여다보며 말씀하시니, 기이히 여기고 놀라면서 크게 깨우치는 모습이셨습니다. 그리고 돌아가서는 원장님 말씀해주신 성령 하나님의 예언처럼 자신의 좋지 않은 성격을 꼭 고치겠다고 결심하시는 것입니다.

이제는 혈기 내지 않고, 교인들에게 화부터 내지 않고, 듣는 것 많이 하고, 목회일도 꼼꼼히 하겠다고 다짐하시는 것입니다. 성령께서 그분에게 사역지에 대한 답을 하나 주셨습니다.

"너에게 제일 먼저 청빙 오는 사역지로 가라! 그곳은 교회는 건물이 있으나 성도가 적고 사례비도 못 주는 곳이다. 그러나 그곳에 가서 네 성격을 고치고 열심히 목회하면, 많은 열매를 맺게 하실 것이다!"라고 예언해주셨습니다. 그러면서 어떠한 일이 또 있을지를 알려주시는 것입니다.

"두 번째로 너를 청빙하고자 하는 교회가 있을 것인데, 그곳은 교회 건물도 있고, 성도수가 많고 사례비도 넘치게 주는 곳이지만, 장로들이 드세서 너는 평생 월급쟁이 목사가 될 것 각오해야 한단다." 하시는 것입니다.

"세 번째로 청빙 오는 교회가 있을 것인데, 그곳은 성도수도 많고 사례비도 넉넉히 주지만, 그 교회의 창립 멤버 교인들이 교회를 장악하고 있어서 너는 그들의 생각과 뜻대로 움직이는 허수아비 종이 되어야 될 것이다. 너는 이 세 가지 교회 중 어느 길을 택하겠느냐!" 하고 물으시는 것입니다.

하나님은 이렇게 세 군데에서 청빙 연락이 올 것인데, 성도 수가 적고 당장에 사례비도 줄 수 없는 제일 먼저 첫 번째 청빙을 청한 교회로 갈 것을 순종하기 원하셨습니다. 그 목사님은 담담히 원장님 통하여 들려주시는 성령의 음성에 귀 기울이더니 "하나님이 기뻐하시는 뜻대로 순종하겠습니다" 하며 상담을 잘 마치고 돌아가셨습니다.

저는 이 이야기가 8-9년 전의 오래 지나간 이야기이지만 늘 마음에 생각납니다. 나라면 어느 교회를 택했을까 하고 말이지요. 나라면 당장에 월급 많이 주는 교회를 택했을까, 교인 수가 이미 많은 교회를 택했을까 하고 말이지요. 그러나 정답은 교인도 적고 월급도 줄 수 없는 곳이어도 하나님이 기뻐하시는 곳, 하나님이 가라 명령하시는 곳이 가장 복된 교회, 가장 복된 길이 되리라 믿어 의심치 않습니다.

너는 언제쯤 내 공부 할래?

많은 목회자들이 신학교를 졸업하고 신학대학원을 졸업했는데도 개척목회를 두려워합니다. 좀 더 배워서, 좀 더 공부해서 하겠다고 유학을 떠나는 분들도 많이 있고요. 좀 더 경험과 실력을 쌓아서, 좀 더 유명한 사람 밑에서 훈련받고 자신감이 생기면 나중에 하겠다는 분들이 많습니다. 석사학위 따고 유학 갔다 오고, 박사학위 따고 선교사 몇 년간이라도 해보고, 지금으로는 부족하다며 목회를 머뭇거리고 망설이며 시작 못 하는 분들이 의외로 많습니다.

2009년도 어느 날 어떤 목사님이 상담을 찾아오셨습니다. 목회가 어려워 고민 중이라 하십니다. 목회는 20여 년 넘게 해왔고 나이는 50이 넘었는데, 왜 목회가 어려운지 하나님의 뜻이 궁금하다고 하셨습니다. 그분이 개척한 교회의 어려운 이야기들을 듣고 현재의 고충들을 털어놓는데, 성령님께서 말씀을 주셨습니다. 이순자 원장님 통하여 하나님이 들려주시는 예언의 음성은 "너는 언제쯤 내 공부 할래?"였습니다. "내 공부 안 하니까 목회가 어렵다." 하시는 것입니다.

이 짧은 몇 마디의 예언에 그 목사님은 짐짓 놀라며 많은 것을 깨닫는 것 같았습니다. 20여 년의 목회 중 본인이 생각하시기를, 어려운 형편일지라도 공부를 더 많이 하면 언젠가 교인들이 자신의 지적 수준을 알아주고 높이 평가해줄 날이 있을 것이라는 생각이 들었다는 것입니다. 원래 목사님이 되려면 신학대학원을 나와야 하고 그러면 이미 신학석사 학위가 하나가 있는 것입니다. 그런데 이분은 아내의 집에서, 또 자신의 집안에서 여기저기 돈을 빌리고 얻어서 심리학 석사학위, 상담학 석사학위를 두 개나 더 공부하신 것입니다. 석사학위 따려면 기본 3년 이상 걸립니다. 1년에 두 번 내는 등록금이 장난 아니고, 책값이며 교통비며 식사비용 등 부대비용이 엄청 많이 듭니다. 일반대학교 신입생처럼 아침 일찍부터 일어나 학교 가야하고 저녁까지 수업이 있습니다. 그렇게 일주일 내내 하루 종일 과제물이며 책을 읽고 학점 따는 일에 매달려야 하는 것이 상식입니다.

그런데 이분은 개척목회를 하며 이 어려운 공부를 해내신 것입니다. 공부 많이 하는 것이 나쁘다는 이야기가 아닙니다. 석사학위 따는 것이 잘못된 일이라는 것도 아닙니다. 이렇게 석사학위 따고 공부 많이 하면, 자신의 지식과 설교 수준을 교인들이 알아보고 교회가 부흥할 것이라고 생각하신 것이 하나님 앞에서 가장 큰 잘못입니다. 당연히 공부하는 일에 관심사를 두다 보니 새벽기도 안 할 때도 있고, 건너뛸 때도 있고, 설교 준비할 시간도 별로 없고, 몇 명 안 되는 교인일지라도 더 많은 관심과 사랑을 쏟아야 하는데, 공부하는 일, 석사학위 따는 일에 더 투자하다 보니 하나님 공부에 소홀해지는 것입니다. 하나님은 이것을 꾸짖고 깨우치시고자 하시는 것입니다. 그 어려운 과정에 석사학위 세 개나 따신 그 목사님에게 "너는 언제쯤 내 공부 할래? 내 공부 안 하니까 목회가 어렵다."라고 하시는 것입니다.

목회자에게 있어서 성공의 정공법은 말씀 공부, 기도 공부일 것입니다. 구약성경, 신약성경 통독하며 읽고 묵상하고, 읽고 묵상하고, 하나님 말씀을 파고 또 파며 연구해야 하는 것입니다. 하나님의 뜻과 계획을 알고자 더 하나님 앞에 무릎 꿇는 '무릎학' 석사학위를 따야 하는 것입니다. 내 지식의 수준이나 설교의 유창함을 교인들이 알아봐주기를 기대하는 것이 아니라, 하나님이 내 믿음의 그릇이 깨끗하게 되었다고 인정하실 때까지 하나님이 알아주시기를 바라야 하는 것이 목회자가 가져야 할 기초적인 마음자세이겠지요.

오늘도 고한영 목사는 하나님이 되었다 하실 때까지 말씀 공부, 기도 공부 열심히 해서 하나님이 수여하시는 '말씀학' 석사학위, '무릎학' 박사학위 받게 될 그날을 소망해봅니다

제발 좀 성경을 읽어라!

　몇 년 전의 일입니다. 도우리교회에 예언상담을 신청하고 한 남자분이 찾아오셨습니다. 그는 현재 신학대학교 4학년 졸업반이면서 전도사 사역을 감당하고 있는 분이었습니다. 그가 도우리교회 찾아와서 이순자 원장님을 통하여 듣고 싶은 예언의 내용이 있었습니다. 그것은 이제 신학대학교 졸업반인데, 졸업하면 자신의 개척지는 어디이며, 그곳에 자기를 기다리는 교인들이 많이 준비되어 있는지를 알고 싶어 했습니다. 그 전도사님 생각에는 신학대학교 졸업반이니까, 하나님이 자신이 시작할 목회에 착착 개척지며, 자신에게 충성할 교인이며, 준비되어 있을 것이라는 부푼 기대를 가지고 있는 듯했습니다.

　평소에 상담실 들어가면 1시간은 기본으로 상담하고 나오는데, 이분은 너무 일찍 나왔습니다. 그리고 그분이 떠나고 나서 원장님도 조금은 황당했는지, 상담 나눈 이야기와 하나님이 들려주신 이야기를 저에게 들려주시는 것입니다.

　"나의 개척할 지역은 어디이며, 그곳에 개척하면 금방 부흥하고 교회가 커집니까?"라고 묻는 그에게 이순자 원장님 통하여 들려주시는 성령님의 음성은 아주 간단했습니다. "너는 내 종이라 하면서 성경도 안 읽느냐!" 하시는 질책의 말씀이었습니다. "너는 전도사가 되어 신학대학교 졸업반이 되었는데, 왜 성경을 한 번도 다 읽지 않았느냐!" 하고 혼내시는 것입니다.

신학대학교 입학해서 지금 졸업반이 되는 4년 동안 성경을 한 번도 통독해본 적이 없다는 것이지요. 성령님은 또한 그가 어려서부터 지금에 이르기까지 단 한 번도 성경을 구약에서 신약까지 통독해본 적이 없다고 말씀하셨습니다. 한마디로 온전히 성경 1독 해본적이 없다는 것입니다.

이 말을 전해들은 그는 굉장히 신기해하는 것입니다. 정말로 자신은 어려서부터 신학대학교 졸업반 된 서른 살이 다 된 지금까지 단한 번도 성경책을 다 읽어본 적이 없다고 시인했답니다. 자신이 성경을 읽었는지 안 읽었는지 하나님이 그런 것도 다 아시냐면서, 신기하다고만 이야기하는 것입니다. 고한영 목사 경우에도 고 3때 신학대학교 입학을 마음에 두고 성경을 1번 읽었습니다. 그리고 신학대학교 입학해서 또 한 번을 읽었습니다. 그리고 4학년 때 방학 기간을 이용해 또 한 번 성경을 통독한 경험이 있습니다. 고한영 목사는 신학대학교 졸업할 때까지 적어도 세 번은 성경을 통독한 것이지요.

아마 어려서 교회에 다니고 사명을 알게 되어 신학교에 입학하고 전도사가 되어 사역하는 중에, 그리고 개척 나가기 전, 신학대학교 졸업반 즈음에 다시 한 번 성경을 읽는 경우가 보편적인 사례입니다. 그런데 상담 찾아온 전도사님은 나이 서른이 다 되고 졸업반이 되어 개척목회 나가기 직전인데도, 단 한 번도 성경을 통독해본 적이 없는 것이었습니다. 그분이 한 번 읽었는지 두 번 읽었는지, 구약만 읽었는지, 성경을 10번 정도 읽었는지 우리는 모릅니다. 그러나 성령님은 우리의 앉고 섬을 정확히 아시지요. 성경을 읽으면 하나님이 어떻게 일하시는지, 성경 속의 인물들이 어떤 믿음을 가졌을 때에 하나님이 귀히 쓰셨는지, 교만하거나 불순종하면 어떤 어려움을 겪었는지 깨닫게 됩니다. 하나님은 그런 주의 종의 자질과 인격을 갖추기 위해 성경을 읽으며 하나님의 성품을 배우고 하나님의 뜻을 배우기를 원하시는 것입니다. 원장님은 그에게 숙제를 주었습니다.

"오늘 전도사님에게 이야기할 내용은 하나도 없답니다. 집에 가서 오늘 상담한 이야기를 곰곰이 생각해보고 한 달 걸리든 두 달 걸리든 성경 1독 하고 다시 상담 찾아오면, 그때는 성령께서 전도사님의 개척목회가 어떻게 예비되었는지 알려주실 것입니다."

이렇게 권면했습니다. 그는 성경 1독 읽는 것이 무엇이 그리도 중요한가, 오늘 시원하게 자기 앞길 말해주면 될 것을, 귀찮게 성경 1독 읽으라고 한다면서 약간 신경질 난듯이 투덜대며 상담실을 나가는 것입니다. 서른 살 다 되도록 성경 1번 안 읽은 것은 어떻게 아는가 신기해하면서요. 성경 읽으라는 성령님의 권면은 듣기 싫고 순종하기 싫은 것 같아 보였습니다. 그는 몇 년이 되는 지금까지 도우리 교회에 다시 상담 찾아온 적이 없습니다.

성경도 1번 안 읽고 목회가 잘되기만을 바라던 그가 지금 어떤 목회를 하고 있는지 실로 궁금해집니다. 우리의 믿음 따라 일하시는 하나님의 마음을 이해하고, 말씀을 채우며, 더 깊이 기도하며, 성령님이 주신 뜻대로 순종하며 사는 것이 가장 형통하고 복되며 인생 속에서 백전백승 승리하는 비결이 될 것입니다.

"너는 제발 좀 성경을 읽으라!"는 성령님의 음성을 오늘 내게 말씀하시는 하나님의 음성으로 새겨듣고, 성경 말씀을 내 삶 속에 가득 가득 채우는 여러분이 되시기를 축복합니다.

두려워하지 말고 미국으로 가라!

어느 날 도우리교회에 큰 교회 부목사로 계시는 분이 상담 차 찾아오셨습니다. 그 부목사님이 섬기는 교회는 이름만 대면 알 만한 유명한 대형교회입니다. 그리고 이분은 그곳에서 부목사로 10년 가까이 오랫 동안 섬기신 분입니다.

이분이 찾아오셔서 예언의 음성으로, 하나님의 뜻으로 분별, 확인하고 싶으신 것은 본인의 거취 문제였습니다. 당시 교회에서 담임목사님의 은퇴를 앞두고 후임자에 대해서 많은 이야기가 있었나 봅니다. 특히 수석 부목사인 이 목사님은 장로님들이 새롭게 세우고 싶어 하는 담임목사님이 되실 유력 휴보였습니다. 그만큼 10년이 넘는 섬김에서 성실함과 실력과 인격, 설교적 능력 모두 인정받으신 것이지요.

많은 장로님들 중 몇 명 장로님이 귀띔하며 부목사님이 우리 교회 담임목사 하는 것으로 열심히 밀고 있다고 하시는 것입니다. 또한 교회 내 성도들의 다수도 새로운 담임목사님으로 세워질 분이 지금의 이 부목사님이 되셨으면 좋겠다는 눈치이고 분위기였습니다. 그래서 이 부목사님도 담임목사로 추대될 가능성이 높아 보이기에 내심 기대도 많이 하시는 상황이었습니다.

그런데 다른 통로를 통해 미국 어느 교회에서 이분이 자기네 교회로 오셨으면 하는 청빙이 들어왔다고 하시는 것입니다. 지금 섬기시는 교회는 말 그대로 대형교회이고, 교계에 이름 있는 유명한 교회고, 지금 섬기는 교회에서 담임목사로 세움 받는다면 그보다 좋은 일은 없겠지요. 그에 반해 청빙 청해온 교회는 미국이라는 것, 미국에서 이민 목회를 잘할 수 있을까 하는 두려움이 있었고, 혹여나 이쪽에서 담임목사가 될 수도 있는 상황인데 어찌해야 하나 하는 중대한 선택과 갈림길에 서 계신 것입니다.

그래서 수소문하다가 도우리교회를 알게 되었고, 도우리교회는 아주 작은 교회이지만 정확한 하나님의 음성을 분별할 수 있을 것이라는 주변 목사님들의 권면에 용기를 내어 시간을 만들어 인천까지 내려오신 것이지요. 오신 목사님에게 이순자 원장님 통하여 주신 하나님의 뜻은 이랬습니다.

"너는 지금 섬기는 교회 담임목사 절대로 안 된다! 현재 은퇴 앞둔 담임목사가 이미 내정해둔 사람이 있다! 조금 있으면 새로 세움 받게 될 새 담임목사가 너를 비롯한 기존의 섬기던 모든 부목사들과 사역자들을 아무 대책이나 보상 없이 내보낼 것이니, 거기 있으면 미국 가서 좋은 교인 만나 좋은 목회 새롭게 할 수 있는 기회마저 잃게 되고, 10년 동안 열심히 섬긴 것, 현재의 담임목사님께 충성한 것 하나도 보상받지 못하고 토사구팽 당하게 될 것이다."

한마디로 현재 섬기는 교회에서 담임목사 절대로 안 되니 혹시나 하는 기대 갖지 말고 더 늦기 전에 빨리 사표 내고 나와서 청빙 온 바로 그 미국 교회로 어서 가라고 하시는 것입니다. "두려워하지 말고 미국으로 가라!" 명하시는 것이지요. 이 목사님은 원장님에게 들으신 하나님의 말씀을 100% 믿고 확신을 가졌고, 10년 넘게 정들며 사역했던 그 대형교회를 떠나서 미국 이민목회를 하러 담대히 떠나가셨습니다.

얼마가 지났을까요? 미국으로 가신 그 목사님에게서 도우리교회로 연락이 왔습니다. 여기 미국에서 만난 교인들이 얼마나 천사 같고 목사님을 섬기는 모습이 마치 하나님을 섬기듯이 그렇게 충성스럽다는 것입니다. 공기도 너무 좋고, 아이들 교육환경도 너무 좋고, 교회 목회도 너무 즐겁고, 사례비도 그전의 부목사 시절과는 비교 안 될 정도로 만족스럽고, 이순자 원장님이 아니었으면, 하나님의 지혜가 아니었으면, 이 좋은 교회, 이 좋은 교인들 못 만날 뻔했다는 것입니다.

본인이 그 대형교회를 떠난 후 담임목사님이 단독적으로 일방적으로 내정한 목사가 새로운 담임목사님이 되셨고, 원장님이 미리 알려주신 것처럼 거기에 있던 10명이 넘는 부목사님들과 다른 사역자들이 급히 쫓겨나다시피 다 사임하게 되었다는 것입니다. 혹여나 담임목사님이 될 수도 있겠다는 희망으로 그곳에 있었으면, 자신도 사역지 없이 토사구팽될 뻔했다는 것입니다. 그래서 고맙다는 인사로 국내에 남아 있는 친척들에게 부탁해서 100만 원은 넘어 보이는 고가의 거대한 나무 화분을 교회로 보내셨다는 것입니다.

다음날 우리 도우리교회에는 천장에 닿을 듯 말 듯한 키 큰 나무 화분이 배달되었습니다. 그 목사님은 보내주신 나무 화분에 비해서 자신이 받은 은혜가 너무 크다며 감사의 인사를 잊지 않으셨습니다.

그렇습니다. 순종이 축복의 지름길입니다. "두려워하지 말고 미국으로 가라!" 명하신 하나님의 음성에 순종하신 것, 그 순종으로 말미암아 하나님이 예비해두신 그 놀라운 복과 응답을 목사님이 온전히 받으셨던 것입니다. 지금도 "두려워하지 말고 내가 네게 지시할 땅으로 가라!" 명하시는 주님의 음성에 순종하는 우리 모두가 되기를 소망합니다.

부모가 두 번, 네가 직접 두 번 서원하지 않았느냐!

몇 년 전의 어느 날이었습니다. 부모님과 그분의 자녀들인 두 자녀가 함께 도우리교회에 예언상담을 찾아왔습니다. 찾아오신 분은 현직 목사님이셨고, 동시에 한의원도 운영하시는 원장님이었습니다. 섬기시는 교회에 대한 여러 가지 질문과 함께 데리고 온 두 자녀에 대한 하나님의 뜻을 알고 싶어 하셨습니다. 목사님이 되기 훨씬 전에 한의사가 되어 현재까지 한의원을 계속 경영하셨고, 후일 주의 종 사명을 확인하고 신학을 마치고 조금 늦게 목회자 사명도 함께 감당하고 계시는 상황입니다.

간호사 직원도 다섯 명 이상 거느리고 지역에서 진료를 잘 보는 한의원 원장님으로 소문나 있으셔서 경영도 잘 되고 있어서, 수입과 생활상에는 아무 어려움이 없으신 것 같았습니다. 그런데 문제는 교회였습니다. 한의원도 하면서 목회도 하다 보니 교회 쪽에 신경을 많이 못 쓰시는 상황이고, 특별히 교회가 부흥하지 않고 가족들만 몇몇 있는 것처럼 어려운 것입니다.

교회는 전형적인 개척교회의 모습입니다. 한의원을 경영하니 생활에는 아무 어려움이 없지만, 목회자의 정체성으로는 교회가 성장하지 않고 주일날만 몇몇 인원이 드리는 초라한 예배의 모습에 마음

고생이 많이 있으신 듯했습니다. 그래서 "왜 교회가 부흥하지 않는 것입니까? 다른 하나님의 뜻이 있으신 것입니까?" 하고 하나님께 여쭙고 분별 받기를 원하시는 것입니다.

이순자 원장님 통하여 하나님이 들려주시는 예언의 음성은 "너는 한의원만 하든지 목회만 하든지, 둘 중에 하나만 선택하라!"는 것입니다. "한의사로서 한의원을 해도 좋다. 목사로서 온전히 목회만 해도 좋다. 그런데 중요한 것은 둘 중 하나를 선택하라!"는 것입니다. 한의사를 내려놓고 목회를 택하면 하나님이 감당할 수 있도록 물질과 부흥의 길을 열어주실 것이라는 것입니다. 그런데 당장에 한의사를 내려놓으면 안정적으로 한 달에 400-500만 원 이상 벌며 넉넉히 생활하는 삶을 잠시잠간일지 몇 년 간 포기해야만 합니다.

금방 교회가 부흥할 수 있는 것도 아니고, 목회에만 전념 한다고 하면 극단적인 비유로 당장 전기세, 전화세도 못 내고 자녀들 학교 교육도 돕지 못하는 가난하고 궁핍한 삶을 내심 각오해야 하는 것입니다. 당장 닥쳐올 개척목회의 현실은 두렵고 엄두가 안 나고 무서울 것입니다. 그 선택은 오로지 그 목사님의 결단에 하나님은 맡기시는 것입니다. 첫 번째의 교회에 대해 궁금한 점은 일단 해결되었습니다. 목사님이 믿음으로 잘 순종하셨으리라 믿습니다.

그런데 사실은 이보다 더 큰 갈등 문제가 있었고 이 문제 또한 하나님의 지혜로 풀 수 있기를 바라셨습니다. 데리고 온 두 자녀의 인생 진로가 이 가족에게는 참으로 풀기 힘든 갈등 상황을 만들어서, 마치 전쟁 같은 힘든 시간들을 보낸 것입니다.

첫째인 남자 학생은 고 3인데 부모가 그 자녀가 어릴 적 하나님께 주의 종으로 드리겠다고 서원한 적이 있어서, 첫째를 신학대학교를 보내서 주의 종으로 만들고 싶은데, 첫째 아이가 절대로 그럴 수 없다고 극구 극렬한 반대를 하는 것입니다. 아빠 엄마가 왜 내 인생을 결정하고 맘대로 하나님께 서원했느냐는 것입니다. 자신은 뛰어난 음악적 재능도 있으니 음대 쪽이나 음악 관련 학교로 진학하고 싶다는 것입니다. 이 갈등 문제가 부모와 자녀 간에 언쟁과 다툼을 만들어서 서로 간에 좋지 않은 감정으로 적대시하고 있는 초긴장 접전 중의 갈등 상태였습니다.

"왜 나를 이곳 도우리교회에 같이 데리고 와서 같이 진로상담을 받아야 되느냐!"고 툴툴거리는 불평불만이 이만저만이 아닙니다. 고3인 그 아이에게 원장님이 이렇게 성령님의 음성을 대언하셨습니다.

"네 부모가 두 번 내게 서원을 했고 너도 내게 네 입으로 직접 두 번이나 서원하지 않았느냐! 네가 중학교 때 수련회 가서 눈물 콧물 쏟으며 울며 두 손 들고 내게 평생 주의 종으로 네 삶을 드리겠다고 내게 서원하지 않았느냐! 그리고 네가 고등학교 들어가서 또 수련회 때 내게 주의 종의 길을 가겠다고 네 입으로 직접 서원하지 않았느냐!"

그리고 연이어서 하시는 성령님의 음성은 "네게 음악적 재능을 준 것이 네가 음악대학교 가라고 준 재능이 아니다. 하나님의 종으로, 하나님 기뻐하시는 음악사역 하라고 준 재능이지 않느냐!" 하시는 것입니다.

방금까지 전형적인 사춘기 청년처럼 툴툴거리며 반항심이 가득했던 그 고3학생은 입을 다물지 못하고 놀라워하면서 순식간에 순한 양처럼 되었습니다. 그리고는 정말 제가 중학교 때, 그리고 고등학교 들어가서 수련회 때 하나님께 서원한 일이 있었음을 시인하는 것입니다. 그 자리에서 "내 입으로 하나님께 약속드린 것 분명히 맞고 부모님 뜻대로 신학대학교 가겠습니다"라고 순순히 이야기하는 것입니다.

부모님도 놀라고 그 첫째 자녀 자신도 놀라면서, 하나님이 자기가 어릴 적 두 번이나 서원했던 이야기를 하나도 잊지 않으시고 지금도 기억하고 계셨다면서, 한편 감격하고 흥분하며 신기해하고 놀라움을 금하지 못하는 것입니다. 이렇게 주의 종으로 가지 않겠다고 버티던 첫째 아이는 순순히 순종의 길, 자기가 하나님께 서원한 대로 그 길을 가겠노라고 하는 것입니다.

이제 마지막 문제 상황은 막내이자 둘째인 딸의 문제입니다. 이 아이도 하나님께 주의 종으로 사모로서 그 길을 가게 하겠다고 부모가 서원했었는가 봅니다. 그런데 아직 중학생이니까 어리기도 하지만, 아빠 엄마가 한의원 원장님으로는 존경받고 생활에 어려움이 없었지만, 10년이 넘는 세월 동안 교인이 가족 몇 사람밖에 없는 전형적인 개척교회의 어려운 형편들을 눈으로 똑똑히 들여다본지라, 훗날 개척교회 하면서 그 개척교회 사모의 고달픈 삶을 자기도 엄마처럼 똑같이 반복할 것을 상상하니 절대로 그 길을 안 가고 싶다는 것입니다.

그런 생각을 갖고 있으니 교회 안에서도 열심히 신앙생활 못 하고, 엄마 아빠에게 오빠가 행동한 것처럼 반항심만 커져서 청개구리처럼 엄마 아빠 말씀 안 듣는 교회 일 이 핑계 저 핑계 돕지 않는 신앙 불량 학생이 된 것입니다. 그런 사모의 길을 절대로 안 갈 거라고, 이래저래 엄마 아빠 속 썩이는 자녀의 모습을 하고 있었던 것입니다.

이 둘째에게 하나님이 주시는 말씀은 가히 기발한 발상 전환이요 위로의 말씀이었습니다. 성령님께서 주시는 말씀은 "너는 사모가 고생만 하는 줄 아느냐!"라는 것입니다. 보통 상식적으로 사모님이 된다는 것, 개척교회 하게 되고 물질고생, 마음고생, 사람고생 다 하는 것이 인지상정입니다. 그런데 하나님은 그 아이에게 "사모가 고생만 하는 것은 아니다"라는 새로운 대안을 제시하신 것입니다. 네가 착실히 믿음의 사람으로 기도가 준비되고 기도의 분량이 쌓이면, 너랑 훗날 만나게 될, 목사님 될 네 남편 될 사람도 믿음이 준비된 사람 만나고 기도가 준비된 사람 만나고, 그리고 이미 그쪽 부모님이 연단이 끝나서 하나님께 복의 복을 한없이 받고 있는 믿음의 유산이 있는 부유한 가정의 남자를 만나면, 네가 사모가 되어서 목회할 때에는 고생할 필요가 없다는 것입니다. "사모는 고생만 하는 줄 아느냐!" 물으시며 그 아이가 가지고 있던 개척교회 사모님에 대한 편견을 깨뜨리며 깨닫게 하시는 것입니다.

그 둘째 아이도 얼굴에 놀라움을 금하지 못하면서 "아하! 그렇구나!" 하는 나름대로의 깨달음이 있는 것 같았습니다. 그 아이도 그 자리에서 부모님께 "부모님이 서원하신 대로 그 길을 가겠습니다." 하고 공손히 대답하는 것입니다. 하나님은 우리의 부정적인 어리석은 생각과 편견들을 깨뜨리신답니다.

하나님 앞에서 안 된다, 할 수 없다 말하지 말고, 된다, 할 수 있다, 이루신다 말씀하시는 하나님의 음성에 귀 기울여야 하겠습니다. 우리의 아주 어릴 적 읊조리며 나지막하게 말했던 서원, 어쩌면 내 기억 속에서 까마득히 잊힌 서원까지도 하나님은 하나도 잃어버리지 아니하시고, 잊지도 아니하시고 기억하고 계십니다. 또한 우리에게 더 나은 삶, 복된 삶을 주시고자 우리에게 더 넓은 그릇이 되라고 준비시키시는 것입니다.

오늘도 하나님이 말씀하시고 행하실 미래를 꿈꾸며 기도로, 믿음으로 오직 예수 그리스도 그 품으로 힘차게 달려갑니다.

사람이 여호와께 서원했거나 결심하고 서약했으면 깨뜨리지 말고 그가 입으로 말한 대로 다 이행할 것이니라. (민수기 30:2)

너는 눈이 안 보이는데
어떻게 여기까지 왔느냐!

오래전 도우리교회 예언상담 찾아오셨던 분의 이야기입니다. 그 당시는 고한영 목사가 도우리교회로 직접 예언상담 찾아오시는 분들이 전화 주시면 예언상담 날짜도 잡아드리고, 찾아오신 분들에게 상담을 안내해드리던 시절입니다. 50대 후반쯤 되신 남자 분이었고, 겉으로 보이기에는 아무 문제 없어 보이는 분이었습니다. 저의 안내를 받아 그분은 이순자 원장님 상담실로 들어갔습니다. 원장님은 상담을 진행할 때 성령께서 들려주시는 대로 즉문즉답 식으로 상담을 진행합니다. 상담실에 앉자마자 처음 본 그분에게 원장님이 이렇게 말씀을 전했습니다.

"너는 눈이 안 보이는데 어떻게 여기까지 왔느냐?"

이렇게 위로의 대화를 하시는 것입니다. 찾아오신 분은 갑자기 왈칵하고 참았던 눈물을 폭포수처럼 쏟기 시작합니다. 사실 여기까지 물어 물어 찾아오는데, 눈이 실명 직전이라서 희미하게 사람 윤곽만 보이고, 큰 글씨로 쓰어 있는 간판만 글씨 윤곽이 간신히 보인다는 것입니다. 전철을 갈아탈 때마다 옆 사람들에게 여기가 무슨 역인지 재차 삼차 확인하며, 온몸의 진땀을 빼며 목숨 건 사투를 벌이듯이 벽을 더듬으며 땅을 기다시피 찾아온 것입니다. 그분은 "너는 눈이 안 보이는데 어떻게 찾아왔느냐?"라는 그 한 마디에 하나님이 나의 사정을 다 알고 계셨구나 생각이 들자, 그 동안 참아왔던 설움과 감정이 북받쳐 눈물을 흘리신 것입니다.

사실 그분은 대한민국 내에 예언사역으로 유명하다는 교회들을 벌써 아홉 군데를 다녀왔다는 것입니다. 가서 자신의 상황을 설명하지 않고 그냥 문제가 있어서 찾아왔다고만 이야기했는데, 예언사역 한다는 분들 중 자기가 눈이 안 보이는지 아는 사람은 단 한 명도 없었다는 것입니다. 예언자라고 하는 분들이 다들 하는 이야기들이 사업이 어려운 이유는 주의 종의 사명을 받아들이지 않아서, 불순종해서 그런 것이라고 했다는 것입니다. 자신의 처지와 상황을 하나도 모른다는 것입니다. 크게 실망을 하고 집에 돌아왔다가 마지막 실낱 같은 희망을 가지고 인천의 도우리교회에 마지막으로 예언상담하러 찾아와본 것이라고 말합니다.

제가 어째서 아홉 군데나 예언상담을 받으러 다녔는데 열 번째 마지막으로 도우리교회에 예언상담 오셨는가를 물어보니, 그 중에 도우리교회가 개척교회 수준으로 제일 작아서, 교회가 작으니 믿음이 안 가서 망설이다가, 혹시나 해서 이제야 용기를 내어 왔다고 합니다.

두 번째 원장님을 통해 성령님께서 그분에게 하시는 말씀은, "너는 너 스스로 생각해도 주의 종 자질이 아닌데, 네가 무슨 주의 종인가 의문을 갖고 있지 않느냐!" 하는 것이었습니다. 그러면서 너는 주의 종 사명 확실히 아니니, 평신도로서 하나님 잘 섬기면 된다고 하셨습니다.

그분은 예언사역 한다는 교회 아홉 군데를 다니면서도 그 예언자라고 하는 분들이 계속 망하는 이유도, 사업이 안 되는 이유도 주의 종 사명 안 받아들여서 그런다고 하니까, 정말 내가 주의 종 사명 받은 게 맞는가 아닌가 확인해보고 싶었다고 합니다. 그러면서 늘 마음속에 생각하기를 '내 스스로 생각해도 절대로 주의 종 될 그릇이 아닌 것을 내가 더 잘 아는데, 어찌 주의 종 되라고 하라는 것일까?' 하는 강한 의문이 들었다는 것입니다.

그런데 도우리교회 와서 이순자 원장님 통하여 들려지는 성령의 음성은 그분의 의문점을 한 번에 해결해주었습니다. 이제는 이순자 원장님 통하여 들려주시는 말씀들이 사람의 생각으로 상상해 때려 맞추는 이야기가 아닌, 놀라운 하나님의 음성으로 말씀해주시고 계심을 본인 스스로 확신하시는 것입니다. 자기가 '주의 종 사명 아닌 것을 내가 더 잘 아는데…'라는 자신의 속마음을 성령님께서 정확히 보신 것입니다.

또한 세 번째 그분이 묻고 싶었지만 다른 예언자 분에게 묻지도 않았던 질문을 이순자 원장님이 먼저 이야기하셨습니다.

"너 그 돈 못 돌려받는다."

그분은 너무나 소름끼치도록 놀라워하며 어떻게 자기가 이 문제로 근심하고 걱정했는지 아는지 놀라워하시는 것입니다. 사실 이분이 눈이 안 보이게 되기 시작한 문제가 가까운 분에게 몇 억 원을 빌려주었는데, 그 상대방이 그것을 갚지 않고 이리저리 피해 다니는 상황이어서, 한 마디로 믿었던 가까운 사람에게 사기를 당했기 때문이었던 것이지요. 그것이 분하고 걱정되어서 잠 못 이룬 날이 너무 많고, 먹어도 소화도 안 되고 그러더니, 어느 날부터 시력까지 점점 희미하게 되더라는 것입니다. 원장님은 그분에게 "네가 어리석게 투자했고 그 돈은 걱정 염려한다고 돌려받을 수 있는 것이 아니니, 더 마음의 병을 키워 시력을 잃지 않도록 깨끗이 잊어버리라."고 말씀 해주셨습니다. 그분은 어느 정도 못 받을 수 있다는 것을 알고는 있었지만, 하나님의 음성을 통해 받게 될 것인지 아니면 못 받게 될 것인지 정확한 확인 분별을 원해서 하나님께 기도하시고 온 것입니다.

네 번째는 그분에게 원장님이 이렇게 말씀하셨습니다. "네 아내하고 이 문제로 크게 싸워 등 돌리고 자고 이젠 각방에서 별거하며 지낸 것이 벌써 한 달이 넘지 않았느냐?"

이 대답에 지금까지 계속 놀랍고 놀라웠는데, 성령님께서 이 일까지 아시다니, 하고 더욱 놀라워하는 모습입니다. 그분의 입술로 실제로 돈 빌려주고 못 받은 일로 인해 부부간에 몇 차례 크게 싸우고 현재 별거한 지 한 달이 넘었다는 것입니다. 자신의 가정이 부부간에 금슬이 좋고 행복한지, 마음이 상해 이혼할 사람처럼 다투고 원수처럼 별거하고 있는지 사람이 어찌 그 속사정을 알겠습니까? 하나님만이 아실 수 있는 일이겠지요.

그분은 이제야 하나님이 살아 계시고 우리의 형편 사정을 너무나 잘 아시는 주님이신 것을 깨닫게 되어 돈 못 받게 된 것은 어쩔 수 없지만 도우리교회 찾아와서 예언상담을 통해 하나님이 살아 계시고 역사하신다는 사실을 깨닫고 경험할 수 있다는 사실이 더 기뻐서 감격하며 감사하며 기쁨의 눈물을 흘리셨습니다. 그리고 도우리교회가 작아서, 이런 작은 교회가 무슨 예언의 능력이 있겠느냐 무시하고 더 일찍 찾아오지 못했던 자신의 교만과 어리석음에 대해서도 이순자 원장님에게 진심 어린 사과를 하셨습니다.

예언사역을 한다고 하지만 사실은 걸음마 단계인 초보 예언자가 너무나 많은 시대입니다. 예언의 영을 받지도 않았는데 목사님들이면 누구나 말할 법한 뻔한 신앙 권면을 하면서 예언자 흉내 내는 가짜 예언자도 많은 시대입니다. 교회가 크면 당연히 예언의 능력도 믿을 수 있겠지, 진짜이겠지, 하는 착각에 빠지는 신앙인들이 얼마나 많을까 생각해보았습니다.

도우리교회는 세상의 기준으로는 너무나 작은 교회 맞습니다. 그러나 그 예언의 능력까지 작은 것은 절대로 아닙니다. 교회의 겉모습인 부흥은 하나님의 약속하신 것을 믿고 그 날과 그 때까지 순종하며 기다리는 것입니다. 하나님의 때에 하나님의 방법으로 도우리교회 뿔을 높이시고 그 부흥을 이루실 것을 믿습니다.

찾아오셨던 분은 본인의 시력이 저하되는 이유를 정확히 알고 가셨고, 주의 종 사명이 아님을 확실히 확인하고 가셨고, 더 이상 근심 걱정 염려 안 하면 다시 시력이 회복될 것이라는 말씀도 받고 가셨고, 빌려준 돈 때문에 더 이상 근심하지 말고 잊고 새롭게 시작하라는 권면을 받았고, 아내와 오래 별거하는 것 하나님이 기뻐하시지 않으니 빨리 화해하고 복된 가정 이루라고 권면 받고, 가벼운 발걸음으로 응답받고 집으로 돌아가셨습니다.

하나님은 지금도 살아 계시고 역사하고 계십니다. 우리의 걸음 걸음을, 머리카락 하나까지도 정확히 다 아시는 만군의 주 여호와 하나님이십니다. 이순자 원장님도 고한영 목사도 교회가 작다고, 지금은 이 작은 도우리교회가 무슨 능력이 있겠느냐, 와보지도 않고 판단 받고 조롱 받을 때가 있지만, 묵묵히 하나님이 기뻐하시는 예언 사역, 치유사역 내 생명 다하는 그날까지 감당하리라 다짐해봅니다.

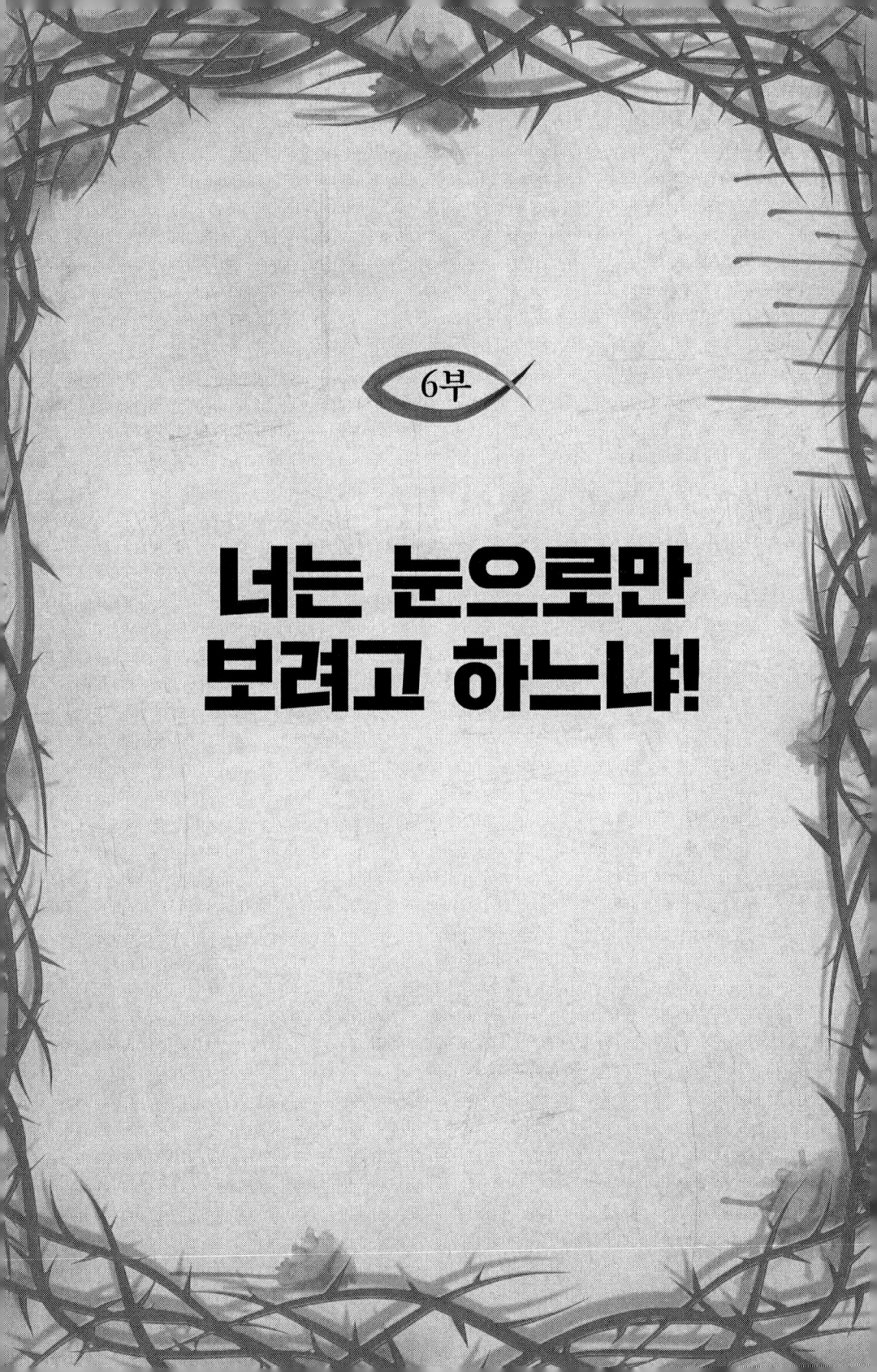

6부

너는 눈으로만
보려고 하느냐!

십일조 어떻게 하십니까?

교회를 다니고 신앙생활을 하다 보면 어떤 성도이건 한 번은 꼭 극복하고 넘어야 할 산이 있습니다. 그것은 십일조에 대한 문제입니다. 십일조 내라는 설교만 들으면 경기 일으키듯 싫어하는 사람도 있고, 십일조만 아니면 교회 다닐 만한데 물질적으로 부담되어 죽겠다는 소리를 하는 분들도 많이 있지요. 그런데 십일조는 하나님이 명령하신 것임을 아십니까? 더군다나 십일조는 하나님이 내게 복의 복으로 부어주시는 물질과 응답의 축복의 통로가 된다는 것을 아십니까?

언젠가 도우리교회에 예언상담 받으러 오신 여자 집사님이 계셨습니다. 이분은 중소형 교회에서 여선교회 회장도 맡아 열심히 목사님을 돕고 교회에서 기둥처럼 섬기는 일꾼입니다. 그런데 최근에 남편이 하는 사업도 자꾸 어려움이 찾아오고, 자기가 하는 사업에도 어려움이 찾아오고, 특히 금전적인 어려움이 더해지는데, 왜 그런지 이유를 알고 싶어서 찾아오신 것입니다.

오셔서 상담 하실 때 이순자 원장님에게 눈물로 그동안 어떻게 하나님 섬기려고 노력했는지 호소하시는 것입니다. "사업하느라 여러 가지 피곤해도 새벽기도 한 번 안 빠지고 열심히 기도했는데, 왜 이렇게 어려운 것입니까? 사업이 마무리 바빠도 교회 일을 우선순위에 두고 교회 가서 전도 나가고 교회 청소하고, 몇 백 명 넘는 교인 중에서 누가 1등이냐 물어보면 자타 공인 '당신이 제일 교회에서 봉사 많이 하십니다!' 할 정도로 하나님께 열심히 한 것 하나님도 아시지 않습니까? 그런데 왜 이렇게 물질적으로 더 어려워지는 것입니까? 예배도 1년 52주 빠진 적 없고, 새벽기도도 빠진 적 없고, 교회 봉사도 1등으로 열심히 섬기고, 교회에서 직분 맡아서, 특별히 여선교회 회장 맡아서 솔선수범하며 더 열심히 하나님께 잘하려고 노력했는데 '하나님, 왜 이렇게 하시는 것입니까?'" 하면서 울며 자기 집에 찾아온 물질적인 어려움에 대해서 하나님의 뜻과 마음을 정확히 알고 싶다고 하시는 것입니다.

원장님은 그분의 그동안의 사정을 묵묵히 들으시더니 이순자 원장님 통하여 성령께서 말씀하셨습니다. "그것은 네가 단 한 가지를 지키지 않아서이다!"라고 말씀하셨습니다. "너는 십일조를 하지 않는구나! 너는 내 것을 도적질했기 때문에 내가 복을 줄 수가 없었구나!" 이렇게 대답하셨습니다. 이 이야기를 듣던 분은 이해가 되지 않는 표정으로 억울하다며 바로 반문하시는 것입니다.

"아니요, 원장님, 저 십일조 분명히 했는데요. 사업이 어려워도 십일조 한 번 안 빼고 다 지켜 행했는데요. 제가 십일조를 안 했다는 말씀이 도무지 이해가 안 되는데요." 하고 따져 물으셨습니다. 그때 원장님 통하여 성령께서 그분에게 이렇게 말씀을 주십니다. "너는 그동안 온전한 십일조를 하지 않고 월정 헌금을 했지 않았느냐! 너는 정해진 액수를 십일조 봉투에 담아 십일조라며 헌금했는데, 그것은 십일조가 아니다. 그것은 월정 헌금이다!"

이 말을 듣자마자 그분은 너무나 크게 놀라셨습니다. "제가 월정 헌금 하는 것 어떻게 아셨을까요?" 하고 얼굴이 부끄러워서 볼이 빨개지시는 것입니다. 사실 사업이 어려워졌을 때 원래 벌던 금액의 돈이 있는데, 그보다 훨씬 버는 돈이 적어지니까 그대로 감당할 수는 없고, 사업이 잘돼서 다시 물질적으로 여유가 생길 때까지 "저희 형편 아시죠? 하나님 봐주세요." 하며 월정 헌금으로 매달 백만 원을 벌어도 10만 원, 200만 원을 벌어도 10만 원, 300만원을 벌어도 10만 원, 얼마를 벌든지 10만 원을 십일조 봉투에 담아, 이렇게라도 하나님께 철저히 십일조 생활 잘하고 있다고 자긍심을 가지고 있었던 것입니다. "어려워져도 나는 십일조만큼은 꼭 지키고 있다. 하나님도 칭찬해주시겠지. 이 정도면 나는 믿음생활 잘하고 있는 것이다."라고 스스로 만족하며 생각하셨다는 것입니다.

이제 남편도 자기 자신도 사업이 어려워진 것은 온전한 십일조 하지 않았기 때문이라는 사실을 다시금 뼈 저리게 깨닫게 된 것입니다. 온전한 십일조를 드리지 않으면 복의 통로가 막힌다는 것을 그분은 여기 도우리교회 와서 예언상담을 통해 정확히 깨닫게 되신 것입니다. 하나님은 그분에게 위로의 말씀과 약속의 말씀을 해주셨습니다.

"네가 봉사 열심히 한 것 잘 안단다. 네가 새벽마다 기도로 열심히 나아간 것 내가 기뻐한단다. 예배를 목숨처럼 여기고, 예배 한 번 빠지면 죽는 것 같이 열심히 예배로 나아간 것 내가 잘 안단다. 그래서 내가 너에게 너의 가정에 네가 상상 못 할 복을 주려고 하는데, 네가 사업이 어려워진다고 월정 헌금을 십일조라고 하면서 내는 것 때문에 복의 통로가 막혀버렸었구나. 네가 깨닫게 될 때까지 내가 얼마나 기다렸는지 너는 아느냐? 오늘 이후부터는 얼마를 벌든지, 사업이 어렵든지 어떻든지, 그런 환경을 말하지 말고, 온전한 십

일조를 하거라! 그리하면 내가 너에게 어떤 복을 부어주는지 네가
보고 무척 놀라게 될 것이다!"

이렇게 말씀을 주셨습니다. 그분은 그날 너무 많은 깨달음을 가지
고 다시 환한 얼굴로 돌아갔습니다. "이제는 잠시 잠깐의 물질적인
어려움 때문에 핑계대고 월정 헌금해서 축복의 통로가 막히게 되는
일은 절대로 안 할 것이고요. 이제야 이것을 깨닫다니, 그동안 얼마
나 어리석었는지 확실히 알았어요. 원장님께서 저를 딸처럼 따스하
게 타일러주시고 하나님의 뜻을 알려주셔서 너무나 감사드려요."

그렇게 고마움의 인사를 남기시고 예언상담을 잘 마치고 집으로
돌아가셨습니다.

몇 달 전에 어떤 목사님이 도우리교회에 예언기도 받으러 오셨는데
이분은 교회도 제법 큰 교회이고 책도 베스트셀러 기록하는 책을 여러
권 내신 명 저자이시고, 부흥회에 자주 초청받아 다니시는 소위 말하
는 유명 부흥강사입니다. 목사가 개인적으로 겪는 곤란한 일을 아무리
교인이 많아도 교인에게 차마 물어볼 수는 없는 일이요, 자칭 유명 부
흥사라서 하나님 뜻을 성도들에게 가르치는 분인데, 자기가 누군가에
게 물어보러 간다는 것은 자존심 상하는 일이요, "부흥사 목사님도 모
르는 것이 있으신가요?"라고 질문 받을 수 있는 창피한 일이 될 수도 있
습니다. 그러나 자꾸 목사님의 개인 가정에 물질적인 어려움들이 이상
할 정도로 반복되게 찾아왔습니다. 물질적인 어려움이라기보다는 물질
적인 문제가 되는 상황이 이상하게 자주 발생하는 것입니다.

교회가 크고 사례비도 많이 받으시는 분이고 물질로 인하여 어려움
받을 일이 전혀 없는 분이신데, 물질적으로 큰 목돈이 자꾸 빠져나가
는 일, 남에게 원치 않는데 손해를 입히고 큰돈을 물어 주어야 되는

일이 너무 반복적으로 생기니까 내심 걱정도 되고, 하나님과 목사님 본인 사이에 무슨 문제가 생겼는가 해서 노심초사하셨습니다. 그러다 가 도우리교회에 상담 와본 적이 있는 분들을 통해 이순자 원장님이 예언사역자라고 들은 바가 있어서 부흥사라는, 대형교회 목사라는 자존심 내려놓고 도우리교회에 예언상담 받으러 찾아오신 것입니다.

"저는 목사로서 부끄러운 일 한 적이 없고, 나름대로 목회 열심히 하고 있었는데, 지금 겪는 일들이 무엇 때문인지, 정확히 하나님 앞 에 잘못한 것이 무엇이 있는지 고쳐야 할 것이 무엇이 있는지, 하나 님의 음성을 듣고 싶습니다."

원장님은 그 목사님에게 단도직입적으로 책망하고 크게 혼내시면 서 성령의 뜻을 전하셨습니다. "너는 왜 내 십일조를 도둑질하느 냐!" 그러자 그분은 "저는 십일조 정확히 떼고 있는데요. 교회에서 사례비가 나오면 그날 바로 떼서 정확히 십일조 했는데요." 하고 반 문하시는 것입니다. 그에 대해 이순자 원장님 통하여 주시는 성령의 깨우치심은 이렇습니다. "너는 왜 부흥회 가서 받은 사례비를 한 번 도 십일조 내지 않는 것이냐? 너는 왜 책이 많이 읽히고 잘 팔려서 베스트셀러 되어서 인세가 매달 네 통장으로 큰돈이 입금되는데, 왜 내 십일조를 도둑질하느냐! 그리고도 네가 목사냐! 네가 부흥사 냐! 내 종이냐!" 하면서 따끔히 혼내시는 것입니다.

목사님은 소름끼칠 정도로 깜짝 놀라셨습니다. "어떻게 나만 알고 있는 일을 저렇게 아실까?" 예언 은사가 있어서 하나님이 사람들의 비 밀히 숨긴 이야기들을 은사자들의 예언을 통해 드러나도록 성령께서 말씀하셔서 상담 받는 분들이 깜짝 놀랄 정도로 마음에 숨긴 일까지 낱낱이 들려주신다는 것을 귀로 들어 알고 있었지만, 이렇게 세미하게 자신의 속사정을 아시는가 해서 크게 놀라셨습니다.

　그분의 고백입니다. 그동안 부흥회 사례비, 책값 인세는 십일조 한 번도 하지 않았고, 덤으로 생기는 보너스처럼 생각하셔서 자기 것으로 다 취해서 마음 가는 대로 쓰셨다는 것입니다. 부흥회 다녀와서 받는 사례비가 교회에서 주는 한 달 사례비보다 많을 때도 있었고, 매달 들어오는 인세가 상당한 액수였지만, 교회에서는 자기가 얼마큼의 부흥회 사례비를 받는지 알 수도 없고, 보고할 의무도 없고, 그래서 십일조는 당연히 안 해도 되는 것처럼 생각하셨고, 그렇게 나도 모르게 하나님 것을 도적질하고 있는 줄도 몰랐다고 크게 깨닫는 모습이십니다.

　그동안 왜 부흥회 사례비만큼, 책 인세만큼, 십일조 안 낸 만큼 생각지도 못한 크고 작은 사건 사고가 겹쳐서 끊임없이 생겨서 불필요한 물질이 모래알처럼 빠져나간 이유가 바로 자기 자신에게 있었고, 자기 스스로 목사이면서도 십일조를 자기 편의에 따라 해석하고 십일조 도적질하다가 겪은 일임을 자각하고 크게 반성하시는 것입니다. 그 목사님은 온전한 십일조에 대한 분명한 교훈을 깨닫고 원장님께 진심의 감사 인사를 표하고 집으로 돌아가셨습니다.

　저는 위의 두 가지 상담 사례를 정리하며 다시 한 번 마음에 다짐해봅니다. 온전한 십일조에 대해서 말이지요. 하나님이 주시는 진짜 복을 받고 싶으십니까? 하나님과 나 사이의 축복의 통로가 활짝 열리기를 원하십니까? 그렇다면 오늘부터 온전한 십일조로 하나님을 기쁘시게 해드리고, 하나님이 여러분의 가정과 기업과 교회에 복의 복으로 쌓아둘 곳이 없도록 넘치게 부으시는 그 놀라운 하나님의 복을 충만하게 받아 누리시기를 축복합니다.

바람피우다
하나님께 딱 걸린 목사님 이야기

　　도우리교회에 예언상담 차 찾아오신 분들 중에는 의외로 목사님들이 상당수 있습니다. 그 중에는 아주 큰 대형교회 담임목사님들이 찾아오신 경우도 많이 있습니다. 상담의 내용중 부끄러운 부분들도 있고, 개인의 인격과 명예와 프라이버시가 있어서 어느 지역인지, 어느 교회인지, 어느 이름의 목사님인지 어떤 경우에라도 절대로 밝히지 않겠습니다. 제가 글을 통하여 밝히는 분들도 적어도 5년 전이나 훨씬 더 오래전에 찾아오셨던, 이젠 잊힐 시간이 충분히 지난 이야기들만 다루는 것도 어느 정도 이유가 있답니다. 상담 받으셨던 분들에 대한 배려입니다.

　지금으로부터 10년 전쯤의 어느 날이었습니다. 고급 승용차를 타고 오신 부부가 계셨습니다. 그 고급 승용차를 타고 오신 분은 교세가 몇 천 명 넘는다는 큰 교회의 담임목사님이셨습니다. 그때 우리 도우리교회는 건물은 있으나 무척 작은 교회였습니다. 아내 되는 사모님 때문에 마지못해 같이 오신 듯한 분인데, 우리 도우리교회를 위로 아래로 쳐다보니 무척 한심해 보이셨나 봅니다. 몇 천 명 넘는 대형교회 시무하는 목사가 100명도 안 되는 작은 교회 초라한 건물에서 예언사역하는 도우리교회가 얼마나 우습고 하찮게 보였겠습니까?

사모님 되는 분은 원장님과 안면이 있으셨고, 이순자 원장님을 통하여 하나님이 어떻게 일하시는지를 경험하신 터라, 교회 크기와 상관없이 자기 남편을 설득해서 교회 문제에 하나님이 어떻게 하라고 알려주실 것이라며 예언상담 갔다 오자고 강청하셨는가 봅니다.

그 당시 원장님은 65세쯤 되셨고, 찾아오시는 분은 원장님보다 한두 살 적은 60대 초반의 목사님이셨습니다. 옛날 분 치고는 키와 덩치가 180이 넘어 보이는 거구였습니다. 그리고 머리도 흰머리가 머리 전체의 반이 넘도록 많은 분이셨습니다.

큰 교회 목사가 작은 교회 와서 머리 들이밀고 기도 받고 상담 받는다는 것은 여간 자존심 상하는 일이 아닐 것입니다. 특히 거구의 이 목사님에게는 우리 도우리교회가 더욱 그렇게 한심하게 보이는 듯했습니다. 사실 교회 근처에 오셨지만 딱 봐도 코딱지보다 작아 보이는 우리 교회를 보고 아내에게 화를 내며, 저런 작은 교회에 무슨 상담 받을 일이 있느냐며 그냥 가자고 실랑이를 하다가, 아내의 간곡한 설득에 자존심 꾹 참고 들어오신 것입니다.

사실 이분들의 섬기는 교회는 시무 장로님이 10명이 훨씬 넘고, 부목사들도 많고, 교회 건물은 어마어마하게 크고, 교세는 몇 천 명이 넘습니다. 그러나 문제는 계속 요즘 들어서 목사님과 사모님을 괴롭히는 교회 안팎의 일들이 많이 생겨서 고통스러운 시간들을 보냈기에, 왜 이런 일이 자꾸 일어나는지, 무엇이 문제인지, 하나님의 뜻을 분별했으면 좋겠다는 이야기를 하다가, 아내 되는 사모님이 인천의 도우리교회는 교회는 비록 작지만 그곳에서 사역하시는 이순자 원장님이 정확히 하나님의 음성을 대언해서 예언해주시니 가보자고 몇 차례 남편을 설득해서 드디어 오늘 오게 된 것입니다.

두 분 모두 상담실에 들어갔습니다. 원장님이 염색을 해서 그렇지 나이가 그때도 65세가 넘었는데, 그 거구의 목사님은 교회도 작고 나이도 본인보다 훨씬 어려 보이는 여자에게 무슨 예언상담을 받는가 하는 생각에 얼굴이 똥 씹은 표정으로 불평불만 가득한 화난 아이처럼 다리 꼬고 앉아 쩨려보고 있었습니다.

교회의 그동안 일어난 여러 가지 어려운 문제들을 상담하다가, 원장님이 사모님에게 죄송하지만 성령님께서 시키신 일이니 잠깐 사모님은 상담실 밖에 나가 계시라고 하시는 것입니다. 상담 내용을 절대로 엿듣지 말고 저만치 멀리 가서 계시라는 당부도 하시는 것입니다. 제가 그 사모님을 교회 지하 예배당으로 안내해서 내려갔습니다.

목사님은 가뜩이나 불만이 가득한 표정인데, 그 아내 되는 사모님에게 나가 계시라고 하니까, 목사님이 황당하다는 듯이 안절부절못하며 앉아 있는 것입니다.

사모님이 나가고 이순자 원장님과 그 거구에 반백이 된 60대 초반의 대형교회 목사님만 상담실에 남았습니다. 원장님이 그 거구의 목사님에게 아버지가 어린 자녀를 혼내시듯이 엄청난 큰 목소리로 꾸짖으셨습니다. "이 나쁜 놈아! 니가 그래도 목사냐?" 그 목사님은 교회도 조그마하고 자기보다 나이 어린 것 같은 여자 목사가 자기한테 반말하면서 사정없이 꾸짖으니까 순간 화가 나셨나 봅니다.

얼굴이 붉으락푸르락하며, 이 여자가 뭔데 나한테 명령조에 반말로 훈계하는가, 어안이 벙벙해지고 화가 가득 나서 원장님을 처다보는데, 원장님이 또 한 번 혼내시면서 성령님의 음성을 대언하시는 것입니다. "너는 정말로 하나님이 계시다면, 하나님만 아실 일이라며 늘 스스로 되뇌지 않았느냐!" 이렇게 물으시니 그분이 너무나 깜짝 놀라는 것입니다. "얼굴은 갸름하게 생겼고 머리카락은 단발인 그 여자하고 도대체 언제까지 몰래 만날 것이냐!" 하며 호통을 쳤습니다.

이 목사님은 기절할 것처럼 너무나 놀라면서 마치 원장님 입을 틀어막을 모습을 취하더니, 소리를 낮추어 달라고 누군가 들을세라 원장님의 호통 소리를 제지하려 했습니다. 갑자기 그 목사님이 상담실 안에서 원장님 앞에 두 무릎을 꿇고 닭똥 같은 눈물을 뚝뚝 흘리기 시작하시는 것입니다. 이 목사님이 얼마나 철두철미한 사람인지 아내도 몰라, 자식도 몰라, 교회 장로들도 몰라, 그 어떤 교인들도 몰라… 몇 년 동안 어떤 여자를 만나 멀리에다가 몇 억짜리 집도 사주고 모든 사람을 속인 채 그렇게 은밀한 만남을 가지고 있었던 것입니다. 이 사실은 이 세상 누구도 모르는 일이라고 합니다. 오직 자기 자신만 아는 일이라고 합니다. 자기가 목사라서 양심상 마음이 찔릴 때마다 이렇게 입속말로 중얼거렸다고 합니다. "정말 하나님이 살아 계시다면 하나님만 아실 거야!" 하고 늘 되뇌었다고 합니다.

정말로 이분은 평생을 목회했고 수천 명 넘는 교회 목사를 하시면서도, 자신은 철저히 월급 받는 직업 목사였다고 고백하는 것입니다. 연봉은 억대를 넘고, 교회는 크고 돈은 넘치고, 교회도 속이고 아내도 속이고 자식도 속이고, 자신도 목사이지만 '이 세상 적당히 엔조이하며 살아도 되겠지.'라는 안일한 생각으로 그렇게 이중적으로 살았습니다. 현재의 그 여자를 세상 모두로부터 숨겨놓은 자신만의 애인으로 삼고 두 집 살림을 살았다는 것입니다.

그런데 오늘 도우리교회 와서 정말로 살아 계신 하나님의 음성을 듣게 되었노라고 회개하면서, 거구의 반백인 60대 초반의 목사님이 체면이며 자존심 다 내려놓고, 대성통곡하며 엉엉 울기 시작하는 것입니다. 정말로 하나님이 살아 계신지 몰랐다고, 하나님이 자신의 삶을 다 들여다보고 계신지 몰랐다고, 자신의 목회는 철저히 하나님이 없는 직업목사였다고…. 그러면서 하나님 앞에 사죄하고 진정으로 울며 회개하는 것입니다.

사실 그동안 교회 내 끝없이 일어나는 크고 작은 모든 문제의 원인이 바로 이 목사님의 죄와 불신앙적인 모습 때문이었고, 그동안 겪은 문제들은 하나님이 이분을 깨닫게 하시고자, 그 마음을 돌이키게 하시고자 하는 기회의 시간들이었던 것입니다.

성령님은 그분 목사님에게 신신 당부하시며, 마지막 기회라며 이야기하셨습니다. 오늘 이후 다시는 그 여자 만나지 말고 끊으라고 하시는 것입니다. 그리고 오늘 깨달은 것처럼 하나님이 분명 살아 계신 것 믿는 믿음으로 목회하면, 교회 안에 계속 일어나던 모든 문제가 사라지고 해결될 것이라고 말씀해주셨습니다. 원장님도 부인 되는 사모님에게 한마디도 오늘의 상황을 이야기하지 않을 테니까 걱정하지 말라고 하시며, 빨리 눈물을 닦고 마음을 진정시키라고 하셨습니다.

한참 후 다시 사모님이 들어오셨다가, 교회에서 겪는 문제에 대해 이렇게 저렇게 지혜롭게 행하면 된다고 사모님도 같이 들을 수 있는 지혜의 말씀만을 전해주셔서, 그 두 분은 상담을 잘 마치고 기쁨으로 떠나갈 수 있었습니다.

실제 도우리교회에서 있었던 위의 상담 사례 이야기는 우리에게 많은 교훈을 줍니다. 교회를 다니면서도 하나님이 없는 것처럼 형식적으로 신앙생활할 때가 얼마나 많이 있습니까? 세상 모두를 완벽하게 속이는 데 성공한 줄 알았는데, 바람피우다가 하나님한테 딱 걸린 이 목사님처럼 말이지요. 얼마나 이런 그리스도인들이 많을까 생각해봅니다. 우리가 믿는 하나님은 살아 계신 하나님이시고 역사하시는 하나님이십니다. 우리의 머리카락이 몇 개인지도 정확히 아는 세미한 하나님이십니다.

때로는 고난이나 역경으로 힘든 인생의 길을 통과할지라도, 눈에 보이지 않아도 사실 우리 옆에서 응원하고 계시는 하나님, 우리가 정금처럼 준비되기를 누구보다도 더 간절히 기다리시는 하나님을 바라보며 더 하나님께 가까이 나아가는 우리 모두가 되어야 하겠습니다.

지금 살고 있는 사람이
다섯 번째 남편 아니냐!

지금으로부터 대략 6-7년 전의 상담 이야기입니다. 도우리교회에 30대 후반쯤 되어 보이는 여자 분이 예언상담을 찾아 오셨습니다. 1주일 전 전화 통화 중 예약 메모지에 적어둔 간단한 상담 내용은 어린이집 운영에 관한 이야기입니다. 현재 지방에서 어린이집을 운영하는 분이셨습니다. 어린이집 경영에 어떤 어려움이 있었는지 그 사업에 관한 하나님의 뜻을 알고 싶다고 찾아오신 것입니다. 얼굴이 참 착해 보이고 내성적인 성격의, 교회 내 신앙생활도 조용 조용 말없이 섬기는 스타일 같아 보이는 얼굴입니다.

상담실로 들어가서 원장님께 인사하면서 상담이 시작되었습니다. 이순자 원장님은 그 여자 집사님에게 단도직입적으로 이렇게 성령의 음성을 증거하셨습니다.

"지금 살고 있는 사람이 다섯 번째 남편이 아니냐!"

상담을 5분도 안 했을 너무나 짧은 시간이며, 아무런 다른 대화를 특별히 나눈 것도 아닌데, 오늘 얼굴 처음 본 그 여자 집사님에게 이순자 원장님이 대뜸 하시는 말씀이 "지금 살고 있는 사람이 다섯 번째 남편이 아니냐!"는 말씀이었던 것입니다. 이 한마디에 그분이 살아온 모든 삶이 그분에게 추억되고 오버랩 되었는지, 갑자기

울컥 하고 펑펑 눈물을 쏟기 시작했습니다. 또한 두 번째 들려주시는 말씀은 "떠난 남편들이 너와 헤어질 때마다 남겨놓은 씨 다른 아이들을 홀로 키우느라 네가 마음고생이 많구나!" 하시는 것입니다. 그 여자분은 어찌하여 처음 만난 나의 속사정과 살아온 인생을 원장님은 저리 훤히도 다 알고 있으신가 놀랄 사이도 없이, 본인스스로 감정에 북받쳐서 더 서럽게 눈물을 수도꼭지 틀어놓은 것처럼 펑펑 쏟는 것입니다.

하나님이 내 사정을 다 아시는구나. 하나님이 내가 어떻게 살아왔고, 어떤 눈물의 시간을 보냈는지 다 아신다는 생각이 들자, 그렇게 그동안 참아왔던 서러움을 눈물로 쏟아내는 것입니다. 처음 결혼하고 아이가 생겼는데, 얼마 후 그 남편과 성격 차이로 갈등을 겪다가 남편을 떠나보내고, 이혼할 때 여자 분이 아이만 데려가기로 하고 홀로 키웠다는 것입니다.

그런데 또 두 번째 결혼해서 남편을 얻었지만, 그리고 행복하려고 가정을 지키려고 노력했지만, 생각지 못했던 여러 가지 불화로 그 두 번째 남편과 이혼해서 또 떠나보내고, 그와의 사이에서 태어난 어린 아이를 데리고 또 홀로 아이들을 키우며 살게 되었다는 것입니다. 그렇게 지금까지 우여곡절 끝에 네 번 이혼하고, 지금 다섯 번째 남편과 살고 있는 것입니다. 그리고 그전에 결혼했었던 남편 사이에서 태어난 아이들을 본인 홀로 다 키우고 있는 상황입니다. 그리고 그 다섯 번째 살고 있는 사람과도 이혼해야 하는가 할 정도로, 여러 가지 인간관계, 사업 문제, 아이들 양육 문제, 부부간의 성격 갈등 등으로 복합적으로 얽혀서 지금 역시 힘든 상황이라는 것입니다.

그 여자 집사님에게 네 번 이혼과 다섯 번의 결혼은 그동안의 삶이 얼마나 파란만장한 삶이었을까, 그 숫자만 들어도 상상할 수 없는 눈물과 고통의 시간들이 느껴지는 것입니다. 겉으로 볼 때는 평범한 주부로 좋은 남편 만나 자녀 한두 명 정도 낳고 행복하게 살아가는 것이 지극히 정상적인 삶이었을 그런 얼굴 모습이었는데, 그분의 평범하고 착해 보이는 얼굴 속에 차마 말 못 할 인생의 무게가 깊이 감추어져 있었고, 그것은 감당하기 무거웠을 것입니다.

그분은 현재의 결혼생활, 자녀에 대한 하나님의 뜻, 그리고 사업에 대한 하나님의 지혜의 말씀을 듣고 기쁨으로 집으로 돌아가실 수 있었습니다. 내가 지금 어떻게 살아가는지 하나님은 비판이나 정죄가 아닌, 부모 되신 심정으로 위로하고 응원해주시고 더 나은 삶이 되도록 인도해주시는 것입니다.

성경 속에서도 예수님이 수가성에 사는 사마리아 여인에게 네 남편을 데려오라 하셨을 때, 여인은 남편이 없다고 고백했습니다. 예수님이 그 여인에게 "네 남편이 없다고 하는 말이 맞도다, 네가 남편이 다섯이 있었고 지금 있는 자도 남편이 아니니 네 말이 참되도다." 하신 것처럼 사람은 사람의 속사정을 전혀 알 수가 없습니다. 그러나 하나님은 우리의 삶을 머리카락 하나까지도 다 아시는 만군의 주 하나님이십니다.

믿고 순종할 것인가, 의심하고 불순종할 것인가

몇 년 전의 어느 날입니다. 두 분의 중년 여자 분들이 도우리교회에 찾아오셨습니다. 두 분은 친한 친구 사이입니다. 도우리교회가 유명하다며, 이순자 원장님 예언사역으로 많이 알려지셔서 자신들이 섬기는 교회를 다니는, 예전에 도우리교회 예언 상담 오셨던 다른 교인 분의 강력 추천을 통해서 원장님 이야기를 전해 듣고 이렇게 둘이서 찾아오시게 되었다는 것입니다.

처음 여자 분의 기도제목은 현재 하시고 있는 사업장의 확장 문제였습니다. 이미 사업 확장은 기정사실로 생각하고 있었고, 어디에다 얼마나 더 크게 하느냐에 대해서 하나님의 격려와 축복을 받고 싶어서 오신 것입니다. 같이 오신 친구 분은 돈을 2억 원 정도 갖고 계셨고, 같이 온 친구의 사업에 그 돈을 모두 투자할 계획을 이미 갖고 계셨는데, 여기 도우리교회 예언상담 와서 하나님의 축복 승인을 받고 싶으셨나 봅니다.

첫째 분은 갈빗집을 경영하시는 분으로서 사업이 너무 잘되고 있었고, 세상 비유로 갈고리로 돈을 낙엽처럼 긁어모은다는 비유처럼 돈을 어마어마하게 벌고 있었습니다. 매장에 사람들이 발 디딜 틈이 없이 많이 와서 줄서서 기다리는 유명 맛집인 고깃집입니다. 한 마디로 대박집이요, 유명 맛집이요, 성공 가도가 눈에 훤히 보이는 것입니다.

그런데 이순자 원장님 통하여 주시는 하나님의 음성은 돈을 긁어 들일 정도로 잘되는 그 갈빗집을 속히 팔아서 정리하라고 말씀을 주시는 것입니다. 시일을 다투는 일이니 오래 끌지 말고 속히 팔라는 것입니다. 그 이야기를 듣는 분의 얼굴이 점점 일그러지면서 말도 안 되는 소리라며 황당해하셨습니다.

또한 옆의 친구에게도 하시는 말씀이, 지금 고깃집 잘되는 친구에게 2억 원 투자하려고 한 것 절대로 투자하지 말라면서, 친구에게뿐 아니라 부모 형제 그 누구가 투자하라고 사업하자고 해도 절대로 투자하지 말고, 그 돈을 은행에 넣어두든지 쓰지 말고 가만 가지고 있으라고 신신당부하시는 것입니다.

두 번째 친구 분도 원장님의 이야기를 듣더니 똑같이 얼굴이 붉으락푸르락해지며 잔뜩 신경질 난 말투로 따져 물었습니다. "지금 하시는 말씀이 정말 하나님이 주시는 예언의 말씀 맞아요?" 날카롭게 따져 묻듯이 되묻는 것이지요.

원장님이 그 두 분에게 "나는 분명히 하나님의 뜻을 전했으니까, 순종하든 순종 안 하든 그것은 당신들의 몫이다!"라고 하나님의 뜻을 전하셨습니다. 그 두 분은 상담실 안에서부터 있는 욕 없는 욕을 다 원장님 얼굴에 쏟아 붓기 시작합니다.

"예언 은사로 소문났다고 하더니 다 새빨간 거짓말이구만. 저런 터무니없고 말도 안 되는 소리를 지껄이고. 저 여자 예언자 좋아하네 미친 것 아니야?"

하면서 면상에 대고 욕을 퍼붓는 것입니다. 상담실을 나와 교회에서 그들의 모습이 점점 멀어져가는데도, 그들이 이순자 원장님에게 들기에 민망한 욕들을 쏟아내는 소리가 동네방네 다 들릴 지경입니다. 손님이 바글바글 앉아 있을 틈도 없이 잘되는, 돈을 긁어 들이는 고깃집을 신나게 경영하고 있는데, 무슨 가게를 속히 팔고 정리하라니, 무슨 말도 안 되는 미친 소리냐며, 대놓고 원장님보고 "저년은 미친년이야!" 하는 것입니다.

또한 여윳돈 2억 원 가지고 있었고 당연히 대박집 갈빗집 하는 친구에게 2억 원 당연히 투자하려고 했는데, 친구에게 투자하지도 말고 다른 부모 형제에게도 절대로 돈을 빌려주지 말라고 하니, 이 친구도 앞선 친구와 함께 "예언자 좋아하네. 어디서 헛소리 지껄이고 있어? 아유 재수없어!" 합니다. 두 사람의 욕하는 소리가 참 표현하기 민망할 정도였고, 그 모습이 가관이 아닙니다.

하나님이 주신 예언의 말씀을 토시 하나 빠트리지 않고 그대로 말씀 전했을 뿐인데, 이순자 원장님은 듣기에 더러운 욕만 잔뜩 들으신 것입니다. 예언사역 감당할 때에 이런 극단적인 반응을 보이는 사람이나 상황을 만나면 무척 속상하고 지치고 맥 빠진답니다. 하나님이 주신 말씀 증거해도 받아들일 믿음이 되어 있지 못하면 저런 모습을 보이는 사람이 많이 있고, 이런 일들을 겪은 것이 20여 년 사역하는 동안 하루 이틀이 아니기에, 원장님은 그냥 하루의 언제든지 겪을 수 있는 일상사처럼 지나 보내고 그날의 일을 잊으셨습니다.

그렇게 이 두 분이 상담 왔다가 간 일이 기억도 잘 나지 않을 정도로 1년이 훨씬 넘는 시간이 지나갔습니다. 사실 오늘 제가 기록해둔 위의 이야기도 그 두 분 중 한 분이 다시 도우리교회 찾아와서 그동안의 사연을 이야기하셨기 때문에 소상히 알게 된 것이지요.

1년 전 찾아오셨던 두 분 중 2억 원 투자하려고 했던 친구 분이 1년 만에 교회로 다시 찾아왔습니다. 행색과 얼굴이 많이 수척하고 상한 모습이었습니다. 상담실로 들어오더니 앞뒤 대화도 없이 한참 우시는 것입니다. 그러더니 1년 전 원장님께 마구 험한 욕을 해댄 것을 후회하며 용서를 비는 것입니다. 그러면서 그동안 벌어진 일들을 낱낱이 털어놓기 시작하셨습니다.

그날 상담 받고 두 분이 집으로 돌아가는 길에 원장님을 지칭하며 말도 안 되는 황당 예언자라며 욕이란 욕을 다 했다는 것입니다. 원장님을 통해 주신 하나님의 말씀은 그들의 귀에는 하나도 들을 가치 없는 더러운 휴지조각이 되어 쓰레기통으로 들어갔고, 그들이 원래 마음에 계획하고 하고자 했던 대로 고깃집 하시는 분은 사업을 확장했습니다. 그리고 그 친구 분은 고깃집 하시는 친구 분 새로운 식당에 2억 원을 투자했다고 하십니다.

그런데 문제는 그날부터 시작되었다는 것입니다. 손님이 발 디딜 틈 없이 들고나며 잘되던 식당이, 그리고 새로 확장 개업한 식당이 점점 손님이 줄기 시작하더니, 얼마 안 가서 반 토막이 났습니다. 손님은 없는데 그 많은 종업원 인건비 써가며 오기로 버텨가며 1년을 식당을 유지하는 사이 친구의 2억 원 투자한 것은 회수할 수 없는 상태로 되어버렸고, 그 고깃집 하시는 친구는 부도나고 한 푼도 건지지 못하고 파산하고 말았다는 것입니다. 전혀 생각지도 않았고 상상할 수도 없었던 일이 벌어지고 만 것입니다.

1년이 지난 지금 본인도 친구가 파산하고 망하고 말았으니, 투자한 돈 10원도 되찾지 못하고, 본인도 2억 원 공중에 날리고 말았습니다. 망하고 나서야 1년 전 이순자 원장님이 신신당부하시며 사업

확장도 하지 말고 지혜롭게 가게를 정리하고 팔라고 하신 말씀, 본인에게는 절대로 같이 온 옆 친구에게도 그 어떤 부모 친척에게도 돈빌려주지 말라고 신신 당부하셨던 원장님의 예언이 떠올라서 이렇게 다시 찾아오게 되었다고 하시는 것입니다.

그분은 원장님께 "그때 저의 뺨을 때리고 머리채를 사정없이 붙들고 무섭게 혼내주셨어야 했는데요. 그랬으면 제가 원장님 무서워서라도 그때 주신 하나님 말씀을 귀담아 들었을 텐데요." 하며 1년이 지난 지금에서야 때늦은 후회를 하시는 것입니다. 원장님이 "내가 그때 그렇게 신신당부하며 하나님 말씀 순종하라고 재차 삼차 이야기를 했는데도, 너희들은 그때 무슨 말도 안 되는 헛소리냐며 나를 미친년, 정신 나간 년 취급하며 온갖 욕설을 다하며 떠나지 않았느냐?"면서, 이제 와서 후회한들 무슨 소용이냐고 원장님도 안타까워하셨습니다. 그분은 늦게나마 지금의 상태를 해결하기 위한 하나님의 음성을 하나도 빠뜨릴세라 다 새겨듣고 집으로 돌아가셨습니다.

원장님도 1년 만에 찾아와 그동안의 일들을 털어놓는 그분의 이야기가 안타까우셨는지, 저에게 식사 중 이야기하셨는데, 그 내용들을 그 당시 제가 마음에 느낀 바가 많아서 혹여 잊을세라 꼼꼼히 적어놓은 것이지요.

저는 이야기를 다시 적으며 인생의 연약함과 어리석음을 생각해보았습니다. 우리는 앞날을 모릅니다. 그러나 성령 하나님은 우리의 1년 뒤도, 그리고 평생의 있을 일도 다 아시기에 우리 자녀들이 형통한 길을 갈 수 있도록 지혜를 주시는 것이지요. 믿고 순종할 것인가, 의심하고 불순종할 것인가. 오늘도 우리는 믿음의 선택, 갈림길에 홀로 서 있음을 깨닫게 됩니다.

내가 개척한 교회
되찾을 수 있을까요?

교회는 기도가 쌓이는 거룩한 장소입니다. 하나님이 허락하시는 부흥도 그 기도의 분량이 가득 찰 때까지 인내로 기다릴 수만 있다면 누구든지 부흥을 맛볼 수 있습니다. 때로는 더 이상 목회를 할 수 없을 것 같은 절망과 사람에 대한 실망이 있더라도 참을 수만 있다면, 기다릴 수만 있다면, 부흥은 남의 이야기가 아닌 것입니다.

몇 년 전 도우리교회에 선교사님이신 목사님이 찾아오셨습니다. 이 목사님은 다른 이에게 차마 말 못 할 사연이 있으셨습니다. 원래가 자기가 개척한 교회를 다시 되찾고 싶어서입니다. 이 목사님이 들려주시는 이야기에는 참으로 많은 교훈들이 담겨 있었습니다.

십 몇 년 전 이 목사님은 교회를 개척했습니다. 그리고 열심히 목회를 해서 100명이 넘는 성도가 섬기는 교회로 부흥을 맛보셨고, 작지만 예쁜 교회를 짓고 목회를 하셨습니다. 그런데 문제는 몇 년 전부터 생겨났습니다. 교회가 네 개의 파벌로 갈라져 싸움과 다툼이 끊이지 않는 것입니다. 100명밖에 안 되는 교회가 네 개의 파로 갈라져 서로 원수처럼 싸우는 일은 목사님을 너무 고통스럽게 만들었습니다.

목사님이 싸우는 교인들을 말려도 목사님 면전에서 멱살 잡고 싸우는 일이 다반사였습니다. 목사님은 점점 지쳐갔고 사람에 대한 회의감과 실망으로 탈진해버렸습니다. 이런 교회 내 갈등이 줄어들지도 않고 해결되지 않고 계속 몇 년간 반복되는 현실은 목사님에게 마치 지옥의 한복판에 있는 듯 마음을 짓눌렀습니다. 한 마디로 교인도 싫고, 목회도 싫고, 사람도 싫고, 모든 일이 지긋지긋해졌습니다.

목사님이 이 고통의 시간들을 조금만 인내하고 기도하며 이겨내셨어야 했는데, 안타깝게도 그렇게 하지 못했습니다. 어느 날 자기가 속한 교단에서 선교 지역과 선교사 파송을 알아보시고 나서, 맨날 원수처럼 물어뜯고 지긋지긋하게 싸우는 이 교인들과 교회를 버려두고 그냥 선교 지역으로 훌쩍 떠나신 것입니다.

교인들에게 떠난다는 인사도 안 한 채 어느 날부터 목사님이 사라진 것입니다. 목사님이 떠나신 후 교인들은 백방으로 청빙 광고를 내고 새로운 목사님을 모시고자 노력했습니다. 하지만 교단 내에 싸우는 교회, 목사를 고통스럽게 하고 결국 떠나게 만드는 교회라고 악명 높은 소문이 나서 아무도 오려고 하지 않는 것입니다. 선교사로 떠나가버리신 목사님은 자기가 개척했고 자기가 세운 교회와 성도들을 잊으셨습니다.

천신만고 끝에 청빙에 응해온 목사님이 계셨는데, 그 목사님은 다른 교회에 있다가 목회를 잘못해서 교인들에게 쫓겨난 목사님이었습니다. 그는 백방을 수소문해서 목회지를 찾아보고 싶어도 목사님 자신의 평판이 너무 안 좋아 어느 교회에서도 청빙을 안 해서 목사님이 설 교회가 그 교단 내에 하나도 없었던 것입니다. 그러다가 마침 이 교회를 알게 되어서 청빙에 응하고 이 교회로 오시게 된 것입니다.

이 교회는 목사가 무능력한지, 목사가 이전 교회에서 나쁜 짓 하다가 쫓겨 나갔는지, 목회자의 인격과 성품이 좋든지 나쁘지 고를 상황이 아니었고, 그저 우리 교회에 어떤 목사님이든 오셔서 목회해주고 설교해주신다면, 누구든지 모시고 싶어 했습니다. 그런데 바로 이 목사님이 그 자리에 기가 막힌 타이밍으로 들어오시게 된 것입니다.

그렇게 네 파로 나뉘어 싸우던 교인들이 한 마음이 되었고, 하나님의 때가 되었는지 3년 만에 그 교회는 100명이 모이는 교회에서 3000명이 모이는 교회로 급성장했습니다.

3년이 지난 후. 원래 이 교회를 개척해서 교회를 짓고 세운, 선교사로 가셨던 목사님이 자기 교회에 대한 소식을 듣고 국내에 들어오셨습니다. 사실 고생은 목사님이 다 해놓으셨는데 인격도 그릇도 능력도 하나 준비 안 된, 타 교회에서 안 좋은 문제 일으키고 다른 교회에서 쫓겨난 수준 낮은 목사가 그 자리를 꿰차고 누리고 있는 현실이 목사님에게는 너무 억울하고 황당하고 충격적이셨던 것입니다.

이제는 그 교회의 권사도 되고 장로님도 되셔서 중직이 되신 교우들 몇 분을 전화로 불러내 따로 만나셨다고 합니다. 교인들이 목사님에게 여러 차례 밥도 사드리기는 했지만, 교인들은 목사님이 그때 우리를 버리고 가셨다는 것, 그것만을 크게 기억하고 "우리를 어떤 말로 아무리 설득해서도 이젠 다시 이 교회로 못 오십니다. 저희는 부족한 대로 새로 오신 목사님과 함께 신앙생활을 할 것이니 다음 번에는 전화하지 마시고 찾아오지 마세요 이렇게밖에 말씀 못 드려서 죄송해요."라고 하는 것입니다.

그렇게 억울하기도 하고 속상하기도 하고, 고민 고민하시다가 하나님의 정확한 뜻을 묻고 싶어서 인천에 있는 우리 도우리교회에 예언상담을 찾아오신 것입니다. 이순자 원장님 통하여 주시는 성령님의 뜻이 정확히 무엇인지를 알고 싶어 하셨습니다. 원장님에게 그 목사님은 "제가 세운 그 교회를 다시 되찾을 수 있을까요?" 하고 물으셨습니다. 그 질문에 대한 성령님의 대답은 "네가 교회와 성도들을 지긋지긋하다고 버리고 떠났지 않느냐? 이미 늦었다! 되찾을 수 없으니 단념하라!"는 단호한 말씀이었습니다. "그러면 저는 이제 어떻게 해야 하나요?" 물으시는 목사님의 질문에 성령님의 대답은 "너의 시골 고향으로 가라!" 하시는 것입니다. "그곳에서 다시 목회를 시작하라!" 하시는 것입니다. "그곳에서 다시 열심히 목회를 하면 너에게 원래 주려고 했던 그 부흥의 복을 또 내려주실 것이다!"라고 위로해주셨습니다.

원장님과 상담이 끝나고 그 목사님은 집으로 돌아가셨고 원장님도 방금 찾아오신 목사님의 사연이 하도 기이하고 안타까워서, 최근 힘들어하던 고한영 목사에게 상담 중에 있었던 이야기들을 들려주었습니다. 그래서 제가 이 사실을 알게 된 것입니다.

저는 이 상담 사례를 들으며 남의 이야기가 아니라 내 이야기처럼 가슴팍에 팍 꽂히며 들렸습니다. 고한영 목사에게도, 지금 섬기는 도우리교회에도 많은 어려움이 있었고, 고한영 목사도 교인들을 지긋지긋하게 여겨서 목회에 심각한 염증을 느껴 목사를 그만둘 고민을 수십 차례 했었기 때문입니다. 그 목사님이 교인들끼리 으르렁대며 물어뜯고 싸우고 목사님의 권면도 안 듣고 교회가 온통 싸움판이었을 때, 그 목사님이 견디기 힘들어했을 상황이 이심전심 가히 짐작이 가는 것입니다,

교회는 기도가 쌓입니다. 세월 속에 먼저 섬기던 교인이 떠날 수

도 있고, 원래 섬기던 목사님이 이런저런 이유로 사임하고 떠날 수도 있습니다. 그런데 그 교회에는 떠나간 교인의 기도도 그대로 쌓여 있고, 눈물 뿌리며 헌신하던 개척 시절의 목사님의 기도도 그대로 쌓여 있고, 교회마다 하나님이 허락하실 그때가 되면 부흥을 주시는 것입니다. 그래서 그때 그 자리에 누가 계속 교회를 지키고 있느냐가 중요한 것이겠지요.

지금 사람이 싫고, 목회가 싫고, 배신하는 교인이 싫고, 주의 종 신뢰하지 못하고 조롱하며 멸시하며 떠나는 교인들이 밉고 분노스러워, 모든 것 다 내려놓고 내 얼굴 모르는 곳으로 도망가 버리고 싶은 마음들. 목사를 그만두고 산속 깊은 자연인이 되고 싶은 그런 절망의 마음이 굴뚝 같을지라도, 바로 그 고통의 자리, 눈물의 자리에서 하나님을 바라보고 가만히 잠잠히 기다리는 것이 중요함을 깨닫습니다.

교회 부흥을 위하여 목회자가 행해야 할 제일 중요한 것은 바로 인내라는 것, 하나님의 때까지 기다리는 것입니다. 고한영 목사도 하나님이 이루실 때까지 끝까지 기다리는 마지막 씨름을 꼭 이겨내리라, 두 주먹 불끈 쥐고 다짐해봅니다.

> 너희에게 인내가 필요함은 너희가 하나님의 뜻을 행한 후에 약속하신 것을 받기 위함이라. (히브리서 10:36)

나는 폴란드의 개보다도 못합니까?

2012년 4월 29일의 기록입니다. 지난 주일에 고한영 목사가 주일날 설교를 통해 폴란드의 유명한 개에 대한 이야기를 예화로 소개했습니다. 우연히 TV를 보던 중 폴란드의 개에 대한 이야기를 소개하는 것입니다.

폴란드에 아주 작은 교회가 있었답니다. 교인도 몇 명 없는 다 무너져가는 열악한 모습의 작은 교회라고 합니다. 어느 날부터 주일 오전 11시 예배 때만 되면 어디서 왔는지 모르는 개 한 마리가 예배당에 들어와서 자리 하나를 차지하고 사람처럼 예배를 드리는 것입니다. 11시 예배가 끝나면 다른 사람들처럼 일어나 교회를 떠나가고, 그렇게 몇 주간을 반복했습니다. 그러자 교인들 간에 "저 개가 누구 교인의 개인가? 교회 근처에 사는 지역주민 누구의 개인가? 어디서 오는 개인가? 왜 여기에 찾아오는가?" 하면서 모두들 그 예배드리는 개에 대한 궁금증이 가득해지는 것입니다.

어느 날 주일 정오. 여지없이 오전 11시에 그 개가 찾아왔고 예배가 마치자 그 개는 자리를 떠납니다. 그 개의 출처를 알고 싶어 궁금하던 한 분이 작정하고 그 개가 어디로 가는지 끝까지 따라가 보았습니다. 무려 1시간이나 넘게 뒤쫓아가서 어느 집으로 들어가는

지 확인할 수 있었습니다. 그 집에 가서 주인에게 이 개가 주일 11시에 자기네 교회에 나타나 예배드리고 간다고 이야기하니, 주인이 더 놀라워하는 것입니다. 그 주인과 교회와는 아무 관련성도 없고, 그 개가 1시간을 넘게 걸어와서 먼 데 있는 이 교회로 찾아오는 일은 미스터리한 일, 한마디로 신기한 일입니다. 그렇게 그 개는 몇 년 동안 왜 오는지, 무엇 때문에 오는지 알 길이 없이 그 교회를 찾아왔었습니다.

이 일이 하도 신기해서 지역 신문에 실리고 유명해져서 이 교회는 엄청 유명해졌답니다. 주일 11시에 여지없이 나타나는 예배드리는 그 개를 보기 위하여 관광객도 많이 생겨났고, 이 개 때문에 부흥해서 그 교회 교인도 많아졌고, 새로이 교회도 신축할 수 있게 되었다는 이야기입니다.

고한영 목사는 TV를 통해 이 신기한 폴란드의 개 이야기를 듣고, 주일날 개 한 마리가 주일예배 11시에 꼬박꼬박 찾아와도 교회가 유명해지고 부흥하는데, 하나님의 자녀인 우리도 더 예배드리는 열심을 내서 하나님이 인정하시고 기억하시는 그런 교인, 그런 교회가 되자고 비유를 들어 설교했던 것입니다.

그날 저녁 고한영 목사의 어머니이신 이순자 원장님은 아주 깊은 저녁 교회 예배당에 내려가서 울며 울며 하나님께 따지듯이 절규하며 기도하셨습니다. 고한영 목사의 설교를 듣고 이순자 원장님은 하나님께 많이 서운하시고 속상한 마음이 드셨나 봅니다. 원장님은 "하나님! 나는 폴란드의 개보다도 못한 것입니까?" 하고 부르짖으며 울기 시작하셨습니다.

"30년이 넘도록 밤이며 새벽이며 하나님이 성령으로 시키시는 기도 얼마나 많이 순종했는지요. 30년이 넘도록 찾아오는 분들, 귀신들린 사람 기도해주고 치유하고, 몸 아프고 병든 사람 진실히 대하고 기도해주고 치유해주고, 아무런 공로 바라지 않고 묵묵히 하나님이 시키시고 기뻐하신 일을 순종했는데, 하나님이 부흥을 약속해주신 도우리교회는 왜 부흥하지 않고 더 어려워만지는 것입니까?"

그 당시 이순자 원장님은 69세이셨고, 70이 다되도록 하나님께 충성하고 또 충성했는데, 왜 하나님은 성령 음성으로 약속해주신 도우리교회의 전무후무한 그 부흥을 왜 주시지 않는 것입니까? "나는 폴란드의 개보다도 못한 사람입니까?" 하며 하나님께 슬피 목 놓아 우셨습니다.

그렇게 기도의 시간이 지나가고 그날 저녁 원장님은 꿈을 꾸셨습니다. 도우리교회가 어마어마하게 부흥되어 있는 모습을 구체적으로 하나님이 꿈의 장면으로 보여주셨습니다. 예전에 원장님 기도 중에 성령의 음성으로 한 번에 10만 명 넘는 교회가 되게 하겠다고 하셨던 말씀처럼, 잠실 경기장처럼 내부가 타원형으로 생긴 교회는 3층 규모로 좌석이 층층이 구별되어 있고, 그 내부에 10만 명이 넘어 보이는 교인들로 아래 위가 꽉 들어차 있는 모습입니다. 주일 11시 예배가 시작되기 직전인 것 같습니다.

교회에 10명이 넘는 나팔수가 있는데 주일 11시 예배가 시작되는 것을 알리면서 뱃고동 나팔소리처럼 뿌우웅, 하고 크고 긴 웅장한 뱃고동 나팔소리가 예배당 안팎으로 울려퍼졌습니다. 그러면서 예배당 내부에 쭉 늘어선 성가대원들이 예배당 안으로 두 줄로 행진하며 들어가는 모습이고, 예배당 출입구에는 그 뱃고동 소리가 들리면서 출입문 셔터가 자동으로 되어 있는지, 10개가 넘는 큰 정문 출입구의 셔터 문이 기계음 소리와 함께 내려지는 모습입니다.

예배당 좌우 끝에 작은 쪽문이 하나씩 있어서, 예배 시간 중에도 용무가 급한 사람이 나오고 들어갈 수 있어 보입니다. 하지만 영적인 의미를 부여하면서 예배 시간 동안에는 오직 하나님께 집중해서 예배드린다는 의미로 그렇게 셔터가 내려오는 듯 보였다고 합니다.

또한 교회의 지하가 보이는데, 지하 주차장에서 연결된 곳인데, 11시 예배시간에 늦게 도착한 사람들이 따로 예배드릴 수 있는 공간입니다. 원래는 영아실, 유아실, 용도인 것처럼 보이는, 커다란 통 유리창으로 앞면이 되어 있고, 100명은 들어갈 만한 큰 규모의 유아실이 적어도 20개 이상 지하실에 따로 설치되어 있어서, 주일 11시 정시 예배시간에 늦는 분들이 이곳에서 예배드리는 것입니다.

이제 주일예배가 끝났는지 유아실 정면에 설치된 거대한 스크린 화면을 통해 보이는 담임목사 고한영 목사가 양손을 하늘로 뻗고 축도를 하더랍니다. 축도를 시작하는데 그 축도 기도소리와 함께 하늘에서 성령의 빛가루가 너무도 기이하고 신기한 모습으로 강물 흘러내려오듯이 교회 안으로, 교회에 앉아 있는 모든 성도들의 머리 위로 흘러가며, 예배당 지하 유아실에서 예배드리는 모든 분들에게까지 동일하게 그 빛의 가루가 머릿결과 몸을 어루만지듯이 흘러 지나가며 예배가 끝나더랍니다.

이순자 원장님이 꾸신, 하나님이 도우리교회의 부흥을 약속하신 비전 꿈이었습니다. 이렇게 "하나님! 나는 폴란드의 개보다도 못합니까?" 하고 울며 부르짖는 원장님에게 도우리교회가 이렇게 부흥할 것이라고 구체적으로 비전 꿈을 통해 약속하신 것이었습니다. 원장님은 오늘도 그 약속 하나님이 반드시 이루실 것으로 믿고 기도하고 계십니다.

이 글을 읽는 여러분들도 하나님이 주신 약속이 있다면, 당장에 이루어지지 않고 때로 더디 이루어지는 것 같아 낙심될 때도 있겠지만, 한 번 약속하신 것은 반드시 이루시는, 절대로 거짓말하실 수 없고 신실하신 하나님이 반드시 이루심을 믿고 끝까지 인내의 기도로 승리하시기를, 응답받아 누리시기를 응원하며 축복합니다.

하나님은 사람이 아니시니 거짓말을 하지 않으시고 인생이 아니시니 후회가 없으시도다 어찌 그 말씀하신 바를 행하지 않으시며 하신 말씀을 실행하지 않으시랴. (민수기 23:19)

너는 눈으로만 보려고 하느냐!

몇 년 전의 일입니다. 직분은 평신도 집사님인데 평신도로서 선교사 사역을 감당하시는 분이 도우리교회에 예언 상담 받으러 오셨습니다. 이분은 영적 체험이 있는 분이고, 기도하는 분이고, 성령으로 하나님의 지시하심과 인도하심에 민감한 분이고, 하나님 말씀에 순종하고자 애쓰는 평신도 선교사님이셨습니다. 이분이 도우리교회 오셔서 오히려 들려주신 도우리교회에 대한 간증에 더 은혜 받게 된 이야기입니다.

본인의 사역에 있어서 중요한 갈림길에 서 있었기에 이 기도제목을 놓고 기도하셨고, 한 번 더 하나님의 뜻이 어떠한지 확인과 검증을 받고 싶으셨던 것입니다. 그러던 중 도우리교회를 알게 되셨습니다.

고한영 목사가 꿈 해석 사역 하던 것도, 상담 사례도 읽어보셨고, 고한영 목사가 쓴 글도 수백 편 읽어보셨고, 도우리교회 카페를 통해 수천 명 카페 회원들과 더불어 왕성히 활동하는 모습이 좋게 여겨지셨습니다. 카페에 소개해놓은 글 속에 이순자 원장님의 예언사역에 대해서도 소개된 글들과 상담후기들을 보시고, 도우리교회라면 하나님이 함께하시고 일하시는 교회라고 믿음이 가셨는지, 상담 오고자 하는 선한 마음을 가지셨다고 합니다.

그런데 문제는 역시 교회 사이즈였습니다. 인터넷으로 유명해진 도우리교회, 카페 사역으로도 유명한 도우리교회 이순자 원장님의 예언사역도 아는 사람은 다 알 정도로 유명한데, 그런 사역에 비해 교회가 너무 작아 갈까 말까 망설여졌다고 합니다. 하나님이 일하시는 교회여도 일반 성도들은 교회가 건물이 작고 교인수가 적으면, 그것이 그분들의 교회에 대한 부정적 판단의 기준이 되는 것이었습니다. "저렇게 유명한 교회인데 어떻게 이렇게 교회가 작지?" 하면서 의아해 하는 것이지요.

얼마 전에 상담 오셨던 분은 교회 앞에 와서 우리 도우리교회를 위로 아래로 훑어보더니, "이 작은 교회가 무슨 능력이 있겠는가?"라는 유명한 말을 고한영 목사 면전에다 남기고 상담도 받지 않고 그냥 도망치듯이 떠나가시더군요. 또 어떤 분은 도우리교회 와서 하시는 말씀이 "예언사역과 치유사역으로 그렇게 유명한데, 왜 이리 교회가 작은 것이죠?" 하며 자기가 다니는 교회가 몇 만 명 출석하는 대형교회인데, 자기네 교회 많고 많은 건물 중 다 무너져가는 화장실 건물처럼 생겼다고 도우리교회를 비웃듯이 평가하는 분도 있었습니다.

하나님의 때까지 하나님의 약속을 믿고 묵묵히 순종하며 기다리는 그런 시간들이 있는데, 교회 건물이나 교세를 보고 실망하거나 이런 작은 교회는 하나님도 역사하시지 않을 것이라고 판단해버리는 일들을 사역하는 동안 수도 없이 많이 겪었습니다.

위에 소개한 평신도 선교사님도 인터넷을 통해 도우리교회 모습을 보니 적잖이 실망해서 갈까 말까 망설이다가, 하나님께 작정기도로 물어보셨다는 것입니다. 상담 예약은 잡아놓았지만 아직 며칠간 시간이 있었기 때문에 "제가 도우리교회 찾아가서 상담 받는 일을 하나님이 기뻐하십니까? 그곳에 가면 저의 사역에 대하여 하나님의 음성을 들을 수 있을까요? 하나님, 도우리교회가 작아서 마음이 조금 주저함이 생기고 그러는데, 하나님이 도우리교회를 어떻게 생각하십니까?" 하며 기도하셨다는 것입니다.

그러는 중에 저녁에 잠을 자는데 놀라운 꿈을 꾸셨다는 것입니다. 도우리교회에 대해서 하나님이 이렇게 말씀을 주셨다는 것입니다. "너는 눈으로만 보려고 하느냐! 너는 눈으로만 보려고 하느냐!" 이렇게 반복되는 하나님의 음성을 두 번이나 들으셨다고 합니다. 그러면서 "네가 작다고 판단하는 도우리교회 내가 이렇게 만들어줄 것이다." 하시며 성경 말씀 펼쳐진 모양의 어마어마하게 큰 도우리교회 대 말씀 성전을 보여주셨답니다. 그 성전 안에 머리 숫자를 헤아릴 수 없이 꽉 들어찬 성도들을 꿈으로 두 눈 똑똑히 보셨다는 것입니다.

그분은 이 꿈을 꾸고 나서 세 가지를 깨달았다고 하십니다. 첫째는 하나님이 자신이 도우리교회 가서 상담 받는 것을 허락하셨고 기뻐하신다는 것을 확인할 수 있었다는 것입니다. 둘째는 자신이 육의 눈으로 보이는 교회 크기로 도우리교회 작다고 판단했던 자신의 어리석은 모습을 회개하게 되었고, 셋째는 지금은 도우리교회가 세상의 눈으로는 작은 교회 같아 보이지만, 자기가 꿈속에서 본 것처럼 가까운 훗날 도우리교회가 대한민국에서 제일 큰 교회가 될 것을 자신은 확실히 믿는다고 간증을 하시는 것입니다.

도우리교회 와서 이순자 원장님 통하여 예언상담 받으러 오신 것이 아니고, 도우리교회 그렇게 큰 교회 될 것이라고, 하나님이 자기한테 분명히 보여주셨다고 열혈 간증을 해주시는 것입니다. 그 선교사님은 그런 확신을 가지고 오셨고, 이순자 원장님 통하여 하나님이 뜻하신 바를 잘 분별 받고 기쁨으로 돌아가셨습니다.

저는 우리 도우리교회 교인이 아닌 상담 오신 그날 누군지 모르시는 처음 뵌 분이지만, 도우리교회 말씀성전과 그 성전 안에 가득 들어찬 부흥의 모습을 보고 하나님이 도우리교회 부흥케 해주실 것이라고 말씀해주시는 그분의 말을 통하여 다시 한 번 지쳐가던 마음을 추스르고 힘을 내봅니다. 하나님이 일부러 고한영 목사에게 평신도 선교사님이 들려주시는 이야기를 듣고 힘내라고 그 선교사님에게 보여주시고, 여기까지 먼 길 상담 오게 해서 제3자의 입술을 통해 확증케 하시며 간증하게 하셨다고 믿습니다.

우리는 눈앞에 보이는 초라한 현실만 볼 것이 아니라, 하나님이 성취케 하시고 이루실 미래를 바라볼 수 있는 영의 눈이 열려 있어야 된다고 생각합니다. 지금은 옥살이, 종살이, 서글프고 버려진 가장 낮은 자리의 요셉이지만, 그는 애굽의 총리대신이 되었습니다. 지금은 어린 목동 다윗이요 집안의 말째요 아무도 주목하지 않는 사람이었지만, 하나님의 마음에 합한 자 되어 후일 이스라엘의 두 번째 왕으로 세워진 다윗 왕처럼 사람이나 교회나 비전을 볼 때에 지금 현재 육의 눈으로만 보이는 대로 볼 것이 아니라, 하나님이 미래에 이루실 것을 믿는 영의 눈으로, 믿음의 눈으로 볼 수 있어야 한다는 것을 새삼 깨닫게 됩니다.

"너는 눈으로만 보려고 하느냐" 하셨던 주님의 음성을 다시 한 번 가슴깊이 음미해보는 고요한 새벽입니다.

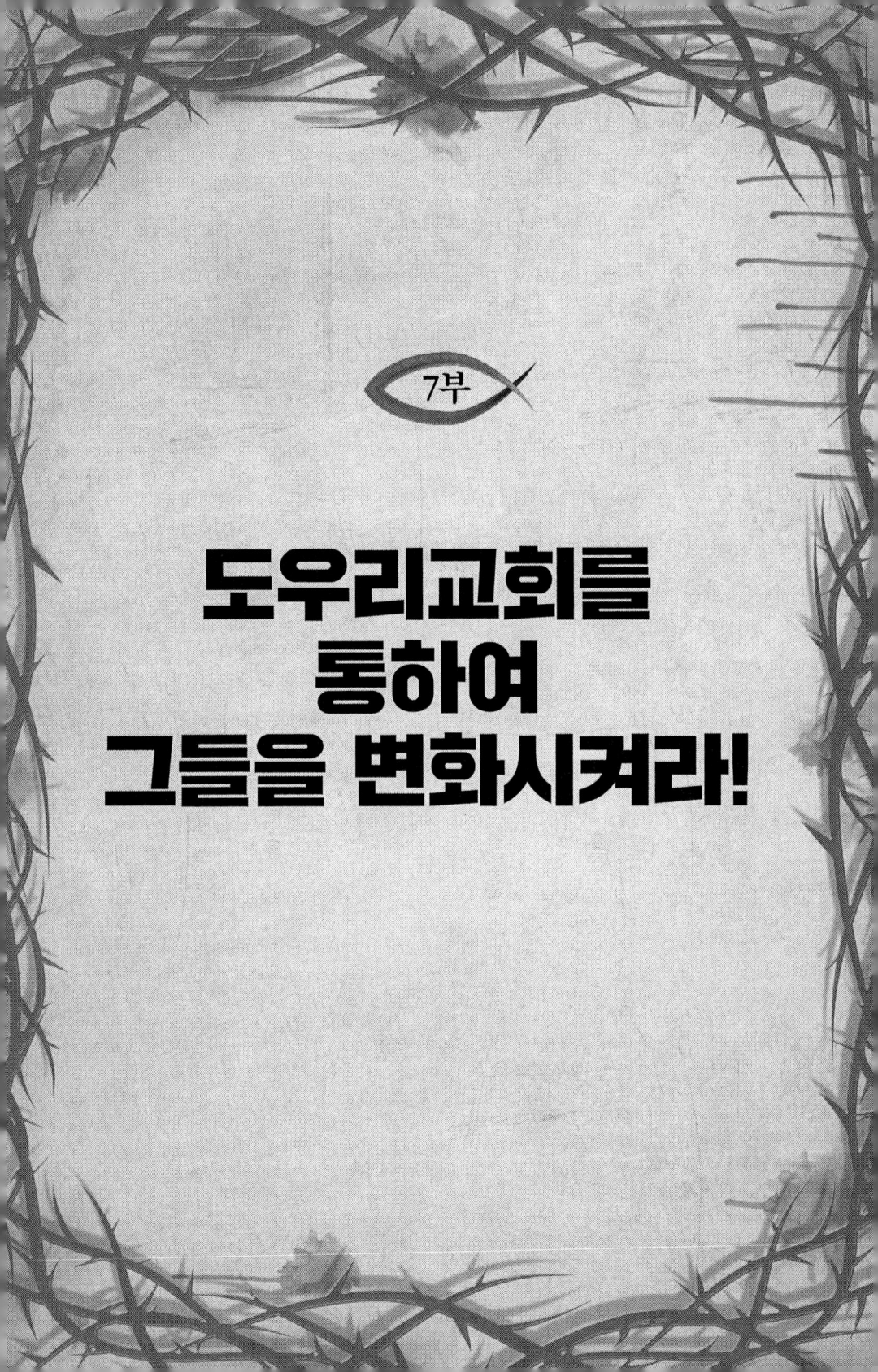

7부

도우리교회를
통하여
그들을 변화시켜라!

진짜 큰 교회,
진짜 성공한 교회가 되고 싶으십니까?

개척교회 목회자들의 공통적인 꿈은 교회 부흥입니다. 교단 내에서 사역하다 보면 작은 교회에서 열심히 목회했는데 그 부흥이 소문 나서, 부흥하게 된 현재의 교회보다 10배나 더 큰 교회에서 청빙이 들어와 큰 교회로 부임되어 가는 경우도 종종 있습니다. 이것도 성공이라면 성공일 수 있겠지요.

대한민국 내에도 교인수가 1만 명 이상 되는 대형교회가 생각보다 많습니다. 그런 대형교회의 목사님들의 사례비가 최소 억대가 넘는다는 것은 누구나 다 아는 사실이지요. 현실적으로는 불가능한 이야기, 꿈만 같은 이야기이겠지만, 지금 100명쯤 모이는 교회 목회하고 있는데 1만 명이 넘는 대형교회에서 청빙이 왔다고 예를 들자면, 청빙을 거절하고 가지 않을 목사가 몇 명이나 될까요?

목회를 하다 보면 누구든지 지금 섬기고 있는 교회가 부흥하기를 원하고, 그리고 꿈이 이루어져서 대한민국에서 제일 큰 교회가 되어서 여의도 순복음교회보다 더 큰 교회가 된다면 얼마나 놀라운 성공이라 할 수 있을까요? 목회자라면 큰 교회에 대한 꿈이 있고, 성공에 대한 나름대로의 소망이 다 있으실 것입니다.

저는 늘 진짜 성공한 교회는 무엇일까? 진짜 큰 교회는 어떤 교회

일까? 그런 생각을 자주 했었습니다. 저의 그런 궁금증과 기도제목에 대한 시원한 빗줄기 같은 답을 꿈을 통해서 찾을 수 있었습니다.

내가 실제로 어릴 적 다녔던 교회의 이름은 부광교회입니다. 어릴 적에도 큰 교회였는데, 내가 신학교를 졸업하고 개척하게 되었을 때 보니까, 내가 아주 어릴 적 다니던 교회는 지금 현재 더 큰 교회가 되어 있었고, 새로운 웅장한 성전을 봉헌해서 예배를 드리고 있었고, 현재 출석 교인은 3천 명 정도의 교세이고, 목회를 돕는 부목사님이 10여 명이 넘는 교회가 되어 있었습니다. 그리고 그 교회 담임목사님으로 새로 오신 분이 감리교를 대표하는 감독님으로 선출된 그런 영향력 있는 교회가 되어 있었습니다.

금요일 새벽에 꾼 꿈입니다. 내 모교인 부광교회에서 담임목사로 누군가를 청빙을 했다는데, 모든 교인들과 모든 장로님들이 만장일치로 모시기로 한 분이 바로 고한영 목사라는 것입니다. 바로 제가 담임목사로 결정되었다는 것입니다. 실제라면 현재의 담임목사님이 은퇴하시게 되어서, 새로운 담임목사를 청빙하려면 정말 100가지는 넘는 담임목사 자격기준을 통과해야 하고, 박사학위는 기본이고 청빙 받기 전 섬기던 교회에서 명백하고도 확실한 부흥의 증거가 있어야 하고, 설교는 말할 것도 없이 설교의 달인처럼 통통 튀는 재미있고 파워 있는 설교로 잘해야 합니다. 어떤 교회는 청빙 조건에 얼굴형이 동안 형에 탤런트처럼 호감을 주고 잘생기고 키가 180이 넘어야 된다는 것이 포함된 교회도 실제로 있었습니다.

그렇게 내로라 하는 실력자 목사님들이 그 교회에 담임목사님이 되고 싶어서 경쟁률이 몇 백 대 1일 것은 불 보듯 뻔한 이치일 것입니다. 대형교회 담임목사님으로 청빙되어 간다는 것은 그런 경쟁을 뚫고 이겼다는 것이니, 꿈만 같은 자리이지요. 큰 교회 담임목사 직은 누구나 소망하는 자리일 것입니다.

그런데 꿈속에서 제가 그 자리에 담임목사로 확정되어 오늘 취임설교 하는 날이라는 것입니다. 그 잔치의 자리에 지역에서 축하해주러 오신 목사님들의 부러워하는 눈빛이 내 얼굴이 따갑도록 느껴집니다. 나를 부러워하는 그 많은 사람들 사이에 내가 주인공으로 서 있었습니다. 그런데 꿈속에서 저는 나를 둘러서 앉아 있는 수천 명의 교인들과 축하객 목사님들 사이에서 전혀 그 자리에 맞지 않는 엉뚱한 설교를 하는 것입니다.

"저는 오늘 이 자리에 온 것은 담임목사 취임설교 하러 온 것이 아닙니다. 부족한 저를 만장일치로 청빙해주셨다는 소식을 듣고 너무나 감사하고 고마웠습니다. 그러나 제가 이 자리에 온 것은 담임목사 청빙을 정중히 거절하려고 찾아온 것입니다. 저를 청빙해주신 모든 분들께 양해의 인사를 드리며, 담임목사 거절 설교로서 제가 한 말씀 드리고자 합니다. 교인이 많다든지, 큰 교회 담임목사가 된다든지 하는 것이 성공이 아닙니다. 하나님의 뜻을 따라 순종하는 것이 큰 교회이고 진짜 성공인 것입니다. 나에게는 도우리교회 도우리 비전을 주셨기에, 내게는 도우리교회가 세계에서 가장 큰 교회이고, 제일 큰 성공의 자리입니다.

이곳 부광교회에는 이 교회를 위하여 하나님의 뜻과 명령이 있는 훌륭한 목사님이 제 대신 오셔서 그 귀한 사역을 감당하게 될 것입니다. 저는 하나님의 뜻이 없는 부광교회 담임목사 직을 아낌없이 거절하고, 내게 하나님의 뜻이 있는 도우리교회에 내 목숨과 내 전생애를 모두 걸 것입니다. 내게는 하나님이 허락하신 도우리교회가,

그리고 도우리 비전이 가장 큰 교회고 진짜 성공의 자리이기 때문입니다. 하나님의 뜻을 따라 순종하는 것이 진짜 큰 교회이고, 진짜 성공한 인생이 되는 것임을 이 자리에 함께하신 여러분 모두가 평생 잊지 않으시기를 당부드립니다."

이렇게 말하다가 꿈이 깨었습니다. 꿈을 통하여 내게 너무나 놀라운 깨우침을 주심에 하나님께 감사를 드렸습니다. 지금의 도우리교회는 세상적인 기준으로는 교회 건물도 작고 교인수도 너무나 적은 교회입니다. 눈으로 보이는 교세인 몇 천 명, 몇 만 명이라는 부흥의 증거를 따지는 분들에게 지금의 도우리교회는 보잘것없고 초라하고 한심하게 보일 수 있을 것입니다.

그러나 꿈을 통해 하나님이 알려주신 것처럼, 고한영 목사에게는 도우리교회가 가장 큰 교회입니다. 이미 큰 교회이고, 앞으로도 큰 교회입니다. 도우리교회, 도우리 비전이 진짜 성공하는 것입니다. 지금도 성공이고 앞으로도 최고의 성공의 길입니다. 하나님의 뜻을 따라 순종하는 것이 가장 큰 교회이고, 가장 성공하는 일이기 때문입니다. 이 글을 읽으시는 모든 목회자들이 하나님의 뜻을 따라 온전히 100% 순종하시는 사명의 길을 걸어가셔서, 모두 다 가장 큰 교회를 이루시고, 모든 분들이 진짜 성공한 하나님의 주인공들이 되시기를 축복합니다.

너는 세상을 치열하게 살아라!

'치열'이란 단어를 아십니까? 치열이란 기세나 세력 따위가 불길같이 맹렬함을 뜻합니다. 나라의 명운이 달린 치열한 전투, 천대 일의 양보 없는 치열한 경쟁, 목숨 걸고 치열하게 싸우다, 위의 인용된 문장처럼 이러한 중차대한 상황에 쓰이는 단어가 치열이란 단어입니다.

성경 속에서 찾을 수 있는 제일 뜻이 통하는 단어는 '열심'이라고 할 수 있겠습니다. 열심은 하는 일에 '마음을 다해 힘씀'을 뜻합니다. 신령과 진정으로 예배드리는 삶이 바로 열심입니다. 치열하게, 맹렬하게, 열심 있게 내 생애 마지막 1분 1초까지 후회 없이 사는 삶을 말합니다.

하룻밤 사이 너무나 신기한 꿈을 꾸었습니다. 지금의 고한영 목사로서의 내 삶이 아닌, 전혀 다른 고한영이란 인물의 삶이었습니다. 어느 집안의 외동아들로 태어나서 평생 96세로 살다가, 그 생을 마감하고 운명할 때까지의 한 사람의 평생의 삶을 꿈속에서 실제처럼 보고 경험하고 살며 느끼며 온몸으로 겪은 것입니다. 그저 하룻밤 꿈이라고 별것 있겠느냐 생각하시겠지만, 하루하루의 일상, 하루 동안 수고하고 피곤해서 잠이 들고, 음식을 먹고 사람을 만나고, 학창 시절에서 겪었던 많은 경험들이 우리가 진짜 인생을 살아오며 호흡하고 눈으로 보고 몸으로 겪듯이 그렇게 살아보게 된 것입니다.

꿈속에서는 이것이 꿈이구나 생각을 전혀 못 하고, 꿈속의 인물이 진짜 원래 내 인생인 것처럼 있는 그대로 느끼며 인생을 살아간 것입니다. 내 부모님은 두 분 다 너무나 착하고 좋은 심성을 가지신 분이었습니다. 두 분이 동갑이었고, 친구처럼 연인처럼 서로를 사랑하고 배려하는 분들이었습니다. 비록 집은 가난했지만, 내 어린 시절은 무척 행복하고 편안했습니다. 두 분이 농사를 짓는 분이어서 늘 공부에 대한 못다 이룬 꿈들이 있기에, 하나밖에 없는 아들인 내가 자신들의 꿈을 대신 이루어주기를 바랐습니다. 공부를 강요하거나 어떤 직업을 가지기 위해 공부하라고 제시하시지는 않았습니다. 늘 입버릇처럼 내게 해주시는 말씀이 "네가 하고 싶은 공부를 하거라! 언젠가 네 마음에 불처럼 일어나는 꿈이 생기거든 그 꿈을 쫓아가면 될 것이다!"라고 말씀해주셨습니다.

어린 시절의 나는 공부를 별로 좋아하지 않았고 성적도 좋지 못했습니다. 반에서 중간 정도의 성적이었습니다. 부모님과 농사를 지으며 사는 것, 들판을 뛰어 다니는 것, 맑은 공기, 푸르른 자연, 깨끗한 시냇가에서 물고기도 잡고 내가 심은 채소들이 무럭무럭 자라나는 것을 더 좋아하던 어린 시절이었습니다.

꿈속이지만 진짜 하루하루를 그대로 겪은 것 같은 느낌으로 진짜 인생을 살았습니다. 중학교 고등학교 다닐 때 공부에 취미가 없어서 그 긴긴 시간 수업시간에 종이 빨리 울리고, 수업이 끝나고 집에 가기만을 바라던 그 지루함은 잊어지지 않을 정도로 기억이 생생했습니다.

그러다가 고등학교를 마치고 대학교를 가게 되었습니다. 좋은 성적이 아니었기에 지방대학의 인기 없는 행정학과에 턱걸이로 간신히 합격한 것입니다. 그러다가 어느 날 대학교수님에게서 강의를 듣던 중 '그대는 어떤 꿈을 좇으며 살고 있느냐!'라는 주제의 강의를 듣다가, 마음속에 신기한 것처럼 없던 꿈이 생겨났습니다. 그것은 넓은 세상으로 나가보고 싶어졌습니다. 그리고 그 넓은 세상으로 나가기 위한 도구가 영어공부라는 생각을 불현듯 하게 되었습니다.

영어공부 해서 무엇을 하겠다는 생각은 없었고, 영어공부를 내 꿈으로 생각하고 공부하다 보면, 언젠가 더 넓은 세상으로 나갈 수 있으리라 믿어졌습니다. 그때부터 나는 영어공부에 내 인생을 걸기 시작했습니다. 원래 실력이 있었던 것도 아니고, 누가 가르쳐주는 분이 있었던 것도 아니고, 돈이 넉넉해서 과외나 학원을 갈 수 있었던 것도 아니어서, 오직 혼자만의 노력인 독학의 길을 선택했습니다.

대학교의 취미생활 동아리도 영어 글짓기 반에 들었고, 교양수업도 선택수업도 모두 영어를 택했습니다. 성적이 잘 안 나왔지만, 그래도 후회하지 않고 악착같이 영어를 말하고 영어를 쓰고 영어에 대한 지식을 넓혀갔습니다.

대학교 4년 동안 행정학과 전공 공부보다 마치 영어영문학과 학생인 것처럼 영어공부에만 매달려 살았습니다. 영어공부가 힘들지 않고, 하나씩 성취해갈 때마다 의욕이 생기고 재미가 느껴졌고, 더 큰 꿈을 향한 동기부여가 되는 것만 같았습니다.

그렇게 영어공부와 영어훈련만 하다가 대학을 졸업하고, 대학원을 영문학 전공을 선택하고 들어갔습니다. 이미 수준급의 영어실력을 가지고 있는지라 교수님을 돕는 조교로 발탁되었고, 수업을 들으면서도 어떻게 하면 영어를 더 잘할 수 있을까 하는 것에만 마음을 쏟고 있었습니다.

그런데 대학원에서 나보다 세 살 어린 마음씨도 얼굴도 아름다운 외모의 후배를 만났습니다. 그 후배는 학부 때 영문학을 전공했고 지금은 나랑 같은 대학원의 영문학 전공 학생입니다. 이름은 김선주였습니다. 어느 순간 둘이 취미가 같고 꿈이 같고, 신앙도 같은 기독교 신앙이어서 더 마음이 찰떡처럼 맞았고, 꿈이 같은 것을 발견하더니 순식간에 뜨거운 연인이 되었습니다. 밤새도록 공부하고 외국인을 만나 씨름하고, 연인이 되어서도 두 사람은 오직 미래에 대한 꿈을 영어공부에 걸고 같이 땀 흘려 공부했습니다.

그렇게 대학원을 졸업하고 석사학위를 따고, 두 사람은 유학의 길에 나섰습니다. 두려움 없이 외국에 나가, 그리고 전 세계에 나가 공부하고 훈련하고자 마음먹었고, 오직 목표는 영어 하나였습니다. 국내에서 결혼하고 나서 미국에 있는 명문대학교에 함께 유학 와서 신혼의 삶을 살며 공부를 계속하는 것입니다. 우리가 유학생활 중 다니게 된 대학은 예일 대학교(Yale University)였습니다.

이 대학은 미국 코네티컷 주 뉴 헤이번에 위치해 있었습니다. 그러다가 7년간의 유학생활 동안에 아이를 둘을 낳았습니다. 첫째는 장녀인 딸이고, 이름이 한나였습니다. 둘째 아이는 아들이었는데, 장녀인 누나와 3살 차이였고, 이름이 요셉이었습니다.

나는 아이들을 키우는 재미에 행복했고, 내가 꿈꾸던 목표에 한 걸음씩 나아가는 삶 자체가 재미있었습니다. 유학 간 지 7년 만에 둘 다 박사학위를 받았고, 국내에 들어와서 내가 졸업한 지방대학교에서 바로 교수로 임명될 수 있었습니다. 같은 박사학위를 받았지만, 아내는 이때부터 공부는 내려놓고 육아와 내 뒷바라지에 자신의 인생을 투자하기 시작했습니다. 아내는 입버릇처럼 이것이 자신의 새로운 공부라고 이야기했습니다. 그 점이 늘 미안했고 동시에 고마웠습니다.

나는 교수생활 하면서 영어공부 방법에 관한 책을 많이 썼고, 영어 문화권에 대한 이해와 실력을 인정받아 외국의 유명 인사들이 한국에 올 때마다 통역의 기회를 많이 얻어서 나라의 일들도 돕기 시작했습니다. 그러다가 내 경력을 좋게 본 나라의 지도자에게 발탁되어 교수 신분에서 한 나라의 대표로 일할 수 있는 대사로 임명되어 해외로 나가게 된 것입니다. 그렇게 해서 필리핀 대사관으로, 아프리카 케냐 대사관으로, 남아프리카 공화국 대사관으로, 그리고 뉴질랜드 대사관으로, 그리고 외교부 장관으로 발탁되어 은퇴할 때까지 영어라는 한 분야의 최고 지도자로 살아가게 된 것입니다.

하룻밤 사이의 꿈인데 평생의 삶 96년의 건강하면서도 장수하는 삶을 살게 된 것입니다. 나와 함께 장수했던 93세의 아내가 내 옆에 내 임종을 지키며 앉아 있습니다. 아무래도 마지막 내 숨을 거두는 순간인 것 같습니다. 내가 아내에게 이렇게 말합니다.

"우리 두 사람 인생 참 재미있었지. 후회 없이 살았지, 응, 여보. 나 이제 죽어도 여한이 없을 것 같아! 하나님이 우리 인생 모든 순간에 함께하셨고, 후회 없이 살도록 도우셨잖아. 돌아보니 참 감사한 것밖에 없는 것 같으네. 나란 사람 사랑해줘서 고마워. 여보, 사랑해. 오늘 당신의 얼굴을 보며 죽을 수 있어서 참 기뻐. 가까운 훗날 우리 천국에서 다시 만나자. 그래, 응?"

그러다가 내 숨이 멎었고 내 영혼이 하나님나라로 들림 받는 느낌이 들다가, 잠자리에서 꿈이 깨어났습니다. 꿈이 깨어나면서 하나님의 음성이 내 귓가에 메아리쳐 들렸습니다. "너는 세상을 치열하게 살아라!" 하룻밤 꿈속에서 고한영 목사로서의 삶이 아닌, 영어공부에 꿈과 목표를 두고 유학생으로, 교수로, 각 나라의 외교 대사로, 외교부 장관으로 후회 없이 살아보았던 놀라운 성령 체험 꿈이었던 것입니다.

하나님이 이 귀한 꿈을 통해 저를 깨우치시는 것입니다. "너는 세상을 치열하게 살아라!" 하고 말입니다. 지금 너에게 주어진 한 번밖에 없는 목사의 삶, 영어공부, 영어훈련, 영어의 삶을 통해 삶을 치열하게 살아보았듯이, 주의 종으로서의 고한영 목사의 삶에서도 목사에게 유일한 공부는 하나님이니, 하나님 공부, 하나님을 깊이 아는 훈련, 하나님께 꿈과 목표를 두는 그런 목사로 평생의 삶 후회 없이 하나님 한 분만 바라보며 달려가라고, 그렇게 거룩한 사명으로 날 부르시는 것입니다.

고한영 목사가 꾼 기이한 꿈이지만, 이 꿈은 이 글을 읽는 모든 분에게 적용될 수 있는 이야기입니다. 하나님 안에서 저마다 다른 각자의 꿈과 목표를 가지고 계실 것입니다. 그 꿈을 이루어가며 하나님께 영광 올리도록, 그 어떤 고난과 역경에도 절대로 좌절하거나 포기하지 말고, 그 꿈을 이루기까지 인생을 치열하게, 맹렬하게 살아가시는, 치열하게 승리를 쟁취하는, 하나님이 허락하신 한 번밖에 없는 소중한 인생을 푯대이신 예수를 바라보며, 위에서 부르신 부르심의 상을 바라보며 후회 없이 예수 그리스도께 붙잡힌 바 된 열심 있는 인생을 펼쳐가시기를 응원하며 축복합니다.

내가 이미 얻었다 함도 아니요 온전히 이루었다 함도 아니라 오직 내가 그리스도 예수께 잡힌 바 된 그것을 잡으려고 달려가노라 형제들아 나는 아직 내가 잡은 줄로 여기지 아니하고 오직 한 일 즉 뒤에 있는 것은 잊어버리고 앞에 있는 것을 잡으려고 푯대를 향하여 그리스도 예수 안에서 하나님이 위에서 부르신 부름의 상을 위하여 달려가노라. (빌립보서 3:12-14)

너는 나에게 미쳐야 한다!

사실 미친다는 말은 좋은 뜻 같습니다. 한 남자가 한 여자에게 미친다는 것은 목숨처럼 사랑한다는 것을 뜻합니다. 진짜 사랑하는 것이죠. 학생이 공부가 재밌고, 공부에 재미를 느끼고 공부하면서 성적 오를 때마다 희열을 느끼고, 밤늦게 공부하느라 피곤할 텐데 그 힘겨움을 스스로 기뻐하면서 감수하는 것은 공부에 대한 열정이 있기 때문입니다. 이렇게 공부하는 사람은 공부에 미친 사람이고, 공부에 미친 사람을 이길 사람은 없을 것입니다.

예술가들도 어떤 면에서 보면 한 분야에 미친 사람들입니다. 음악에 미치고, 노래에 미치고, 그림에 미치고, 악기연주에 미치고, 스포츠 선수가 자기 종목에 미쳐서 상상할 수 없는 땀방울로 훈련하고 연습하면, 세계 최강의 다른 선수들과 싸울지라도 끝끝내 이기고 금메달 따는 영광을 누리고야 맙니다. 이것이 운동이든 자기의 꿈이든, 무엇인가에 자기 삶을 송두리째 걸고 미친 사람들에게 다이아몬드 보석처럼 주어지는 값진 인생의 결과입니다.

미친다는 것은 그것을 무척 좋아한다는 것이요, 누가 시켜서 억지로 하는 것이 아니라, 어떤 희생을 감수하더라도 이 일을 해야만 숨을 쉬고 사는 것만 같을 때에, 그 일을 미치도록 사랑하는 것입니다.

어느 금요일 저녁입니다. 예배가 끝나고 각자의 기도시간입니다.

보통 저녁 9시부터 10시까지 1시간 정도 기도합니다. 교인들은 금요예배 끝난 후 10-20분 정도 더 기도하다가, 자기 개인기도 끝나면 각자 정해진 시간만큼 기도하고 각자 자유롭게 돌아갑니다. 목회자들은 무언의 약속처럼 9시부터 10시까지 1시간 정도 나름대로 기도의 씨름 시간을 갖습니다. 벌써 이렇게 기도하는 패턴이 도우리교회의 금요 저녁예배 전통이 된 지 10년이 넘습니다.

오늘도 9시까지 모든 예배 일정이 끝나고 각자의 기도 시간입니다. 고한영 목사는 회개기도를 먼저 하고 하나님께 감사의 기도를 드리고, 내 육신의 정욕을 위한 기도가 아닌, 성령께서 이끄시는 기도가 되게 해달라고, 영혼을 맡기는 중보기도를 하고, 교회에 대한 공통적인 부흥 기도를 합니다. 이렇게 30분 정도 기도를 하다 보면 기도의 깊이가 생기고, 내 영적 안테나가 하나님의 권능의 보좌에 닿을 듯 말 듯한 긴장감이 느껴지며, 기도가 술술 잘되는 느낌과 기도가 내 머리 위로 열납되듯이 하나님나라로 올라가는 느낌이 들며, 깊은 바다의 심연에 가라앉은 배처럼 기도의 깊이를 더하게 됩니다.

매번 기도할 따마다 이렇게 되는 것은 아니지만, 기도는 기도를 통해서 배우고, 기도는 기도를 통해서 어둠을 뚫고 하나님의 보좌에 올라갈 수 있기에 부르짖는 기도, 엉엉 울며 통회하는 기도, 가슴을 치며 통곡하는 기도, 내 영혼 구원해주심에 감격하는 기도, 내 기도를 열납하시고 이루어주실 것에 대한 감사기도를 하면서, 하나님이 기도를 가르쳐주시고, 기도를 이끌어주시고, 기도를 도와주시기를 부탁드리며, 기도에 기도를 더하는 것입니다.

오늘도 이렇게 기도를 30분쯤 하고 있는데, 내 입에서 이렇게 하나님께 외치는 것입니다. "하나님 왜 날 버리셨습니까?" 동시에 내 입을 통해 내 입술로 들려지는 언어이지만, 하나님이 들려주시는 음성임을 확신할 수 있었습니다.

"내가 너를 사랑하기 때문이란다." 하시는 것입니다. 연이어서 "왜 날 배고프게 하셨습니까?" "내가 너를 사랑하기 때문이란다." "왜 나를 죽음의 고독과 고통의 밑바닥으로 밀어 넣으셨습니까?" "내가 너를 사랑하기 때문이란다." "왜 도우리교회 부흥을 더디게 하시는 것입니까?" "내가 너를 사랑하기 때문이란다." "왜 교인들이 떠나가는 이 살을 에는 아픔을 주셨습니까?" "내가 너를 사랑하기 때문이란다."

이렇게 기도 중 나는 질문하고 하나님은 대답하시는 성령의 대화 상태로, 기도의 무아지경처럼 기도가 이루어졌고 "내가 너를 사랑하기 때문이란다."라는 하나님의 음성에 감격하고 감사해서, 설움이 복받쳐서, 너무나 좋아서 그동안 겪었던 목회 속 어려움들의 이유가 왜인지 알게 되어서, 나를 징계하고 재앙을 내리고 버리신 것이 아니고, 하나님이 허락하신 고난과 연단을 통하여 나를 정금처럼 빚으시기 위한 하나님의 계획과 마음이 있었음을 속 시원히 알게 되어서, 울면서 가슴 밑바닥 깊은 속에서 솟구쳐 올라오는 진정한 감사기도를 드리기 시작했습니다.

그런데 이번에는 하나님이 이렇게 말씀을 주시는 것입니다.

"너는 예배에 미처라! 너는 말씀에 미처라! 너는 기도에 미처라! 너는 전도에 미처라! 너는 도우리교회 카페 꿈 해석 사역에 미처라! 너는 하나님의 살아 계심을 증거하는 글쓰기에 미처라! 내가 도울 테니 너는 염려 말고 너는 나에게 미처야 한다!" 하시는 것입니다.

나는 하나님의 음성과 명령에 대답했습니다.

"아멘 아멘 아멘. 오직 예수님께 미치겠습니다. 오직 한 분 하나님께 미치겠습니다. 하나님이 분부하신 모든 사역에 미치고 미치겠습니다. 오직 주께 미치겠습니다. 아버지 하나님께만 미치겠습니다."

이렇게 하나님은 나에게 미치라고 하시고, 나는 하나님께 미치겠습니다, 라고 대답하는 성령의 대화를 하며 울고 감격하고, 울고 기뻐하고, 울고 감동하고, 울고 감사하고, 울고 대답하고, 울고 기도하고…. 그날 하나님과 나만의 금요 저녁기도는 감동의 용광로요, 기쁨의 도가니요, 은혜와 눈물의 폭포수처럼, 황홀한 꿈결처럼 순식간에 1시간이 흘러갔습니다.

오늘 여러분에게 겪어지는 모든 고난과 아픔과 연단이 있으십니까? 그것은 분명 하나님이 여러분을 너무나 사랑하시기 때문에 하시는 꼭 필요한 일입니다. 오늘 하나님이 우리 모두에게 요청하시는 것이 있으십니까? 그것은 바로 하나님께 미쳐야 하는 것입니다. "내가 도울 테니 너는 염려하지 말고 너는 나에게 미쳐야 한다." 이렇게 말씀하시는 하나님의 음성이 이 글을 읽는 모든 분들에게 들려지는 하나님의 축복이 임하시기를 축복합니다.

너는 높이뛰기 선수인데,
네가 높이뛰기를 못한다면 되겠느냐!

수요일 새벽에 꾼 꿈 기억이 생생합니다. 생사를 결정하는 어떤 목숨 건 경기를 참여하고 있습니다. 1등을 향하여 나아가는데, 장애물도 넘고 강물도 헤엄치고 격투도 하는 것입니다.

아시안 게임이나 올림픽 경기에서 볼 수 있는 그런 실력을 겨루는 경기가 아닙니다. 경기를 치르다가 크게 다치거나 죽을 수도 있는 모든 위험을 무릅쓰고, 목숨을 걸고 뛰어야 하는 위험천만한 경기들로 가득합니다. 장애물 밑에는 발로 디디면 상해를 입히고 죽을 수 있는, 바닥 전체가 뾰족한 죽창과 이름도 모를 수백 가지 독사들이 우글거립니다.

강물에서는 그냥 수영 실력을 뽐내고 수영만 잘하면 되는 것이 아닙니다. 그 강물에는 사람을 삼키는 거대한 악어가 있어서, 물을 건너다 악어에게 잡아먹힐 수 있다는 공포와 두려움을 각오하고, 죽을힘을 다해 악착같이 헤엄쳐서 신속히 건너가야 하는 것입니다. 격투는 크게 펀치를 날릴 때 점수를 따는 방식이 아니고 하루 종일 서로 피투성이가 되도록 싸우는데, 한 사람이 쓰러져야, 한 사람이 경기를 포기해야 경기가 끝나는 고대 전투의 서바이벌 생존 방식입니다.

많은 장애물을 천신만고 끝에 어렵사리 통과하고, 많은 사람을 격투에서 이기고, 이제 골인 직전 마지막 관문이 하나 내 앞에 놓여 있었습니다. 내 키보다 훨씬 높은 높이뛰기 장애물입니다. 기회는 단 한 번이라고 합니다. 꿈속에서는 장대가 너무 높아 한 번도 넘어본 적이 없는데, 실패할까 봐 망설이고 있었습니다. 정면 뛰기로는 힘들 것 같고, 옆으로 달려가다 타고 넘는 전통적인 방식을 해야 되겠는데, 장대가 높아 각도가 잘 나오지 않아 어떡하지, 하고 난감한 상황입니다.

저만치 뒤에서는 바짝 그 무시무시한 난관과 장애물을 뚫고 지나온 또 다른 2등 주자들 여러 명이 맹렬한 기세로 따라오고 있는 것이 보입니다. 자기 차례를 기다리다가 제일 높은 높이를 넘는 사람이 이기는 방식이 아니고, 먼저 와서 먼저 넘는 사람이 이기고 우승자가 결정되는 상황이어서, 마음을 결단하고 속히 장대를 넘어가야 하는 것입니다. 갑자기 옆에 코치같이 생기신 분이 던지는 말씀이 가슴에 팍팍 파문처럼 와 닿습니다. 나를 훈련시킨 나를 잘 아는 분인 것처럼 말씀해주시는 코치님의 강력한 충고요 권면의 이야기입니다.

"너는 높이뛰기 선수인데, 네가 높이뛰기를 못 한다면 되겠느냐!"

제일 많이 훈련한 것이 높이뛰기이고, 나는 세상에서 높이뛰기를 제일 잘 뛰는 실력을 가졌다는 것입니다. 나를 훈련시키신 분, 나보다 나를 가장 잘 아는 분, 그 코치님은 바로 예수 그리스도이셨습니다. 순간 정신이 바짝 들며 오랜 훈련으로 다듬어진 자신감이 생기고, 그 높이뛰기 장애물을 행하여 힘차게 도약하며 달려가다가 꿈이 깨었습니다.

꿈이 깨면서 나는 목회자인데, 나는 주의 종인데, 내가 하나님을 믿지 못한다면, 내가 하나님이 주신 사명을 환경이 어렵다고 포기한다면, 되겠는가 하는 생각이 들었습니다. 목사가 제일 잘하는 일, 목사의 별명은 전도사입니다. 복음 전하는 일을 맡은 전도 사명자입니다 하나님이 살아 계시고 역사하신다는 것과 예수님만이 우리의 구원이요 생명인 것, 그것을 믿는 믿음을 전하는 것, 그것이 복음 전도자의 맡은 바 사명이 아닙니까?

내가 제일 잘하는 일은 하나님을 믿는 일입니다. 내가 제일 잘하는 일은 하나님을 전하는 일입니다. 하나님의 종으로서 하나님을 기쁘시게 해드리는, 하나님이 원하시고 기뻐하시는 사명들을, 하나님이 명령하신 것을 내 목숨 바쳐서 온전히 순종하는 것이 내가 해야 할 거룩한 사명임을 깨닫는 귀한 꿈이었습니다.

하나님을 믿는 너희에게
그와 같은 근성이 있어야 하느니라!

2010년 11월 6일 토요일입니다. 어젯밤 너무나 기이한 꿈을 꾸게 되었습니다. 하나님께서 재벌의 생성 이유와 그들의 근성에 대하여 보여주셨습니다. 꿈속이지만 지능지수가 1,000이나 된 듯 놀랍도록 깨닫게 하시는 것입니다.

하나님이 재벌이 된 사람들의 특징 두 가지를 가르쳐주셨습니다. "첫째, 그들은 누구도 꺾을 수 없는 꿈을 가지고 있었다! 둘째, 그 꿈을 이루기 위해 악착같은 근성이 있었다!"라고 말씀하셨습니다. 그러시더니 "네가 직접 그들이 어떻게 인생을 살았는지 경험해야 그 뜻을 알지 않겠느냐!"하시며, "네가 직접 가서 네 눈과 손으로 겪으며 체험하거라!" 하셨습니다.

그런데 순간 내 몸이 감옥에 들어와 있는 것입니다. 가난한 살림에, 배고픔에 시달리다가, 남의 가게에서 물건을 훔치는 좀도둑질을 하다가 붙잡힌 것입니다. 유치장에 있다가 재판에 넘겨지고 형이 확정되어, 그래서 이렇게 징역형을 살고 있는 것입니다. 감옥에서 어떻게 하면 사기를 잘 치고, 범죄를 더 잘 저지르고 형사들의 눈에 붙잡히지 않는지 범죄를 지능적으로 더 심도 있게 배우는 사람도 있었고, 잡혀온 사실에 분노해서 세상을 원망하고 자기 분노에 사로잡혀 점점 정신

병자처럼 성격이 흉폭해지는 사람들도 있었습니다.

꿈속에서의 나는 왜 내가 좀도둑질을 했는지 스스로 후회하기 시작했습니다. 땀 흘려 일하지 않고 쉽게 돈을 손에 쥐고 싶었던 내 어리석은 지난날의 선택들을 철저히 반성하는 것입니다. 그리고 감옥에서의 삶이 상당히 싫었습니다. 범죄를 저지른 사람들의 살벌한 눈치를 보며 숨죽이며 살아야 하고, 항상 눈을 땅에 내리깔고 다녀야 하고, 먹는 것도 맘 편히 먹지 못하고, 그 많은 사람들 틈새에서 조각 잠을 자야 하고, 화장실은 하나인데 다른 죄수들이 다 보고 있는 환경에서 일을 보아야 하고…. 이런 모든 환경들이 죄를 짓고 다시는 이런 곳에 오지 말자고 나 자신을 크게 각성하고 자각하게 만들었습니다.

형은 6개월을 받았지만, 그 6개월이 1주일처럼 느껴지도록 부지런하게 행동했습니다. 비꼬며 트집 잡는 다른 동료 죄수들에게 얻어맞아도 머리를 굽실거리며 웃었고, 이곳에서 벗어날 수만 있다면 무엇이든 할 수 있으리라는 마음에 참고 또 참고, 남이 시킨 일도 마다하지 않고 떠맡아 하면서 몇 개월 사이에도 모범수가 되었습니다. 그렇게 꿈만 같이 6개월이 흘러 형기를 무사히 마치고, 다시 출옥하여 자유의 몸이 된 것입니다.

그때부터 나는 막노동부터 시작해서 무엇이든지 이를 악물고 악착같이 일을 했습니다. 그렇게 성실성과 근면함을 가지고 건설 노동자의 일을 했는데, 그렇게 수십 년 일하다 보니 30년 뒤 건설업계에서 규모 1위의 제일 큰 건설업 회사를 거느리는 재벌 회장이 된 것입니다.

좀도둑으로 잡혀 감옥에서 생활했던 6개월이 나에게는 쓰디쓴 최고의 약이 되어, 평생 요령 부리지 않고, 쉽게 돈 버는 데 마음 쓰지 않고, 성실과 근면과 맡은 바 일을 반드시 해내는 근성으로 30년을 살아왔더니 결국 재벌이 된 것입니다.

그러는데 갑자기 장면이 바뀌면서, 내가 병원 중환자실에 누워 있는 것입니다. 내가 가망이 없다고, 수술해봐야 소용없다고 하는 의사의 소리가 들리고, 길에서 쓰러진 나를 구급대원이 싣고 왔는데, 보호자도 없고 수술비도 없는 노숙자 같은 사람 같다며, 간단한 응급조치만 하고 병원을 내보내자고 하는 병원 관계자들의 영혼 없는 대화 같은 냉정한 소리가 내 귀에 들립니다.

의식을 잃고 쓰러져 있었지만, 거의 다 죽은 사람처럼 내 몸은 손가락 하나 움직일 수 없었지만, 그들이 주고받는 이야기를 생생하게 다 들을 수 있었습니다. 몸을 움직이지 못하고 시체처럼 누워 있는데도 서러워서, 서러워서 뜨거운 눈물이 흐릅니다.

부모를 일찍 여의고 고아로서 홀로 살아온 삶, 성인이 되어서 고아원을 나왔지만 반겨주는 이 하나도 없는 쓸쓸하고 고독한 세상에서 살아서 무엇 하나 하는 절망감이 이 청년을 인생의 벼랑 끝으로 몰아 세웠습니다. 이 청년은 어차피 소망 없는 세상 진탕 술이나 먹다가 죽어버리자고 돈이 생기는 대로 술을 마시기 시작했고, 이윽고 몸이 다 망가지기 시작했습니다. 몸도 마음도 부서지고 망가진 폐인이 된 것입니다.

그러다가 거리를 비틀거리다가 쓰러져서 지금 병원에 누워 있는데, 병원비 낼 돈도 없고, 죽어가는 나를 병원 의사들은 이 세상에 존재할 필요가 없는, 쓸모없어 버려진 짐짝처럼 대하는 모습에 서러웠습니다. 아무도 돌보지 않는 그 차디찬 병원 침대에서 죽은 시체처럼 꼼짝 못 하고 누워 있지만, 내 가슴속 깊은 어딘가에서부터 살고 싶다는 뜨거운 욕망이 내 안에부터 활화산 분출처럼 뜨겁게 솟아나기 시작한 것입니다.

병원 관계자 모두 다 저대로 100% 사망할 것이라고 방치해두었는데, 기적처럼 한참 후에 정신을 되찾았습니다. 하지만 몸은 비틀비틀하고 자기 몸 하나 가누지 못할 정도로 여전히 망가질 대로 망가진 구제 불능의 몸이었습니다. 하지만 이 젊은 청년인 꿈속의 나는 전에는 가져보지 못했던 상상 못 할 꿈을 갖기 시작했습니다. 그것은 나처럼 구제불능에 버려진 환자를 살리는 의사가 되고 싶다고 마음 먹은 것입니다.

그 청년은 술을 완전히 끊었고, 몸이 점차 회복되자 의사가 되고 싶어서 병원의 허드렛일을 돕는 잡부로 일하기 시작했습니다. 그리고 내 인생하고는 상관없다고 여겨져 포기했던 공부의 꿈을 꾸면서, 의사가 되고자 입시를 준비하게 되었습니다. 병원 허드렛일로 푼돈을 벌며 주경야독하는 일은 결코 쉽지 않은 일이었습니다. 그렇게 해서 마침내 의과대학에 들어갔고, 다른 돈 많은 의사 후보생들은 꺼리는 병원 내의 온갖 험한 일, 지저분하고 꺼리는 일들을 자처해서 학비를 벌고자 아르바이트를 하기 시작했습니다.

병원에서 최고의 고액 아르바이트였던, 의사 후보생들만이 할 수 있는 시체 닦는 아르바이트도 도맡아 하면서 담력도 키우고, 죽은 이에 대한 존경심을 배우며, 그 학비로 의사 공부를 끝까지 할 수 있었습니다. 힘들 때마다 포기하고 싶을 때마다, 그때 병원에 실려 와서 죽어가던 그 불쌍한 청년이었던 자기 자신을 떠올리며, 그 모든 힘겨운 순간들을 강한 정신력으로 이겨냈습니다. 레지던트 의사를 지나며 결국 최고의 성적으로 전문의가 되었습니다.

수술할 때마다 사람을 살려내야 한다는 일념으로 매순간을 최선을 다했기에 수술 성공률 1위에 해당하는 명예를 얻을 수 있었고, 환자들을 비롯한 병원 모든 관계자들에게 칭찬받고 존경받고 사랑받는 최고의 의사가 되었습니다.

그런 성실함을 가지고 작은 병원을 개원하게 되었는데, 친절하고 환자를 가족처럼 여기고 실력 있는 의사 선생님으로서 각처에 소문이 나며, 그 병원은 계속 거듭 성장하고 또 성장했습니다. 개인병원에서 종합병원으로 성장했고, 병원 내의 궂은일을 다 해본 경험이 있었기에, 병원의 모든 행정과 사무를 효율적으로 다룰 수 있었기에 환자를 왕처럼 섬기는 진료 방식과 병원의 가족 같은 환경은 사람들이 쏟아져 들어오듯이 찾는 병원으로 소문이 났습니다. 그리고 확장되어서 더 큰 병원이 되었고, 30여 년이 흐른 후 마침내 대한민국에서 제일 큰 병원을 소유한, 본인 자신이 의사이면서도 여러 개의 대형병원을 소유한 의료 재벌이 되고 만 것입니다.

재벌이 되어서도 어려운 형편에 있는 환자들 수술을 지원하는 일과, 세계에 의료 수준이 낙후된 극빈 국가에 의료 인력들을 자원봉사로 지원하고 수술을 돕는 일들을 지금도 행하고 있는 존경받는 의사가 된 것입니다.

이렇게 평생을 의사로서, 병원 최고 경영자로서의 삶을 살아온 것에는 나처럼 돈이 없어서 살 희망이 없다고 죽어가는 사람들을 살리는 의사가 되고 싶던 그때의 간절한 꿈, 어려운 형편의 사람들을 도와줄 수 있는, 이익을 추구하는 병원이 아닌, 사람을 살리는 진짜 병원을 만들고 싶었던 누구도 꺾을 수 없었던 강렬한 꿈이 있었기에 가능한 일이었습니다. 이렇게 평생을 어떻게 의사가 되어 살아왔는가, 병원 이사장 집무실 창가에 앉아 커피 한 잔의 차를 마시며 지나간 세월을 회상하고 있는데 꿈이 깨었습니다.

모두에게 미움 받고 정죄 받는 감옥에서, 그리고 치료를 거부당한 죽음을 기다리던 차디찬 병원에서, 그 가난과 고독과 서러움의 밑바닥에서 마음속 깊은 곳에서 솟구친 꿈과 결심과 각오는 나를 건설업 재벌회장이 되게 만들었고, 나를 최고 의사가 되고 재벌이 되게 만든 것입니다. 꿈속에서의 두 등장인물과 동일시되며, 똑같이 그들의 인생과 경험을 동일하게 체험해보는 너무나 기이한 꿈을 꾼 것입니다.

하룻밤 꿈속이었지만, 두 사람의 평생의 인생을 살아보게 된 것입니다. 너무나 꿈이 기이하여, 꿈이 깨면서도 너무나 많은 생각과 깨달음이 몰려오면서 눈이 뜨였습니다. 그런데 동시에 내 귀를 울리는 하나님의 음성이 들렸습니다.

"믿지 않는 세상 사람들도 그와 같을진대 하나님을 믿는 너희에게 그와 같은 근성이 있어야 하느니라!"

하나님이 꿈을 통해 나를 깨닫게 하시며, 꿈과 목표를 분명히 가지고, 그리고 하나님이 주신 꿈과 목표를 이루어가기 위한 악착같은 근성과 의지를 갖게 하시는 것입니다.

그렇습니다. 하나님이 우리에게 주시는 꿈이 있어야 합니다. 그리고 하나님이 이루실 줄로 믿고 고난과 역경을 감수하며 이겨낼 악착같은 근성이 있어야 하는 것입니다. 갈렙이 하나님이 말씀하신 언약을 믿고 85세가 되는 나이까지 45년을 인내한 것처럼 말이지요.

언약은 반드시 성취됩니다. 하나님의 약속은 반드시 이루어집니다.

하나님이 주신 꿈은 하나님이 하나님의 방법과 뜻으로 이루어가십니다. 다만 한 가지 우리에게 필요한 것은, 하나님이 주신 그 꿈을 끝까지 믿는 믿음과 그 꿈이 이루어질 때까지 인내의 땀방울을 흘리며 악착같은 근성으로 우리에게 다가오는 모든 삶의 역경과 인생의 풍파에 맞서 싸울 강한 의지입니다. 그것이 있다면 그 꿈은 우리의 인생 속에서 두 발로 딛고 서는 현실로 이루어지는 것입니다.

오늘 저와 여러분 모두에게 주시는 하나님의 메시지를 가슴에 깊이 새기시기를 축복합니다.

"하나님을 믿는 너희에게 그와 같은 근성이 있어야 하느니라!"

진짜 세종대왕이 될 수 있는 비결

어느 날 세종대왕 꿈을 꾸었습니다. 꿈속에서의 나는 세종대왕 신분이었습니다. 정치와 군권 모두 강력하게 가지고 나라를 다스리는 왕다운 왕, 힘 있는 왕이었습니다. 삼정승 육조판서 권력 있는 신하들의 눈치를 보거나 나라의 관리를 임명하는 데에 제한을 전혀 받지 않는, 백성들을 무척 아끼는 왕이요, 신하들에게 존경받는 왕이요, 소신대로 정치를 펴는 절대 권력의 왕이었습니다.

영의정 같은 제일 높은 벼슬의 신하라 할지라도, 나라에 잘못한 일이 있거나 백성들을 괴롭게 한 잘못이 드러나면, 언제든지 왕의 권한으로 죽일 수도 있고 멀리 귀양을 보내버릴 수도 있는 권력이 있었습니다. 궁궐 내에서도 나라의 정치를 돕는 벼슬 높은 관리들이 있었습니다.

이들 중에는 신하들의 으뜸이라고 할 수 있는 영의정도 있었는데, 꿈속에서의 영의정은 자기 가문의 이익만을 쫓는 신하였습니다. 나라가 어렵든, 나라에 정치적으로 어려운 문제가 생기든 아랑곳하지 않고, 자기 가문의 이익과 실리만 따지니, 자기 자신에게 손해가 난다면 나라의 정치에 대해서 왕을 위해, 백성을 위해 백 번 천 번 옳은 일인데도 시시콜콜 반대를 일삼는 것입니다. 내 마음에 들지 않는 신하일 뿐 아니라, 백성을 위한다고 핑계만 댈 뿐, 결국 자기 이익을 위한 발언이요 주장인 것을 왕인 나는 훤히 들여다보고 있었습니다.

관리들 중에도 무사안일만 추구하고 자기 자리만 보존하기에 바쁜 관리들이 있었고, 자기들이 열심히 해야 되는데 몸이 피곤할 것 같은 험하고 궂은일들은 절대로 스스로 하지 않고, 편안한 자리에 앉아 빈둥대며 하루 살기 힘든 백성들에게 온갖 궂은일들을 전가시키고자 하는 심보 못된 관리들도 있었습니다. 상식적인 생각이요, 평상시의 내 사고방식 같았으면, 신하들 눈치 안 봐도 되고, 그런 백성들 안중에도 없는 자기 가문의 이익만 추구하는 아무짝에 쓸데없는 영의정 같은 신하들을, 무사안일에 빠진 게으른 신하들을 당장에 내쫓아버리거나 그가 누리던 권리를 남김없이 빼앗을 수도 있었습니다.

그리고 잘못한 일이 있다면 본보기로 귀양을 보낼 수도 있는 상황인데, 꿈속에서 세종대왕인 나는 그 영의정과 자기 앞가림에만 관심 있는 신하들을 하나도 내쫓지 않고 가만히 옆에 두고, 일할 수 있는 기회를 주고 있는 것입니다. 화낼 만한데도 전혀 화내지 않고, '저런 못된 것.' 하고 다시는 옆에 두지 않고 멀리 내쫓아버릴 만도 하고, 그들의 이기적이고 더러운 속내를 훤히 잘 아니 더더욱 나라 일을 절대로 게으르고 부패한 그들 손에 맡기지 않을 것만 같은데, 꿈속의 세종대왕인 나는 그들에게 동일한 기회를 주어 나라의 일들을 맡기는 것이었습니다.

그런 꿈속의 나를 가만히 지켜보던 또 다른 꿈속의 내가 가만히 왕좌에 앉아 있는데, 꿈속에서 하늘로부터 거룩한 음성이 들렸습니다. 곧 그 음성이 하나님의 음성인 것임을 깨달았습니다.

"욕심 많은 백성들은 안중에도 없고 자기 가문의 이익만 쫓는 그런 영의정이라도, 네 옆에 두고 쓸 수 있어야 진짜 세종대왕이 되는 것이란다." 이렇게 말씀하시는 것입니다. "교회에는 믿음이 좋은 사람만 있는 것이 아니란다. 믿음이 없는 사람도 있고, 이기적인 사람들도 있고, 나만 사랑해달라는 사람들도 있단다. 하나님께 충성하고 하나님의 나라와 의를 구하는 사람만 있지 않고, 교회에서 자기이익을 추구하는 사람들도 많이 있단다. 네가 목사가 되어 그들의 속내를 다 안다고 그들을 멀리하고 싫어하고 꺼려하고 내친다면, 그것은 참 목사의 모습이 아니란다."

두 귀가 하나님의 목소리에 쩌렁쩌렁하게 울리며 가슴속으로 깨달음의 파도가 물밀 듯이 밀려들었습니다. 꿈에서 깨었는데도 좋은 책을 1,000권 읽고 난 후의 산더미 같은 깨달음이 머릿속에 가득 채워졌습니다. 교회에도 함께 예배를 드리며 하나님 믿는 신앙을 가지고 있지만 자기만 알아달라고 하는, 나만 잘났다고 하는 이기적인 신앙인들이 많이 있습니다. 기도는 조금 하고 봉사도 눈치껏 하는 둥 마는 둥 하며 높은 직분 받기만을 기대하는 사람들도 많이 있습니다. 대접받기만 좋아하는 교만한 사람도 많고, 자기에게 조금만 손해 날 것 같으면 교회 정책에 이유 없이 반대하는 사람들도 많습니다. 장로들 중에도 교회를 사유화해서 목사님을 자기 손에 집어넣고 좌로 우로 조종하려는 사람들도 많고요.

고한영 목사도 이런 교인들을 만나고 얼굴 대할 때에는 그런 분들이 싫기도 했고 밉기도 했고, 옆에 있는 것을 꺼려하는 경우도 있었습니다. 그런데 하나님은 나의 그런 소견 좁은 태도를 바꾸시고 마음의 크기를 넓히시고자 깨닫게 하시려는 것입니다. 꿈속의 비유처럼 "자기 가문밖에 모르고 백성들은 안중에도 없고 자기 욕심만 추구하는 그런 영의정이라도, 네 옆에 두고 쓸 수 있어야 진짜 세종대왕이 되는 것이란다." 하는 것을 깨닫게 하시는 것입니다. 앞으로 우리 도우리교회를 크게 부흥케 하시고 세우실 때에 수많은 다양한 사람들이 물밀 듯 들어올 것이기에, 내 입맛에 맞는 사람, 내게 충성하는 사람만 옆에 두면 하나님이 기뻐하시는 큰 사역을 할 수 없다는 것을 깨닫게 하시는 것입니다.

도우리교회는 믿음이 없는 사람에게도, 이기적인 사람에게도, 시기질투 많은 사람에게도, 자기 욕심만 채우는 사람에게도, 교만한 사람에게도 모두 동일하게 하나님께 쓰임 받을 수 있도록 편견 없는 목회, 차별이 없는 목회, 교인 모두에게 똑같이 기회가 주어지는 교회 모든 사람에게 활짝 열린, 하나님을 가장 기쁘시게 해드리는 도우리교회가 되어야 한다는 것을 깨닫게 됩니다.

이 글을 읽는 모든 분들이 진짜 세종대왕처럼 대한민국을 빛내는 왕 같은 멋진 일꾼이요, 하나님나라 확장의 왕 같은 큰 일꾼들이 되시기를 축복합니다.

대한민국에서
제일 큰 교회 목사가 될 수 있을까?

저는 개인적으로 훗날 하나님이 도우리교회 부흥을 주시면, 건물을 크게 짓는 것보다 땅을 더 넓게 구해서, 교인들이 주말농장처럼 놀러 와 원두막 나무정자에서 예배 끝나고 나면, 가족들이 둘러앉아 오순도순 삼겹살도 맛나게 구워먹고, 밭에서 직접 따온 상추나 고추나 깻잎으로 쌈도 싸먹을 수 있는 그런 쉼과 힐링이 있는 전원 교회를 꿈꿉니다. 또한 민들레, 엉겅퀴, 방풍, 미나리 같은 각종 신선한 채소나 도라지, 우슬, 더덕, 지치 같은 약초도 많이 심고, 제 철 따라 여러 가지 약초로 효소도 담고, 몸에 좋은 약초로 만든 약 된장도 담고 싶습니다. 그래서 약초 항아리, 된장 항아리, 고추장 항아리, 간장 항아리 수백 개가 밭 하나를 차지하고, 나란히 늘어선 그런 농원을 가진 교회를 만들고 싶습니다.

교회 안에 몸이 아프신 분들이 안수기도 받고 나음도 받지만, 이런 하나님이 자연에 베풀어주신 몸에 좋은 야채나 약초, 자연 음식들을 통해 건강을 회복하는 분이 많기를 소망합니다. 늘 기도할 때 그런 교회가 되도록, 그런 꿈을 이룰 수 있도록 하나님이 허락하시는 부흥을 주십사 하는 소원기도를 함께 드립니다.

그런 기도를 매일 드려서일까요? 꿈을 꾸었는데 꿈속에서도 거대한 밭을 일구고 있었습니다. 우리 도우리교회 땅이요 교회가 관리하는 밭이라는데, 좌우 끝이 안 보일 정도로 광활한 들녘처럼 넓은 땅입니다. 또한 그 땅 옆으로 작은 하천이 길게 몇 킬로미터 흘러가고 있고, 그 하천과 일구는 땅 사이에는 사람 키보다 높은 논둑이 지어져 있습니다. 그 논둑의 넓이는 자동차로 양쪽 왕복해서 다닐 만한 흙이 다져진 단단한 흙길이었고, 여기저기 풀숲에서 텐트 치고 야영하며 낚시하는 사람도 있고, 교회에 관광 차 놀러 왔다가 삼삼오오 걸으며 사진 찍고 산책하는 코스도 잘 되어 있는 것 같았습니다.

그 밭에서 일을 하고 있는데, 내 몸의 옷차림을 보니 너무 멋있는 제복이었습니다. 아웃도어 캐주얼 등산복처럼 생겨서 활동성도 있고, 보기에도 광고에 나오는 첨단 경비업체 직원 복장처럼 세련되고 멋있어 보이고, 그대로 사무실에 앉아서 일해도 깔끔해 보이는, 실용성 있는 옷을 입고 있었습니다. 나를 돕는 여러분들과 그 키 높은 논둑 바로 밑에서 무엇인가를 작업하고 있었습니다.

자세히 보니 쓰레기를 줍는 것입니다. 관광객들이 버렸는지 낚시꾼들이 버렸는지, 주말농장에 왔다 간 교인들이 버렸는지, 이 넓은 논둑길을 오고가는 사람들이 버린 각종 오물과 쓰레기들이 약초와 각종 푸성귀 농작물이 자라는 밭에 이리저리 숨은 그림 찾기처럼 버려져 있는 것을 찾아내 치우는 작업을 하고 있는 것입니다. 누가 논둑 밑 밭고랑까지 내려와 똥(대변)을 싸놓고 가셨는지, 그 배설물 위에 휴지를 얼기설기 뭉친 채 그냥 버려두고 간 사람도 있습니다. 그래서 똥은 그 밭에 구덩이를 파고 흙으로 살짝 덮어주고, 휴지는 준비해놓은 쓰레기봉투에 담고, 담배꽁초나 과자봉지 등을 편리한 자동 손 집게를 이용해 주위가며 청소를 하고 있는 것입니다.

5월의 중순쯤 되어 보이는 날씨인데 한참을 청소하고 얼굴에 흐르는 땀을 닦으며, 잠시 그 논둑길 바로 밑에 큰 돌이 있기에 깔고 앉아서 자라나는 채소들이며 날아가는 새들의 경치를 보며 쉬고 있었습니다. 그런데 바로 내 머리 위 논둑길에서 두 사람이 싸우는 것처럼 목소리를 높이며 언쟁을 벌이는 것입니다. 키가 사람 키보다 높은 위치의 논둑길이고, 그 바로 밑에 밭에서 앉아 있으면 밑에 누가 있는지 잘 안 보이는 상태입니다. 나는 누가 왜 싸우는가 하고 그분들의 이야기를 본의 아니게 엿듣게 되었습니다.

먼저 나이가 있어 보이는 분의 목소리를 들으니, 내가 속해 있던 교단의 아는, 나이 든 목사님의 익숙한 목소리입니다. 실제로도 그분은 70이 다 되어 은퇴를 앞두고 있는 분이셨습니다. 그런데 그분이 잔뜩 화가 나서 자기 분을 참지 못하고 내뱉는 이야기에 제가 깜짝 놀랐습니다. 갑자기 고한영 목사 이름이 그분의 욕하는 소리에 들어 있었기 때문입니다.

"어떻게 저렇게 새파랗게 젊은 고한영 목사가 대한민국에서 제일 큰 교회 목사가 될 수 있나? 이것은 말도 안 되는 일이지. 나는 칠십 평생 하나님께 얼마나 충성했는데, 나한테 그 영광의 자리를 주셔야 하는데. 젊은 놈이 목회를 얼마나 했다고 대한민국에서 제일 큰 교회 목사가 될 수 있느냔 말이야? 하나님이 하나도 공평하시지 않고 분명 잘못하신 일이야. 에이, 신경질 나. 이건 말도 안 되는 일이야."

이런 대화를 하면서, 바로 논둑 바로 밑에 내가 있는데도 아무도 없는 줄 알고 계속 내 이름을 거론하며 하나님께 불평과 원망을 쏟아내고 내게 험한 욕을 해대는 것입니다. 나는 당황스럽고 민망한 상황이라서 가만히 그분들의 이야기를 듣고만 있었습니다. 옆에 있던 부목사님처럼 보이는 30대의 젊은 목사님이 그 화내는 목사님을 진정시키며 이렇게 이야기하는 것입니다.

"목사님, 진정하시고 제 이야기를 들어보세요"

그 젊은 목사님은 아주 차분하게 원로 목사님을 다독이며 이야기를 하시는 것입니다.

"하나님과 그 젊은 고한영 목사 사이에 우리는 알 수 없는 그 둘만의 약속이 있기 때문이지 않겠어요. 하나님이 무언가 약속하신 것이 있어서, 고한영 목사가 부족해도 나이가 젊어도 그 부흥을 주신 것일 테니, 우리는 함부로 맞다 틀리다 욕하고 판단하면 절대로 안 될 것 같아요."

하면서 그 은퇴 앞둔 원로목사님을 진심으로 위로하며, 성질내며 화내시는 그분을 부모님처럼 선생님처럼 다독이며 길을 지나가시는 것입니다. 점점 그 두 분의 모습이 저만치 작은 점처럼 멀어져갔습니다.

꿈속의 나는 그분들의 이야기를 새겨들으며, 아까 하던 모습 그대로 땀을 흘리며, 그 밭에 떨어진 오물과 쓰레기들을 주우며, 묵묵히 일을 하다가 꿈이 깨었습니다.

꿈이 깨면서, 비록 꿈이지만 꿈속에서 들게 하신 그 이야기가 마음에 메아리처럼 내 가슴에 북을 둥둥둥 치듯이, 큰 종을 대에엥 대에엥 울리듯이, 잔잔한 파문처럼 가슴 깊이 깨달음이 왔습니다.

"아하! 이 꿈은 나에게 미래에 대한 소망을 주시는 언약 꿈이구나!" 하는 생각이 들었습니다. 새파랗게 젊은 나, 하지만 하나님이 이 젊은 고한영 목사를 하나님이 원하시면 얼마든지 대한민국에서 제일 큰 교회 목사가 될 수도 있게 하시겠구나, 하는 믿음과 소망이 생겼습니다.

하나님이 여신 것을 누가 닫겠으며, 하나님이 닫으신 것을 누가 열겠습니까? 하나님이 하신다 하면, 누가 안 된다고, 불가능하다고 조롱하고 판단하겠습니까?

하나님이 가까운 훗날 이렇게 해주시려고 미리 기도하라고, 믿음과 영성과 성품을 준비하라고 꿈을 통해 미래 계획을 알려 주셨을진대, 더 인내하고 더 겸손하고, 더 충성하고 더 엎드리고, 더 기도하고 더 순종하는, 하나님이 마음껏 들어 쓰실 수 있는, 예수님의 성품을 온전히 닮은 주의 종이 되기를 소망합니다.

도우리교회를 통하여
그들을 변화시켜라!

       토요일 새벽에 꿈을 꾸었습니다. 교인들 70-80 여 명 데리고 2박 3일 수련회를 온 상황입니다. 전 교인이 온 것이 아니고, 청소년부 여름 수련회에 함께 참여하고 싶어서 미리 선착순으로 지원한 가족들 중 선정된 가족들, 그 숫자에 해당하는 인원이 모인 것입니다.

  개인 자가용으로 수련회 장소로 개별적으로 오신 교인 분들도 있지만, 교회 차 총 4대가 동원되었습니다. 1호 차는 9인승 봉고차, 2호 차는 12인승 스타렉스, 3호 차는 새로 구입한 것 같은 신형 12인승 스타렉스, 그리고 5호 차가 45인승 버스로서, 새 차처럼 외관이 깨끗하고 디자인이 도우리교회 마크가 멋지게 부착된 도우리교회 교인용 전용 버스였습니다. 꿈의 상황을 보니, 교회가 지금보다 몇 배 이상 많이 부흥되어 있는 모습입니다. 교회에서 따로 쓸 일이 있어서 45인승 버스는 교회로 돌려보내고, 교인들을 가족별로 숙소를 배정하여 안내하고, 각 숙소마다 휴지, 칫솔, 모기약, 베개, 여분의 이불을 주고, 온수가 잘 나오는지 꼼꼼히 확인했습니다.

  담임목사로서 총 인솔자인 나는 꿈속에서 여름 수련회 참석하신 분 하나하나 신경 쓰느라 너무나 피곤했는지, 일찍 잠자리에 들려고 내 방으로 가고 있었습니다. 거의 저녁 12시가 다 된 늦은 시간인데, 이장님과 이 숙소를 관리하는 이 마을의 핵심 주민들이신 이장님의 수행원들이 저에게 정확한 인원 파악과 명단을 적어달라고 하십니다. 아마 매끼 식사 준비와 숙소마다 지급할 사용 물품을 확인하기 위한 절차인 것 같았습니다. 또한 숙소 비용을 선불로 지불해달라고 했습니다. 눈이 너무 피곤하고 졸리기도 하고 뒤늦게 참여한 일행이 있어서, "정확한 숫자와 참여하신 교인 이름이 정확히 기억이 안 나는 분들이 몇몇 있어서, 푹 자고 내일 해 뜨고 정신이 말짱할 때 숙소비도 지불하고 명단도 정확히 알려드릴게요." 하고 말씀드리고 내 숙소로 돌아와서 깊은 잠에 들었습니다.

한참 단잠을 잔 듯합니다. 아직 깊은 밤이고 새벽 시간인데, 잠결에 쇠망치 두드리는 소리가 새벽 종소리 타종처럼 들려서 잠이 깨었습니다. 이 깊은 밤에 누가 뭘 만드시고 일하시는가 궁금해서, 잠자리에서 일어나 소리 나는 곳으로 나갔습니다. 소리 나는 곳 가까이 가보니, 야외 식당처럼 잘 꾸며진 곳의 내부가 널찍한 주방입니다.

어마어마하게 큰 가마솥이 놓여 있는데, 얼굴이 등불 켜놓은 듯 환하게 생긴, 엄청 나이가 많아 보이는 백발의 머리에 흰 수염이 아래로 길게 자란 할아버지가 거기서 땀을 뻘뻘 흘리며 일을 하고 계셨습니다. 그 할아버지가 내일 우리 도우리교회 가족들 밥도 하고, 국도 끓이고, 사용해야 되기에 큰 가마솥을 당장 내일 아침부터 사용해야 하는데, 고쳐놓을 부분이 있으셨는지, 이 깊은 밤에 혼자서 손보고 계신 것입니다.

나를 보시더니 그 할아버지가 나를 잘 아는 분처럼 무척 반가워하시며, 할아버지가 친 손주 대하듯이 따뜻하게 말씀하셨습니다. "애야, 잘 왔다. 너 주려고 준비해놨단다!" 하시며 그냥 인삼도 아니고, 장뇌삼도 아니고, 값으로 사려면 수억 원 주어도 사기 힘든 희귀한 산삼인데, 딱 보아도 오래돼 보이고 약효가 좋아 보이는 먹음직한, 수백 년 된 천종산삼 두 뿌리를 내게 먹으라고 선뜻 주시는 것입니다. 하나는 사과처럼 잘라서 직접 입에 넣어주시며 먹여주시고, 뿌리는 통째로 꼭꼭 씹어 먹게 해주시고, 나머지 산삼 한 뿌리는 손에 들고 있었습니다. 그리고 나서 내게 산삼을 먹여주시던 할아버지가 나하고 밤새 이런저런 이야기를 나누게 된 것입니다.

"세상에는 게으른 사람, 자기중심적인 사람, 인생의 낙오자, 꿈이 없는 사람, 세상 탓만 하는 사람들이 있단다. 그들에게 네가 해야 할 일이 있단다. 내가 너에게 주는 사명이다. 도우리교회를 통하여 그들을 변화시켜라!"라고 말씀하시는데 꿈이 깨었습니다.

꿈속에서 내게 산삼을 먹여주시던 할아버지는 하나님이셨음이 순간 깨달아졌습니다. 꿈속에서 만난 하나님이 내게 사명을 주신 것입니다. 도우리교회를 통하여 세상 사람들을 변화시키라는 사명입니다. 도우리교회의 모든 주의 종들과 성도들에게 명령하신 우리 도우리교회의 고유한 사명인 것입니다. 교회를 다니는 분이든 현재 예수님 모르고 교회를 다니지 않는 사람들이든, 게으른 사람도 있고 자기중심적인 사람들도 있고, 인생의 낙오자도 있고 꿈이 없는 사람들도 있고, 세상 탓만 하고 있는 사람들도 있을 것입니다. 바로 그들에게 바른 복음을 증거하고, 빛이요 진리이신 예수님을 올바르게 가르쳐야 하겠지요.

참된 믿음과 신앙을 가지게 되면 부지런해지고, 나보다 연약한 이들을 돌볼 수 있는 이타적인 사람들로 변하게 되고, 낙오된 삶에서 실패를 딛고 일어나는 용기 있는 사람으로 인생의 승리자도 되고, 분명한 인생 목표를 가지고 살게 되고, 세상을 원망만 하는, 세상 탓만 하는 수동적인 사람들이 아닌, 그 세상을 빛으로 소금으로 좀 더 나은 세상으로 하나님나라가 이 땅에 이루어지는 그 역사를 만드는 세상의 등불을 켜는 자처럼, 좀 더 가치 있는 인생으로 쓰임 받게 될 것입니다

"도우리교회를 통하여 그들을 변화시켜라!"

이 일이 어찌 도우리교회만의 사명뿐이겠습니까? 이 땅에 발을 딛고 살아가는 모든 그리스도인들, 모든 교회가 가져야 할, 하나님이 분부하시고 명령하신 거룩한 꿈이요 사명이 되리라 믿습니다. 이 땅의 교회를 통하여, 우리의 믿음과 삶을 통하여 어둔 세상을 환한 빛처럼 밝게 아름답게 변화시키는 귀한 사명, 주님의 나라가 이 땅에 이루어지는 그날까지 우리 모두 다 잘 감당하시기를 응원하며 축복합니다.